兰州地名文化

李新海 著

LANZHOU
DiMing WenHua

敦煌文艺出版社

图书在版编目（ＣＩＰ）数据

兰州地名文化 / 李新海著 . -- 兰州：敦煌文艺出版社，2023.1

ISBN 978-7-5468-2312-6

Ⅰ . ①兰… Ⅱ . ①李… Ⅲ . ①地名—文化—兰州 Ⅳ . ① K924.21

中国版本图书馆 CIP 数据核字（2022）第 250787 号

兰州地名文化

李新海 著

责任编辑：尚再宗
装帧设计：石 璞
摄 影：李新海

敦煌文艺出版社出版、发行

地址：（730030）兰州市城关区曹家巷 1 号新闻出版大厦

邮箱：dunhuangwenyi1958@126.com

0931-2131536（编辑部） 0931-2131387（发行部）

兰州银声印务有限公司印刷

开本 710 毫米 ×1020 毫米 1/16 印张 27.75 插页 1 字数 430 千

2023 年 12 月第 1 版 2023 年 12 月第 1 次印刷

印数：1~1 000 册

ISBN 978-7-5468-2312-6

定价：86.00 元

自序

丰富多彩的兰州地名

地名,是历史;地名,是故事;地名,是传承;地名,是文化。兰州历史悠久,文化灿烂,地名内涵深厚,丰富多彩。

甘肃兰州地处黄土高原,居黄河上游,山大沟深,地形复杂多样,历史上是一座边关城市。据考古表明,早在母系氏族公社晚期就有先民生活在这里,更有市区中原仰韶文化系统马家窑文化遗址中发现的制陶窑址和彩色陶壶、陶罐等,证明当时这里的先民制陶手工技艺和制陶业已达相当高的发展程度。

兰州历史悠久,在商、周时为羌戎之地。秦昭王时设陇西郡,今兰州东部及榆中一带属于陇西郡管辖。秦统一六国后,分天下为三十六郡,金城是陇西郡辖区之一,对今兰州城区及榆中县进行有效管理。

金城地名,源自要塞之意。《汉书·地理志》卷二十八下颜师古注说，臣瓒曰："称金，取其坚固也，故墨子曰'金城汤池'。"师古曰："瓒说是也。"取金城汤池之意，证明了兰州地理位置的重要。

兰州处于古丝绸之路的必经之地，特别是汉朝、明朝的军屯耕和汉朝、元朝、明朝的大移民，使兰州更加兼收并蓄，加之地域辽阔，气候多变，有高山气候、二阴气候、干旱半干旱的温带大陆性季风气候等，其中以干旱半干旱的温带大陆性季风气候为主，高山大河、荒滩戈壁、草地森林、黄土高原的荒山沟壑等多种地形并存，虽然动植物种类较少，但分布很广，所以，兰州的地名丰富多彩，妙趣横生。这一切，激发了热衷于地方文化的我很大的兴趣。加之工作的特殊性，到处跑，见得多了，听得多了，便有了探索研究兰州地名的想法。

有了想法，就有了行动。首先从搜集地名做起。出差出门，一直有坚持记日记的习惯。走到哪里，就采访、记录到哪里。在十多年的时间里，采访过农民、商人、教师、工人、出租车司机、园艺师、建筑师、作家、历史学家、地方史研究者等等。这样，几年的时间，就收录了几千个地名，100 余个地名传说。随着收录地名的增多，就动起笔来，在电脑上统计、编辑、写作。从 2009 年初开始，一边统计，一边研究，一边写作，查阅历史资料，查看各种地图，现场查看，拍摄图片，绘制方位图，潜心研究十余年，整理写作十三年，到 2022 年 11 月，才完成了《兰州地名文化》的写作。

《兰州地名文化》一书，从兰州的广域地理和深厚历史文化入手，全面地研究了兰州地名文化，涉及兰州的地理地貌，历史渊源，名胜古迹，风土人情，自然环境，城市建设，还有建筑、人文、交通、旅游、农耕、商贸、动物、植物、绿化、气候、水利、饮食、传说、故事、姓氏、文化艺术等方方面面，内容丰富，共收入地名 3000 多个，山脉 100 余座，河流 50 多条，实地图片（摄影）200 余幅，40 余万字。大部分已在《兰州日报》《兰州晚报》《中国作家网》《中国甘肃在线网》《西北文学网》等媒体发表。

《兰州地名文化》是一部介绍兰州地名的普及性读物。兰州地名有以数字命名的、传说命名的、地形地貌命名的、动物命名的、植物命名的、方向命名的、色调命名的、季节命名的、人名命名的、姓氏命名的等。其中以地形地貌命名的为最多，有3100多处，其次就是以姓氏命名的，有2000余条（行政地名1520余条，自然实体地名480余条）。这是兰州特有的。

兰州市的地名，一是传说故事沿用下来的，如一只船、伏龙坪、三角城、五泉山、九州台等；二是以方向命名的，如东岗镇、西古城、南河道、北麓山等；三是距城远近而命名的，如五里铺、八里窑、十里店、二十里铺等；四是以地貌命名的，如二沟墩、四泉、六墩、七道梁、八盘峡、鸡冠子梁等；五是以山的大小命名的，如十里山等；六是以植物命名的，如桃树坪、兰草、红柳沟、枣树沟等；七是以动物命名的，如马滩、羊寨、狗娃山、白虎山、万羊、骒子滩等；八是以色调命名的，如红城、黑城、白塔山等；九是以姓氏命名的，如王家营、李家庄、张家寺、刘家营、曹家厅、耿家庄等；十是以人名命名的，如中山桥、中山路、邓家花园、王保保城、一悟路等。还有以军事遗迹命名的，如金城关、东教场、拱星墩、土门墩、高墩营、三墩营、王家营等。

《兰州地名文化》集历史性、知识性、趣味性、适用性于一体，以描写、叙述、议论、传说、图片等方式，全面展现了兰州地名的特点。由于地名涉及的面极广，加之作者的学识水平有限，书中难免有错误、偏差之处，祈望有关专家、读者批评补正。

2022年12月7日

兰州地名诗

榆中兰州金城关
皋兰安宁阿甘县
西固红古七里河
永登新区秦王川

独树双店三家山
四墩五泉十里店
七山八里九州台
千禧百禄万眼泉

东湾中堡西果园
凤山龙源雁儿湾
苑川丽水雷坛河
清水黄河水车园

金崖银山海石湾
花庄邓园中连川
羊寨马滩骆驼巷
马莲甘草牡丹园

新营古城白塔山
红城通远八宝川
东岗西津旧大路
名藩和平绣河沿

三伏浪街白打扮
雁滩桑园风情线
马啣兴隆四季青
金城太平有定远

2019 年 11 月 25 日中午于兰州

目
录
CONTENTS

第三辑　传说地名

第四辑　兰州地名花絮

附录

第一辑　地名的渊源与演变

城关区地名的演变

　　兰州市城关区横跨雷坛河口至桑园子峡口之间的黄河两岸，是兰州的中心城区，也是甘肃省、兰州市及城关区政府所在地，是甘肃省政治经济文化的中心。

　　兰州历史悠久，多民族交融，是一座古老的高原城市，也是多种文化融合发展的城市。尽管过去相当长的时间内，地处边关地带，但也一直是丝绸之路古道上的交通要冲，又是游牧文化和农耕文化的交汇区域。在漫长的历史发展中，产生了丰富多彩的灿烂文明。特别是明惠宗建文元年（1399年），肃王朱楧率甘州中护卫由河西走廊的张掖移皋兰县（兰

州城关区），即今甘肃省人民政府所在地建肃王府和建筑兰州城开始，兰州的政治经济文化就由西固区转移到了城关区。600年的风风雨雨，斗转星移，1949年8月26日，兰州解放。

　　历史的发展，通常表现在文化上，而地名，

黄河日出

城关黄河大桥

又是文化发展传承中十分重要的元素。

兰州的地名内容生动，丰富多彩，每一段社会的发展前进，都给地名深深地打上了历史的烙印。这也是历史的真实记载，也是历史的印痕。就像西固区地名的演变，榆中地名的演变，无不是一个个时代的体现。城关区的地名，也是这样有趣。

据史料记载，城关辖区，西周时为西羌地，秦昭王时始入秦版图，属陇西郡。自汉武帝元狩二年（前 121 年），大将李息在西古筑"金城"防守。西汉昭帝（前 81 年）在西古境内始置金城县，隶金城郡（西古）。城关区时属金城县。西魏时改金城县为子城县。隋置兰州总管府，有了兰州之名。兰州，领金城郡，郡领子城县，城关区属之。583 年，废郡存州，在城关区置五泉县，属兰州。607 年，兰州改称金城郡，城关区属金城郡五泉县。619 年，唐平薛举，改金城郡为兰州，并子城县入五泉县，五泉县为州治，城关区属之。宋改县为兰泉，元称兰州，属巩昌路。明为兰州，属临洮府。清康熙五年（1666 年）甘肃与陕西分治，设甘肃行省，兰州定为甘肃省会。乾隆三年（1738 年），改称兰州府，始置皋兰县（今城关区）。1913 年并兰州、巩昌二府为兰山道，道尹驻皋兰县。1941 年 7 月成立兰州市，与皋兰县同治于今城关区。1949 年 8 月 26 日兰州解放，建立了兰州市人民政府，本区遂发展成为县级行政区。

现城关辖区，为新中国成立初兰州市第一至第七区管辖范围。1953 年将七个区调整为四个区，1955 年又将第一和第二两个区合并为城关区，1958 年盐场区撤销，并入城关、东岗两区，1960 年底东岗区撤销，并入城关区。

1968 年城关区改称东风区。这一时期，城关区和全国其他地方一样，很多地名被更改。如兰州中心广场，改为东方红广场，甘肃省人民政府礼堂，被改为"反修"馆，和平饭店被改为战斗饭店，三八饭店被改为迎宾饭店。还出现一些有时代特点的地名，如红星巷、跃进村、向阳新村、朝阳村、胜利街、光明巷、先锋路等。

1973 年 8 月，东风区恢复城关区名称至今。

由此可以看出，城关区的地名，曾经有金城郡（郡县置在西古）、子城、兰州、五泉、兰泉、皋兰、兰山等。地名的演变，是历史的印痕，但具有文化内涵，能够反映一定地域特征，耐人寻味，影响深远的优雅地名，是否更好呢？

2020 年 8 月 5 日晚于兰州

七里河区的地名渊源

　　七里河区，位于兰州市中南部，介于东经103°36'~103°54'，北纬35°50'~36°06'之间。东接城关区、榆中县，南与临洮县、永靖县相连，西邻西固区，北与安宁区隔河相望，东西长21千米，南北宽33千米，总面积约397.25平方千米，地处黄河南岸，地势南高北低，平均海拔2321米。南部为石质山地，山高，谷深，坡陡，岩石裸露，双嘴山最高海拔3004米，黄河谷地海拔1500米。气候以半干旱温带大陆性季风气候为主，南部部分山区属于二阴气候，年平均降水量360毫升，年平均气温10.5℃。

　　山区占绝大多数，城区面积只有25平方千米，黄河流经区域内15千米。

　　七里河区历史悠久。新石器时期，境内就有大量先民耕作生息。6000年前到4000年前，七里河区南部黄土山梁上的水磨沟、西园沟、黄峪沟、花寨子等台地上，曾经是先民的家园，他们背山面水，在避风向阳的地方，建造聚落，狩猎，耕种，顽强地与自然抗争，创造了新石器时代的马家窑等文化。

　　史料记载，夏、商、周为羌戎地。

　　秦始皇，为陇西地。前214年，为陇西郡榆中县地。

　　西汉始元六年（前81年），为金城郡金城县地。东汉、三国魏、西晋及十六国时期，仍为金城郡金城县地。北周，为武始郡地。

隋三年（583年），为兰州地。

唐，为兰州五泉县地。广德元年（763年）至五代、北宋初，为吐蕃住地。

北宋景佑三年（1036年），为西夏地。元丰四年（1081年），为兰州地。元丰六年（1083年），在兰州城南四十里置阿干堡，隶属兰州。

金大定二十二年（1182年），升阿干堡为阿干县，隶属临洮府兰州。

元初，仍为阿干县及司侯司，属兰州。至元七年（1270年），废阿干县及司侯司并入兰州。

明洪武二年（1369年），兰州降为兰县。成化十三年（1477年），复升兰州。

民国二年（1913年），为兰山道皋兰县地。民国十九年（1930年），为皋兰县第三区。民国二十五年（1936年），为第一行政督察区皋兰县地。民国二十九年（1940年），皋兰县定为一等县，城区设8个镇。其中握桥镇（今兰州市工人文化宫一带）、西屏镇（今七里河一带），在今七里河区境内。民国三十年（1941年），划出皋兰县城区及近郊16平方千米的区域成立兰州市。西部以土门墩为第二区；石嘴山以北、土门墩以东属兰州市握桥镇、西屏镇部分地方；其余属皋兰县果园区、阿干区地。民国三十三年（1944年），兰州市政府撤城区8个镇，成立8个区，其中撤西屏镇改设兰州市第八区，撤握桥镇改设第五区。民国三十五年（1946年），在八里窑设第九区，其余属皋兰县地。

1949年，为兰州市第八区、第九区。

1953年，兰州市第八区改为兰州市第四区，第九区改为第八区。

1955年，兰州市第四区改为兰州市七里河区，第八区改为阿干区。

1960年，阿干区并入七里河区。

1955年，七里河区有了正式的区建制，而七里河区的地名是从境内的一条黄河支流七里河而来。

七里河（又名西果园沟）是黄河南岸的一条支流，发源于南部山区

的马莲滩，上游叫黑鹰沟，汇入石板沟后称笋箩沟，到晏家坪后，称七里河，再往北注入黄河。全长约 25 千米，流域面积约 155 平方千米。该条河因东距兰州城七里而得名。

七里河的水流较大，为七里河区的农业和居民的主要水源。明、清时期，七里河水灌溉大片土地。在 20 世纪 50 年代，七里河水还可以灌溉河岸和黄河盆地川区王家堡到郑家庄一带的大片土地。后因气候变化及人类活动等因素，河水逐渐减少，到 20 世纪 80 年代，韩家河以下的河水彻底断流了。这条不算大的河流，虽然断流了，但它曾孕育了自己的辉煌和文明，也产生了"七里河区"的地名。

七里河区冬无严寒，夏无酷暑，区内自然风光优美，文化底蕴深厚，涵盖富有鲜明地域特色的历史文化、雄浑厚重的黄河文化，深邃久远的丝路文化和浓郁的民族民俗文化，自古以来就是通往古丝绸之路的重要通道。由七里河东去，可经过城关区（兰州城区）到榆中，沿古丝绸之路通往定西、西安。南逆雷坛河而上沿古丝绸之路南线经阿干镇、银山、马坡、新营可前往榆中、临洮、定西。向南经韩家河、西果园，翻过七道梁可去临洮、临夏、甘南。向北、向西可在西津渡和西固过黄河，经安宁、永登或经河口、红古、青海前往河西走廊、青藏高原去西域。历史上，七里河在沟通和促进中西经济文化交流中发挥了重要作用。境内的阿干煤矿，为兰州乃至甘肃省的经济发展作出了重大贡献。南部山区的石佛沟、云顶山等自然风景十分优美，是著名的避暑胜地。西果园盛产的百合久负盛名。水磨沟的水蜜桃、白粉蜜桃远近闻名。

七里河区城乡兼备，既有城市的繁华，也有乡村的宁静；既有平坦的原地，也有起伏的山峦；既有奔腾的黄河，也有苍茫的森林，更有大都市的繁华。城区已发展成为兰州主城区的一部分。

2022 年 6 月 21 日

安宁区地名的形成

安宁区，是兰州市最新成立的一个县级行政区，位于兰州市旧城区西郊的黄河北岸，东与城关区毗邻，西与西固区相接，南临黄河，北和皋兰县接壤，地处黄河兰州段河谷，地势北高南低，大陆性气候显著，四季分明，是古丝绸之路的必经地之一。东来的古丝绸之路，在金城关、西津渡口（小西湖公园东侧）或西固渡口北渡黄河，经此地向西或向南，取道永登县及河西走廊或青海，前往西域。

安宁区环境优美，土地肥沃，盛产蜜桃，是中国闻名的四大蜜桃生产基地之一，素有"十里桃乡"之美誉。

安宁区建区虽晚，但历史悠久。境内多处发掘的彩陶器及陶窑证明，四五千年前的新石器时期，就有先民定居从事生产，繁衍生息。

夏、商、周时，区境为羌戎所居。春秋战国时，为南下匈奴所占，不在秦版图内。西汉逐匈奴后始置金城县，区境属之。经三国魏、晋、南北朝、隋、唐，县名数更，区境曾先后属金城、五泉、兰县辖地。至唐代宗宝应元年（762年），兰州陷于吐蕃，区境遂为分散的吐蕃部族所据。宋神宗元丰四年（1081年），区境直辖兰州帅府。宋徽宗崇宁三年（1104年），始置兰泉县，区境属兰泉县辖。明洪武二年（1369年），降兰州为兰县，今安宁堡以东属兰县，河湾、沙井驿属庄浪卫（今永登县）。雍正七年（1729年），将河湾、沙井驿划归兰州府。乾隆三年（1738年），

安宁中海·河山郡小区

设皋兰县，安宁属皋兰县。民国三十年（1941年）设兰州市，十里店、孔家崖属兰州第六区，吊场至沙井驿属皋兰县中山乡。

1949年8月26日兰州解放，十里店、孔家崖仍属兰州第六区，吊场至沙井驿属皋兰县第一区（安宁区）。1953年3月，成立兰州市第七区，科级建置，下设五个乡，一个街道办事处。1955年，改称兰州市安宁区，升为县级区。1958年成立安宁人民公社。同年12月将皋兰县的中心、忠和、水阜三个公社划归安宁区（1961年将中心公社和水阜公社分成中心、头沟、水阜、长川四个公社）。1962年6月又归皋兰县管辖，同年，安宁区设立十里店、安宁西路、沙井驿三个街道办事处。1968年2月更名安宁区革命委员会，1981年1月恢复安宁区人民政府建制至今。

安宁区地名源于辖区内的一处古城堡安宁堡。明朝，为防御北部河套鞑靼政权的侵扰，在仁寿山南麓构筑军事城堡，叫安宁堡，取"安宁无患，不受侵害"之意。后吉祥的安宁地名，被沿用传承了下来。

2020年7月4日下午于兰州雁滩辰北花园

西固地名的由来

先有西固区，后有兰州市。西固区的历史，就是兰州市的历史。

西固，兰州市辖区，位于兰州市西大门，全区总面积385平方千米。是甘肃省和兰州市的核心工业区，也是中国西部最大的石油化工基地。

西固，古名西古，自古为边陲重镇，羌戎之地。

据史料记载，秦昭王时始入秦版图，属陇西郡。自汉武帝元狩二年（前121年），大将李息在此筑"金城"防守，是最早的西古城。西汉昭帝（前81年）在此始置金城县，隶金城郡。

西汉武帝时，在今西固区黄河岸设置了金城津（渡口），取名金城津，是由于汉武帝时设立了金城县而得名，至今已有两千多年的历史。汉唐时期，张骞出使西域、霍去病征西、王昭君出塞和亲、唐三藏历经劫难西去取经，都是经金城津渡河西去的。

西晋建兴二年（314年），金城郡由苑川（榆中）迁郡治于此，仍领属金城县。

385年至413年，乞伏国仁在苑川河（榆中）中游的东古城（也有专家称在夏官营，期间曾7次迁都至靖远、枹罕等）建立的"西秦"政权，统治武威到天水、陇南及青海东部，共11州、30郡、48县的地域。其中，在388年由苑川迁都至金城（西古），399年又迁回苑川。这一时期，甘肃一带的民族有鲜卑、羌、汉、匈奴等少数民族。在距西秦都城金城（西

古）不远的炳灵寺石窟，此时佛教已经相当兴盛。炳灵寺中保留了西秦的众多遗迹。在炳灵寺发现距今 1500 年以前西秦的题记、供养人、高僧等佛教遗迹。

西魏地属子城县。

唐属五泉县。

五代（763 年）为吐蕃据有。

由于长期的战争动乱，到宋代，西汉的"金城"已不复存在。

宋元丰五年（1082 年）为防御西夏，在此筑堡设防，称西关堡（城堡），隶属兰州。

元灭金后，废西关堡，地属巩昌府。

明朝以前，兰州市城关区的大部分地方还没有"开发"。

西古一直是包括现在城关区、七里河区、安宁区及榆中、皋兰的一部分在内的兰州广大区域内政治、经济、文化的中心，东来的丝绸之路旅商，都在这里的古渡口摆渡过黄河，经永登前往河西走廊到西域，或经红古的平安驿前往青海，到西域。此后，西古的政治、经济、文化等逐渐向现在的城关区转移。

明弘治十二年（1499 年）在西关堡旧址重建城堡防守，始称"西古城"，呈正方形，今城垣还残存一些。

兰州，东有东古城（榆中县清水驿乡），西有西古城。

到清代属皋兰县，才改名为西固城，有希望"固若金汤"之意。

到民国时，行政管辖仍属皋兰县。

1949 年 8 月 26 日兰州解放，置皋兰县第五区。

1953 年 3 月皋兰县第五区扩容。1955 年 11 月区政府驻地"西固城"改名兰州市西固区。

2019 年 2 月 26 日于兰州

红古的地名源于红古城

红古区因境内的红古川而得名。红古乡历史悠久，是唐蕃古道的重镇之一。

红古区位于兰州市的远郊区，地处甘肃省中部，成立于1960年，东接西固区，西临大通河，南濒湟水河与青海民和回族土族自治县和永靖县相望，北部黄土山岭与永登县毗邻。位于兰州、西宁两大省会城市的几何中心。

红古区有109国道、京藏高速公路、兰青铁路、兰铝铁路专用线贯穿全境，是内地通往青海、西藏的咽喉要道，也是连接欧亚大陆桥的战略通道。红古区海石湾镇是亚洲第一龙马门溪龙的故乡。

"红古"一名源于所辖行政村红古城。传说，明朝以前，红古城原地名叫"古城"，但由于湟水河道的南移，使得这座防守边陲的古城，变成了易攻难守的孤城，不再适应当时的战略需要。故守城将士又将城池迁筑于东面地势比较险要而又临河的山口处。新建的城叫"新古城"，该新城守将又在紧连接的东护山顶上，修建了大型土筑防御工事和烽火台，与城墙相互辉映，形成了犄角之势。由于当地百姓对原名的读音说不准，故将"新古城"的"新"误读成了"红"字。这样日久天长，便慢慢将"新古"叫成了"红古"。

2017年8月10日于兰州

内容丰富的榆中地名

榆中，一个兰州古老的地名，全国较早的44个县之一，一块古丝绸之路经过的土地，一处河东河西乃至中华大地东西的要冲，其古老沧桑，悠久历史，几千年的文明，留下了无数文化符号，千古传奇，也留下了无数谜团、遗痕，更留下了文明、财富。

这样一块有高山、峡谷、平川、河流、森林、草原、枯岭，历经沧桑又充满神奇的古老且富有生机的土地，居陇右，处河东，扼守在兰州市的东南部。

榆中县，在甘肃省中部，西靠城关区、七里河，东邻定西市安定区，西南与临洮县交界，北隔黄河与皋兰、白银市平川区相望，东北和靖远县、会宁县接壤，面积为3301平方千米。

榆中，距今约1.5万年前的旧石器时代就有先民居住，上古时为羌住地，后被匈奴占据。

据《史记·秦始皇本纪》载："分天下以为三十六郡。郡置守、尉、监……一法度衡石丈尺，车同轨，书同文。地东至海暨朝鲜，西至临洮、羌中，南至北向户，北据河为塞，并阴山至辽东。"

查榆中历史沿革：秦始皇三十三年（前214年），蒙恬"西北斥逐匈奴，自榆中并河以东，属之阴山，以为三十四县（一为四十四县），城河上为塞"。"垒石为城，树榆为塞"，榆中因此而得名。治所在今兰州市

榆中金牛广场

城关区东岗镇，隶属陇西郡。秦汉之际，复被匈奴攻占。

汉武帝元朔二年（前127年）复置榆中县，隶属陇西郡。元狩二年（前121年）置勇士县，辖榆中苑川河东北地区，治所在今定西县境内。后榆中、勇士二县改属天水郡。昭帝始元六年（前81年），设金城郡，辖榆中县，勇士县仍属天水郡。明帝永平十七年（74年），改天水郡为汉阳郡，辖勇士县，榆中县仍属金城郡。灵帝中平元年（184年），勇士县北部被羌胡占据。

三国时，榆中县为曹魏政权金城郡属县。晋穆帝永和十一年（355年），榆中县被前凉李俨所占。孝武帝太元元年（376年），前秦灭前凉，榆中属前秦。太元十年（385年），乞伏国仁在苑川筑勇士城，建立西秦，置苑川等12郡，榆中县隶属苑川郡。

北魏太武帝太延五年（439年）废县，设榆中镇。孝明帝正光五年（524年）废榆中镇，恢复榆中县置，隶属金城郡。北周，废榆中县，其地并入子城县，仍属金城郡。

隋文帝开皇元年（581年）新置兰州，领金城郡，金城郡领子城1县。开皇三年（583年），实行州县两级行政建置，兰州领子城等4县，治所在子城县。炀帝大业三年（607年），又改兰州为金城郡，将子城县改为金城县。

唐高祖武德元年（618年），金城郡又改为兰州，废金城县，其地并入五泉县，属兰州。高宗咸亨二年（671年），五泉县又改为金城县。玄宗天宝元午（742年），又改为五泉县。代宗宝应元年（762年），榆中全境陷于吐蕃。

宋仁宗景祐三年（1036年），西夏李元昊攻占榆中地，据吐蕃康古城。庆历三年（1043年），李元昊改康古城为龛谷城。神宗元丰四年（1081年）8月，宋熙河路经略使李宪率部攻克西夏龛谷城，改城为寨。元祐七年（1092年），废龛谷寨，庆州知州穆衍筑定远城。绍兴三年（1096年）复修龛谷寨为堡。崇宁三年（1104年），今榆中县西部部分地区属兰州兰泉县，绍兴元年（1131年），金人攻进榆中全境。

元世祖至元七年（1270年），省龛谷、定远二入金州，金州成为不领县的州，改属陕西行中书省管辖。

明太祖洪武二年（1369年），降金州为金县，治所移至今城关镇，属临洮府。宪宗成化四年（1468年），改属兰州。

清初，金县改属临洮府。乾隆三年（1738年）又属兰州府。

县境内的地势南高北低，中部凹，呈马鞍形。南部为石质高寒山区，马啣山（又名马衔山、马寒山、马黑山）最高峰海拔3670.3米。北部为黄土丘陵区，最高峰吕家岘海拔2495米。南北两山之间是川原丘陵沟壑区，海拔1500米~2000米，地形由西南、东南和东北三面向西北倾斜。

榆中兴隆山

南部有兰州地区最高峰，马啣山主峰，北部有兰州地区最低点，青城东滩，海拔 1450 米，有葱茏秀丽的兴隆山，有肥沃的苑川河谷，有山峦起伏的世界黄土层最厚的北部山区，有几千年来无数商队走过的丝绸之路古道，曾有鲜卑族西秦国建都于此，也有多个郡县县治该地。有文成公主进藏途中留宿的驿站寺院，有玄奘西天取经踏下的足印。

全县海拔在 1450–3670 米之间，年均降雨量 350 毫米，蒸发量 1450 毫米，年平均气温 6.7℃，无霜期 120 天左右。按照自然特点，全县分为中部川原谷区、南部高寒二阴山区、北部干旱山区三类不同地区。

一条发源于南部马啣山的苑川河，由东南向西北贯穿全境，在桑园子峡汇入西来的黄河，还有龛谷河、兴隆河、曳木岔河、水岔沟河、官滩沟河、柳沟河等水系，由南部山区流出，滋润着这片土地。早在汉代时，由于这一带水草丰美，为"龙驮沃土"，故汉政府设牧苑于此，筑"东西二苑，城相去七里"，苑川因此而得名。据《水经注》记载："苑川水地，龙马之沃土。"

特殊的地域，悠久的历史，千百年的多民族融合，兰州最早的农耕文明，以及众多文化的碰撞交汇，产生了兰州地区光辉灿烂的文化。这些文化，在狩猎、畜牧、农耕、水利、建筑、交通、诗书、戏曲、传说、饮食、雕刻、绘画、服饰、宗教、地名等方方面面，都有充分的表现，尤其是地名，更是十分突出，丰富多彩。灿烂的地名文化，给兰州增添了无限的色彩。

纵观兰州地区的地名，无论从内容到形式，从过去到现在，从历史到地理，从人文到自然，榆中境内的地名，无不包含了兰州地区的地名元素，更有其他区县所不曾有的更广泛的地名文化内容。榆中的地名，80% 以上都产生于明朝以前，有相当多的地名产生于宋朝甚至隋唐以前，产生于汉代的也不少，更有远至秦朝的榆中。

地名内容丰富，包罗万象，有数字的，颜色的，文化的，方向的，大小的，历史的，畜牧的，农耕的，动物名的，植物名的，高山的，大河的，天文的，气象的，军事的，交通的，水利的，褒扬的，吉祥的，山形的，地貌的，传说的，语言的，城池的，土堡的，还有窑洞地名，工具地名，狩猎地名，真是应有尽有，不胜枚举。下面列举一些，以供欣赏。

数字地名

二沟墩（连搭乡）

三墩营（甘草镇）

四条岭（贡井乡）

五峰子（梁坪乡）

七锨沟（来紫堡乡）

八盘梁（和平镇）

九圪垯山（来紫堡乡）

十里山（来紫堡乡）

十三台湾（高崖）

二十湾（韦营）

四十亩川（甘草镇）

六十二川沟（龙泉乡）

百禄村（贡井乡）

千佛洞（马坡乡）

万羊台（贡井乡）

对应地名

独树子——双店子

东台——西坪

金崖——银山

上坪——下沟

新堡——旧庄

阴洼——阳坡

红寺——兰山

前湾——后坪

宽岔——窄沟

新堡——旧庄

大水洞——小湾咀

白石头——黑柴沟

龙门沟——凤凰山

颜色地名

红寺，红柳沟，黑池沟，白虎山，黄石崖山等。

方向地名

东古城，西坪，周前，寺背后，中连川，上庄，下泉等。

历史地名

太子营，甘草店，东古城，三角城，来紫堡，罘谷，定远，新营等。

畜牧地名

苑川，官滩沟，贡马井，马坡，羊寨，万羊台等。

农耕地名

燕麦湾，韭菜沟，碌碡湾，荞麦岘，打磨沟，冬麦沟等。

动物名地名

白虎山，老虎岔，骡子滩，骆驼巷，骆驼岘，野狼沟，狼儿沟，野鸡沟，野鸡咀，莺鸽嘴，龙泉，凤凰山，猪槽沟，羊圈沟，羊寨，马坡，猪头山，獾猪岔沟，野狐圈，鹿圈里，野狐坪，野狐沟，捧牛坡，小黄蟒沟，燕子山，喜鹊湾，喜鹊岘，老牛沟，鸦鸡里，黄牛岔，羊路坡，鸦儿沟，鸽子堂，獐子沟岭，黑羊咀，马圈沟，大虎岔，贡马井，鹿角岔，蛇圪垯，骡子岔，老虎圪垯，双虎子沟，旋马滩，羊路坡等100多处。

植物名地名

杏树湾，杏树岔，柳树湾，甘草店，红柳沟，刺梅湾，桦岭，蕨麻台，马莲滩，芦草湾，芦草沟，灰条沟，冰草岔，韭菜岔，柳树，苇茨湾，黄蒿坪，果园，草滩，胡麻岔，松树台，李子刺湾，菜籽湾，柏树大湾山，草坪，果园，大柳树，燕麦湾，糜地湾，大糜地湾，桑园子，韭菜沟岭，柏杨树岭子，萝卜沟，黄蒿湾，橙草沟，野韭川，麦草地庄，冬麦沟等100多处。

高山地名

马啣山，车道岭，兴隆山，鸡冠子梁山，白虎山，敬家山等。

大河地名

苑川河，杨河，黑池沟河，大河，干河，店子河，宛谷河，曳木岔河等。

季节地名

三伏（马坡），秋田沟（园子岔）等。

气象地名

观天湾（贡井）。

军事地名

七十二营（现在能统计到的榆中有 67 处，包括 20 世纪 30 年代消失的白家营），高墩营，三墩营，宛谷城，三角城，定远等。

文化地名

文成路，文成中路，文化村等。

交通地名

车道岭，七锨沟，甘草店，双店子，过店子，火家店，十里山等。

水利地名

高家渠，天池峡水库，高崖水库，宛谷水库，涝坝沿，井沟湾，方家泉，七泵房，三角城电灌工程，和平电灌工程等。

与寺庙有关的地名

麻家寺，庙跟前，寺背后，八门寺，寺隆沟，庙湾，庙沟，庙咀，庙背后，庙滩，庙坪，庙花沟，塘寺沟，庙湾里，白马庙，庙儿沟，王寺沟，庙家湾，庙沟口，庙沟岘，下庙沟，张家寺，龙泉寺山，高峰寺山等。

姓氏地名

由于榆中地处兰州东西交通要道，又是兰州地区农耕文明起源最早的地域，千百年来，一直是中原向西向北移民的中转站，因而姓氏众多，这样，在早期的地名命名中，以姓氏命名的非常多，且姓氏非常复杂，除了常见的姓氏王、李、张、陈、孙、黄、赵、金、白等，还有一些稀有的姓氏地名。姓氏地名遍布全县地域。如王家营，黄家庄，周家庄，

杨家庄，许家台，李家营，金家营，龚家屲，王家湾，钱家坪，陈家庄，岳家庄，牛家庄，冒家屲，邴家湾，白家坪，赵家岔等。稀有的姓氏地名有草家里，乃家湾，密家沟，茜家庄，妥家山，官家岘，卜家路口，瓦家湾山，播家湾沟等。

人名地名

一悟路（为纪念甘肃最早的共产党员、甘肃党组织的创始人张一悟而命名）。

吉祥地名

定远镇，太平堡，兴隆山，仁和，和平镇，太平沟，金崖镇，银山乡，小康营，清水驿，兴隆大道，平和堂，长寿岔，仁信，石庙子，太和，齐心，三合，吉庆湾等。

山形地名

鸡冠子梁，猪头山，猪咀岭，莺鸽嘴，鹿角岔，蛇圪垯，九圪垯山，二龙山等。

地貌地名

由于榆中南、北部山区占全县面积超过四分之三，多样的地形地貌，给地名命名提供了丰富的内容，因此，榆中地形地貌命名的地名，在全市的地名中占了很大的份额。特别是以山、沟、坪、岘、台、岔、崖、湾等命名的地名非常多，尤以北部山区为甚，如凤凰山，蔡家沟，齐家坪，吕家岘，许家台，分豁岔，高崖，东湾等。

沟的地名：黑池沟，打磨沟，董家沟，红柳沟，石头沟，水岔沟，官滩沟，巴石沟，龙王沟，张家沟，拐沟，狼儿沟，李家沟，长池沟，太平沟等。

坪的地名：黄坪，红坪，钱家坪，王家坪，鳌子坪，齐家坪，史家坪，东坪，西坪，野狐坪，南坪，阳高坪，骆家坪，黄家坪，韭菜坪，梁坪，罗家坪，下坪，李家坪，敬家坪，阴屲坪，白家坪，刘家坪，高坪，恺坪，地沿坪，邓家坪，草坪，茨坪，泉坪，大坪，小坪，园坪，菜子坪，豹子坪，魏家坪，周家坪，大岘坪，羊圈坪，阳路台坪，墩墩堡坪等。

岘的地名：官家岘，吕家岘，王家岘，哈岘，杨岘，高家岘，袁家岘，红岘，扁豆岘，麦茬岘，黑庄岘，庄窠子岘，套岔岘，孟家岘，土地岘，深岘子岘，董家塄岘，七大坝岘，大岭塄岘，冰草岘，李家岘，斩断岘，大岘，二龙岘等。

台的地名：卢家台，魏家台，李家台，万羊台，白石台，垮儿台，石台，梁家台，汉家台，罗家台，蕨麻台，许家台等。

岔的地名：赵家岔，分豁岔，打虎岔，水岔沟，短头岔，鹿角岔，骡子岔，哈班岔，石骨岔，高家岔，陆家岔，聚米岔，段家岔，汉水岔，老虎岔，白爱岔，黄牛岔，教儿岔，下岔，当岔，塔尔岔，水岔，偏岔，小散岔，大路岔，罗家岔，全家岔，窎岔，孙家岔，张家岔，王家岔，胡家岔，平定岔，上北岔，上花岔，骚狐岔，宽岔，长寿岔，杏树岔，马儿岔，方家岔，太阳岔，仁信岔，大麦岔，胡麻岔，黑麦岔，平阳岔，冰草岔，保儿岔等。

崖的地名：高崖，陆家崖，高家崖，王家崖，金家崖，黄石崖，黄石崖山，佛崖掌山，黄崖山，中山崖山，黄崖庙山，白崖湾山，祁家崖湾，响崖沟梁，崖头岭等。

湾的地名：王家湾，东湾，梁家湾，季家湾，水池湾，张家湾子，崖湾，罗泉湾，高家湾，簸箕湾，镰刀湾，碌碡湾，南湾，金家湾，梁井湾，窑湾，挖苦湾，糜地湾，孙家湾，牟家湾，邴家湾，燕麦湾，吴家湾，刘家湾，柳树湾，沈家湾，彭家湾，代家湾，翟家湾，河湾，闵家湾，海家湾，朱家湾，十三台湾等。

峡的地名：凫谷峡，徐家峡，兴隆峡，天池峡，峡口等。

传说地名

清水驿，来紫堡，三角城，凤凰山，白虎山，接驾嘴，歇驾嘴，定远镇，双店子，甘草店，孙家营，大耳朵，贡马井，鞑靼窑，万羊台，缪王营，许家窑，韦营，黄家岔，来紫堡，黄坪，黄猴洞，太白泉，麻家寺，桑园子等。

语言地名

马啣山（又名马衔山、马寒山、马黑山。马寒山源于鲜卑语热薄汗山）；

尨谷（吐蕃语，亦译为康古）。

城池地名

三角城，尚古城，东古城，青城，新城，旧城，城河，万城等。

堡地名

太平堡，上堡子，项家堡，新堡子，中河堡，来紫堡，堡子，堡子山，堡子湾，堡子沟，上堡子湾，白家堡，梁家堡子，裴家堡子，前营堡子，基家咀堡，刘家堡子，苏家堡，下堡子，汉家堡子，旧堡子，陈家堡子，堡子梁，堡子上等。

窑洞地名

许家窑，武家窑，裴家窑，窑坡，窑湾，窑坡川，窑沟，曹家窑，新窑湾，瓦窑坡，瓦窑沟，白土窑，窑深沟，窑坡湾，趟窑，窑台子，红土窑，汉家窑坡，古窑圈，大仓窑沟，双沟窑，古窑湾，瓦窑，满咀窑，寇家窑等。

农作物地名

燕麦湾（清水驿），扁豆岘（哈岘），麦岔岘，荞麦岔沟（来紫堡），米地岔沟（梁坪），麦山岔沟（哈岘），糜岔口沟（青城），青糜子岔（高崖），大麦岔（梁坪），冬麦沟，糜地湾（清水驿），大糜地湾（清水驿），麦地湾（夏官营），韭菜沟（贡井），种麦岔岘，萝卜沟，菜籽山等。

农具地名

簸箕湾（夏官营），镰刀湾，铁锨沟，鏊子坪，碌碡湾，碌碡岔沟，马鞍桥山等。

狩猎地名

鲁家沟（鹿夹沟），绊马岔，打虎岔，韦营等。

2020 年 11 月 28 日晚于兰州雁滩

永登地名的丰富文化内涵

　　永登，县名，是甘肃省兰州市辖的三县之一，位于甘肃省中部，东邻兰州新区、皋兰县和景泰县，西靠青海省民和县，南接兰州市的红古区和西固区，北连天祝藏族自治县，是古丝绸之路西出河西走廊的门户，亚欧大陆的要冲。历史上，是兵家必争之地，战略地位十分重要。特别是在元朝至清朝，境内好多处建城设防，因而留下了很多以城命名的地名。据统计，以城命名的地名多达 30 处。

　　永登县地域广阔，人口较多，是一个多民族的农业大县。多达 17 个民族，其中汉族占全县人口的 98%，其他少数民族占 2%。永登县地形为"两河夹三山"形成黄土丘陵区和秦王川盆地。地貌上表现为石质山地与黄土丘陵交错分布。位于青藏高原东北部与黄土高原西部过渡地带，也是祁连山支脉东延与陇西沉降盆地间交错的过渡地区。境内山峦重叠，丘陵起伏，河水纵贯。高耸入云的乌鞘岭矗立县北，黄河在县南蜿蜒流过，整体地形由西北向东南倾斜，海拔在 1600~3000 米之间。

　　永登县境内绝大部分属于干旱半干旱温带大陆性季风气候，干旱少雨，年均降水量为 290 毫米，年蒸发量达 1700 毫米以上。北部、西部及西南部部分山区为高山气候和二阴气候，降水较多，可达 400 毫米。年平均气温为 5.9℃，年日照时数为 2659 小时，平均无霜期 121 天。

　　永登是有名的古老地名。由于永登特殊的地理位置，历史上绝大部

分时间是多个少数民族政权统治，历史悠久，多种民族文化交融，文化底蕴深厚。其地名，历史上也多次易改，因而具有丰富的文化内涵。其中，鲁土司政权以连城为中心，覆盖甘青两省多个县区，管辖面积达 9000 平方千米，长达 580 余年，影响深远。

据史料记载：

西汉元狩二年（前 121 年），汉武帝开辟河西，从此永登正式纳入西汉的版图。

元鼎二年（前 115 年）建令居县，辖区为今永登县北部与天祝一带。

西汉末，王莽建立新朝，将令居、允街、浩县分别改名为罕房、修远、兴武县。

东汉时设令居、枝阳、允街、浩亹 4 县，归凉州刺史部金城郡辖。东汉末年，曹魏统一中国北方后，仍由金城郡辖，废枝阳县，令居、允街、浩亹 3 县依旧。

西晋末，凉州刺史张宜复设枝阳县，并在建兴四年（316 年），分金城之令居、枝阳二县，又立永登县，合三县立广武郡。这是"永登"名称在历史上首次出现，取永远五谷丰登之意。五胡十六国的前凉、前秦、后秦、后凉、南凉、北凉先后占据。南凉秃发乌孤建都于广武。北凉沮渠蒙逊加固允街县城。

南北朝时，拓拔魏在庄浪河川设广武县属广武郡。

唐武德二年（619 年），设广武县，乾元二年（759 年），又改广武县为金城县，归陇右道兰州辖。

北宋初仍为广武县属兰州，为吐蕃唃厮啰统治。景德年间，为西夏地，属西凉府，在今红城子驻有卓罗和南监军司，进行区域性统治。

元至元元年（1264 年），设庄浪县，归永昌路管辖。

明洪武五年（1372 年），将庄浪县改为庄浪卫。明初，元宗室脱欢率部投诚，安置在连城。自明初至民国改土归流，鲁氏家族一直统治连城一带。

清代，"康熙二年改卫为所，雍正三年裁所，设平番县，隶凉州府"。

并在河桥驿附近设浩分县（后改名为西大通分县）。

民国二年（1913年）归河西道，民国三年改属甘凉道，民国十六年（1927年）废道，归兰山行政区。民国十七年（1928年）改为永登县，由甘肃省政府直辖。民国二十五年（1936年）划为第一行政督察区辖。民国三十年（1941年）又划为第六行政督察区辖。

1949年后，最初由甘肃省武威专区领导，1955年河西三专区合并，归张掖专区领导，不久划归定西专区。1958年12月，撤销永登县，设兰州市永登区。1961年，恢复永登县，仍属兰州市。1963年，又从兰州市划出，改归武威专区。1970年，复归兰州市至今。

从以上历史资料记载看，永登县地名自西汉至今，用过令居、罕虏、广武、金城、庄浪、平番、永登等。这些地名虽然都是统治政权命名，但大都体现着历史的特点。如：令居，汉武帝元鼎二年（公元前115年）建令居县，有学者认为，这里过去是先令(零)羌居住的地方,因此而得名。庄浪，元代元年（1264年），设庄浪县，庄浪，蒙古语是野牛的意思，意味着这里曾草木茂盛，有野牛出没。平番，是清代平定西部叛乱后，设平番县，有纪念平定叛乱之意。广武县，是因广武郡（兰州）而得名。金城县，是因金城郡（兰州）而命名。至于罕虏，无史书记载，暂无从考证。

2019年4月5日晚于兰州雁滩

皋兰地名源于皋兰山

兰州是高原之城,黄河之都。兰州地处大西北的黄土高原,黄河上游,古老的黄河穿城而过。

皋兰(原为兰州市区),名藩,现为兰州市下辖的县,过去一直是兰州的中心。有"先有皋兰县,后有兰州市"之说。历史上一直为丝路重镇,陇西要冲。

春秋战国时为羌戎之地,秦统一中国后归秦。西汉时属金城郡,首置金城县。西魏、北魏与北周时属子城县,子城县为金城郡治所在。隋初,属兰州总管府,废府复郡后,仍属金城郡金城县。唐属兰泉县,即现兰州市区所在,亦为金城郡治。唐后期与五代时,为吐蕃辖地。宋、金、元、明均属兰州。

清代乾隆三年(1738年),因境内有皋兰山而更名为皋兰县。

清代至民国作为甘肃首县和省会重镇,幅员辽阔,辖今兰州、白银两市的大部分地区。

民国二年(1913年)并兰州府、巩昌府为兰山道,领15个县,兰山道尹驻省会皋兰县。

民国十六年(1927年),废道改区,皋兰县属兰山区。民国十九年(1930年),皋兰县设7个区,429个村,县域东至甘草镇60千米交定西界,西至张家寺70千米交永登县界,南至漩马滩50千米交洮沙县界,北至甘露池 80 千米交红水县界。民国二十五年（1936 年）属甘肃督察公署第一行政督察区。民国三十年（1941 年）七月，中华民国政府划出皋兰县城区及近邻 16 平方千米的区域设立兰州市，皋兰县城即为兰州市区，兰州市区成为县中之区，县治驻现城关区永昌路北端。民国三十三年（1944 年）十二月后，皋兰县直属甘肃省。民国三十四年（1945 年）县治迁驻盐场堡。民国三十五年（1946 年）县治迁往市内曹家厅。

1949 年 8 月 26 日，皋兰县与兰州市同日解放，直属陕甘宁边区政府甘肃行政公署。12 月归属兰州市。1951 年 8 月由省直辖。1956 年 1 月划归定西专区。1957 年 8 月，县治迁至石洞寺，今皋兰县界域自此形成。1958 年 12 月撤县，行政区域划归白银市。1961 年 2 月，恢复建制，归白银市管辖。1963 年 10 月再属定西专区。1970 年 4 月重新划归兰州市管辖。

皋兰县治迁到石洞寺后，皋兰县城才开始建设。由于全县人口少，管辖地域较小，气候干燥，环境差，发展缓慢，到改革开放后，都还是"一街两巷"的格局。

2000 年后，位于石洞寺的皋兰县城，才真正开始了现代城市的改造和拓建，经过二十年的努力建设，增加了道路，拓宽了街面，一座现代化的县城已初具规模。随着县城的扩建，地标增多，一些城市设施也得以完善，新的区域就得命名。皋兰县在地名的命名中，大胆科学地运用皋兰悠久的历史文化，为其添彩不少。

兰州过去地处边关，为古丝绸之路主要驿隘，是十多个少数民族大融合之地，各种文化碰撞交流，文化底蕴深厚。这些无不显现在建筑、交通、人文、艺术等所有领域。在这些文明中，最为出色的有书写兰州的诗词以及传承文化的丰富多彩的地名。其中，书写兰州的著名诗词有唐朝王之涣的《凉州词》，高适的《金城北楼》，岑参的《题金城临河驿楼》，卢照邻的《紫骝马》。邓千江的《望海潮·上兰州守》。清朝谭嗣同的《和景秋坪侍郎甘肃总督署拂云楼诗》，江得符的《我忆兰州好》等。

　　在这些诗词中，最出名最有影响的当属邓千江的诗词了。这首诗词，文辞优美，有故事，不但写得大气豪迈，也写出了古城兰州的宏伟气势，更为可贵的是，其对兰州的影响尤为深远。兰州市皋兰县有地名"名藩"就取自该诗词。

　　邓千江（生卒年不详），甘肃临洮人。金初士子（刘祁《归潜志》）。词仅存《望海潮·上兰州守》（又题作《献张六太尉》）一首，如下：

　　云雷天堑，金汤地险，名藩自古皋兰。营屯绣错，山形米聚，喉襟百二秦关。鏖战血犹殷。见阵云冷落，时有雕盘。静塞楼头晓月，依旧玉弓弯。

　　看看，定远西还。有元戎阃命，上将斋坛。区脱昼空，兜零夕举，甘泉又报平安。吹笛虎牙间。且宴陪珠履，歌按云鬟。招取英灵毅魄，长绕贺兰山。

　　用古诗词中的诗句命名地名，中国历史上不少，但兰州尚属首次。其中，"名藩大道""名藩广场"等地名，就是如此，不但优雅寻味，彰显兰州的文化底蕴，更传承了兰州文化，宣传了兰州，提升了兰州，美不可言。名藩大道是横穿皋兰县城的主要干道，名藩广场是皋兰县城最大的广场。

2019 年 10 月 31 日晚于兰州

兰州新区地名命名的文化内涵

兰州新区是甘肃省下辖的国家级新区。

兰州市由于受两山夹一河地形的影响，城市发展受到极大制约。为了兰州城市发展，甘肃省决定建设新区。位于永登县的秦王川是最佳选择。

兰州新区于 2010 年 8 月开始筹建，2010 年 12 月，甘肃省设立兰州新区。2012 年 8 月，国务院批复为国家级新区，这是继上海浦东新区、天津滨海新区、重庆两江新区、浙江舟山群岛新区后的第五个国家级新区，也是西北地区第一个国家级新区，并被赋予"西北地区重要的经济增长极、国家重要的产业基地、向西开放的重要战略平台和承接产业转移示范区"的战略定位。

兰州新区位于秦王川盆地，是兰州、白银两市的接合部，地处兰州、西宁、银川 3 个省会城市共生带的中间位置，也是甘肃对外开放的重要窗口和门户。南北长约 49 千米，东西宽约 23 千米，距兰州市 38.5 千米、白银市 79 千米、西宁市 195 千米，距西安 560 千米，经景泰到银川有 470 千米，经河西走廊直通新疆，是丝绸之路经济带和欧亚"大陆桥"的重要连接点。

兰州新区辖永登、皋兰两县中川镇、秦川镇、上川镇、树屏镇、西岔镇和水阜乡 6 个乡镇，73 个行政村。规划总面积 1744 平方千米，建

兰州新区一角（一）

兰州新区一角（二）

设面积246平方千米，现有人口近30万人。

秦王川，是兰州及其方圆数百千米内面积最大的一个川地，近1000平方千米。这里地处黄土高原的西北部，是青藏高原、蒙古高原和黄土高原的交汇地，也是祁连山脉东延之余脉插入陇西盆地的交错地带，属典型的黄土高原丘陵地貌类型，以川、梁峁、丘陵、沟壑及河谷地貌为主，平均海拔1900米，地势相对平缓，年降水量300-350毫米，距兰州市区较近，境内有甘肃省唯一的国际机场——中川机场。

由于受高原山地地形地貌的制约和影响，西北绝大部分地区，建筑物历史上都有顺应山川河流走向，天地和谐的传统，无论是城市还是乡村民宅。兰州新区也是这样，不可能像西安、北京那样，建设矩形的城市，规划也是顺应了秦王川的地形地貌和山川河流的走向。所以，兰州新区城市的规划也是在原有的公路、中川机场及秦王川地形走向的客观条件和基础上进行的。

兰州新区的规划建设以昆仑山大道、祁连山大道、天山大道及珠江大道、黄河大道、淮河大道等经纬纵横主干道为框架，辐射开来，形成了井田状分布的格局。而地名的命名，学习了东部沿海青岛和上海等大都市命名地名的方式，大胆采用了以名山大河命名地名的方式。这些，既是兰州新区地名命名的一大特点，也彰显了高雅的文化气质，既方便记忆，又文雅大方，给人以亲切感。而以传统行政地名命名的街道地名则很少，目前，只有两处。以河流命名的地名，都是横向的地名，以山脉命名的地名，均是纵向的地名。这也体

兰州新区一角（三）

现了我国河流山脉整体走向的趋势。现略统计如下：

一、横向以著名河流命名的地名

珠江大道，渭河街，洮河街，黄河大道，白龙江街，清水河街，汉水街，庄浪河街，嘉陵江街，通关河街，石羊河街，疏勒河街，淮河大道，伊犁河街，海河街，牡丹江街等。

二、纵向以著名山脉命名的地名

华山路，昆仑山大道，泰山路，兴隆山路，峨眉山路，祁连山大道，鸣沙山路，岷山路，凤凰山路，天山大道，贵清山路，嵩山路等。

三、以行政区名命名的地名

中川街，青城路。

2019 年 1 月 5 日于兰州雁滩

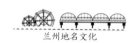

兰州南河道桥梁命名的文化内涵

兰州南河道，是一条东西向的黄河自然泄洪河道，长 7.25 千米，将城关区的城区与雁滩分割两半。过去，南河道淤泥堆积，垃圾充塞，污染严重，是有名的烂泥沟，又缺少桥梁，严重制约雁滩地区的经济发展，也给民众出行带来很大不便。自 20 世纪 90 年代起，经过兰州市大力疏浚整治，修通了南河道南、北路，至目前，已在南河道上架设桥梁 20 座，大大支持了雁滩地区的经济发展，也改善了雁滩与城区的交通。目前，南河道两边绿树成荫，花木葱茏，交通便利，已是兰州一条靓丽的风景线了。而南河道上桥梁的命名，也以当地的古老地名及经济文化发展相适应，反映出浓浓的兰州文化气息。

1. 无名桥

水车博览园内的钢筋混凝土拱桥，由水车博览园卧通往黄河南岸及兰州音乐厅、体育公园，是无名桥，因处于南河道入口处，在南河道最上游，应该是南河道第一桥。

2. 卧桥

位于水车博览园内的卧桥，是仿造的兰州卧桥，南起水车博览园，北接兰州市音乐厅及黄河南岸，又叫"空中鳌北"桥，建成于 2005 年。兰州卧桥又名握桥。卧桥采用巨木由两岸向河心错落前伸，层层递出，节节相衔，呈穹隆之弓形。桥面上有拱廊，可避风雨，两侧楹栏整齐。

桥两端各有翼亭，恰似两拳紧握，故名握桥。握桥在兰州曾享有盛名，为昔日"兰州八景"之一，旧址在今西津东路雷滩河上，始建于明永乐年间（1403–1424），1952年为修通城关区

南河道卧桥

至七里河、西固的西郊林荫大道而被拆除。现兰州保存最为完好的卧桥是榆中县兴隆山卧桥。

根据《兰州市地名管理办法》规定，为规范兰州市道路和桥梁命名，在广泛征求群众和专家意见的基础上，经2017年3月24日市政府第10次常务会议研究同意，将城关区南河道自西向东的第3至16共14座桥梁正式命名，这些桥梁名称自即日起执行。此次命名保留了地方文化和事项，对加深市民对兰州的记忆和了解起到了引导作用。

3. 大教场桥

南起兰州市图书馆与南滨河路的交接处（兰州市音乐厅东南侧）桥梁，此桥建于2000年，属于预应力钢筋砼简支梁，桥梁总长36.67米，宽21米，该桥南面是明清时代有名的大教梁和东教场，故命名为"大教场桥"。

4. 雁栖桥

南起万泉加油站东侧，北接雁滩公园，桥梁总长25米，宽3米，此桥临近雁滩公园，寓义大雁栖

雁栖桥

息之地，命名为"雁栖桥"。

5. 兰天桥

天水北路与南河道相接处的桥梁，原名"雁滩桥"。以前，南河道上的桥梁很少，这是一座雁滩通往市区的较早的主要桥梁，曾多次扩建。此桥最新扩建于1999年，与天水路平接，属于预应力钢筋砼简支梁空心板梁，桥梁总长20米，宽37.5米。为体现兰州市实施的蓝天工程"兰州蓝"和原兰州军区空军在南河道整治中做出的突出贡献，命名为"兰天桥"。

6. 军民桥

南起南河南路（甘肃省图书馆家属院东侧），北至南河北路（城关区人民武装部家属院）的桥梁。1956年驻兰部队为支援雁滩地区农业建设，方便群众出行，在此处建了一座木头桥。2000年重建，属于钢筋砼拱桥，桥梁总长25.2米，宽15米。为了纪念该桥的建桥历史，体现军民鱼水情，命名为"军民桥"。

7. 段公桥

南起南河南路（南河小区），北至南河北路（原雁滩宾馆），直通雁西路（大润发门口）的桥梁。此桥竣工于2009年，属于钢筋砼简支梁桥，桥梁总长30.12米，宽24.7米，因明代段续在此建成第一辆水车，为纪念兰州著名历史人物，保护和传承地名文化，命名为"段公桥"。

便民桥

8. 便民桥

南起南河南路（南河滩小区），北至南河北路（大雁滩）。这是一座为了方便南河道两边居民的出行而建的简易人行桥，较窄，机动车不能通行，被称为"便民桥"。

9. 张苏滩桥

南起南河南路（东部

副食品批发市场），北至
南河北路（雁滩蔬菜批发
市场）的桥梁。此桥为混
凝土拱桥，桥梁总长20米，
宽3米，因该桥通往张苏
滩社区，命名为"张苏滩
桥"。

张苏滩桥

10. 迎旭桥

南起南河南路与段家
滩路交叉处（甘肃七建集团一公司），北至南河北路（粮油批发市场）
的桥梁，此桥竣工于1995年，属于装配式预应力钢筋砼简支空心板梁，
桥梁总长26米，宽20米，此桥处原为南河道历史上唯一一座建于咸丰
年间的木桥，叫"迎旭桥"，故命名为"迎旭桥"。

11. 金花桥

南起南河南路与段家滩路交叉处（甘肃省林业调查规划院），北至
南河北路（丹迪宾馆）的桥梁。此桥属于钢筋砼空心板简支梁，桥梁总
长20米，宽23米，因此地原有清代修建的金花娘娘庙，命名为"金花桥"。
金花娘娘，是兰州本土最有名的传说之一。金花，明洪武时兰州井儿街
人，17岁时因抗婚逃至巴弥山（今永靖县）坐化，将自己随手拿的一根
烧火棍插在巴弥山岩石间，顷刻抽枝发芽，数年后，长成参天松树。兰
州及临洮、临夏等地的百姓，每逢大旱，都会向金花娘娘求雨，很灵的。
兰州曾有金花娘娘庙70余座。

12. 雁兴桥

南起南河南路（欣欣茗园），北至南河北路（中国邮政速递物流公司）
的桥梁。此桥竣工于2009年，属于钢筋砼简支梁桥，桥梁总长30.12米，
宽24米。该桥直通雁兴路，桥路相连，命名为"雁兴桥"。雁兴桥是
一座钢筋砼斜跨单拱形简支梁桥，单拱形支梁斜跨南河道，挑起桥梁。
由于南河道经过整治，河道较窄，单拱形支梁能够斜跨挑起桥梁，还节

雁兴桥

约了建材。这也是全市唯一一座此种造型的桥梁，显得非常特别。

13. 雁翔桥

南起南河南路（三易花园），北至南河北路（新科时代），主桥结构体系为简支桥梁，桥梁总长23米，宽24米，为实现与雁栖桥的对应，体现大雁飞翔，寓义雁滩腾飞之意，命名为"雁翔桥"。

14. 南面滩桥

南起南河南路（莲花宾馆），北至南河北路（兰州市检察院办公楼）的桥梁。此桥主桥结构体系为简支桥梁，桥梁总长23米，宽24米，该桥通向南面滩村，为保护老地名，命名为"南面滩桥"。

15. 范家湾桥

南起南河南路与范家湾路的交汇点（欣欣嘉园营销中心），北至南河南路（康乐花园小区）的桥梁。此桥竣工于2009年，属于预应力砼连续梁桥，桥梁总长74.2米，宽24米，该桥南面是范家湾村，南通范家湾路，命名为"范家湾桥"。

16. 骆驼滩桥

南起南河南路（欣欣嘉园公交调度站、112路终点站），北至南河北路的桥梁。此桥竣工于2009年，属于预应力砼连续梁桥，桥梁总长71.2米，宽30米，该桥通往骆驼滩村，为保护老地名，命名为"骆驼滩桥"。

17. 雁儿湾桥

南起南河南路（欣欣嘉园调度站往东300米处），北至南河北路（聚金雅园小区）的桥梁。此桥竣工于2009年，属于中承式拱桥，桥梁总长57.96米，宽10.7米，该桥因坐落于雁儿湾，为保护老地名，命名为"雁儿湾桥"。

18. 雁北路高架桥

2018 年 10 月 18 日兰州市人民政府第 50 次常务会议研究，对兰州市近郊四区 42 条道路、一座桥梁分别命名。同时，新命名道路和桥梁名称自发布之日起执行。其中城关区南河道东头的一座桥梁是雁北路高架桥，东西走向，东接东岗立交桥匝道及 312 国道，西至雁峡路（重离子医院），与雁北路相接，桥长 866 米，宽 25 米，因西接雁北路，被命名为"雁北路高架桥"。

19. 兰州东岗黄河大桥

该桥位于兰州市东部城关区，南起雁儿湾，接东岗立交桥，北到青白石杨家湾，横跨南河道和黄河，是一座公路式桥梁，全长 450.131 米，总宽为 21.5 米，1999 年 3 月开建，2002 年 10 月建成通车。是高速公路桥，因南接东岗立交桥，被命名为东岗黄河大桥。

20. 与"兰天桥"（原雁滩桥）并连的雁滩家居市场桥，因桥上建有大楼，没有专门命名。

2018 年 11 月 21 日于兰州

第二辑　多彩的地名

地名地理介绍

1. 最早的地名

兰州最早的地名是"榆中"。兰州的地名起源于《史记》。《史记·秦始皇本纪》记载："西北逐匈奴，自榆中并河以东属之阴山，以为四十四城，城河上塞。"这个榆中就是秦始皇三十三年（前214年）蒙恬沿黄河筑城所建之四十四县之一，属陇西郡，这是兰州最早的有文字记载的地名。

马啣山

2. 海拔最高的山

马啣山，又名马衔山，马寒山，马黑山，山峰海拔 3670.3 米，山顶为高山草甸地貌，春、秋、冬三季有积雪。为兰州地区最高峰，也是榆中县与临洮县的分水岭。

3. 海拔最低的地方

榆中县青城镇东滩，海拔 1432 米。

4. 最大的盆地

兰州盆地，东西长 35 千米，南北宽 5 千米。

5. 最大的川

兰州最大的川是秦王川，也是最平的川，总面积近 1 千平方千米。其次是三角城川。

6. 最长和最窄的峡谷

黄河桑园子峡谷，长 32 千米，也是最狭窄的峡谷，最窄处 7.5 米。

7. 最大的荷花池

位于榆中县青城镇东滩的荷花池，有数百亩之多。

8. 以山形地貌命名最多的是"沟"

全市以"沟"命名的地名有 3000 多处，其中自然地理实体地名就有 2255 个。如石头沟、巴石沟、王家沟、李家沟等。

9. 重名最多的地名

是李家庄，有 18 个。其次是王家庄，有 17 个。

10. 以姓氏命名最多的是"王"姓

以"王"姓命名的有 89 个。如王家营、王家坪、王保营、王家湾、王家沟等。

11. 字数最多的地名

字数最多的地名是七个字的地名，有五个，分别是沙石台梁断壕沟、焦家大坡断壕沟、阴洼岔沟口子沟、大把四台尖岭山、大白土圪垯山。除阴洼岔沟口子沟在皋兰县境内外，其余的都在永登县境内。

12. 最古老的传说地名

位于城关区黄河北岸的九州台，是兰州最古老的传说地名，传说大禹治水来到这里，查看黄河水情，调查水文资料，制定治水方案，随后到黄河上游的积石山治水，并一镐劈开桑园子峡，黄河滔滔向东奔流，彻底根治了兰州及其上游的黄河水患，并在此制定治国方略，将天下分为九州，从此天下趋向安定（有另一传说，说是三千年前，姜子牙辅佐大禹治水后，在此将天下分为九州）。

13. 保存最完好的古镇

位于榆中县北部的崇兰山下的青城镇，原名一条山镇，也是黄河第一古镇。

14. 历史上建过政权的都城

位于榆中县夏官营的勇士城，是东晋十六国时期，鲜卑族乞伏国仁建立的西秦（385–413年）政权的都城。该城是兰州历史上唯一建过政权的都城（也有学者认为位于清水驿乡的东古城是鲜卑族乞伏国仁建立的西秦政权的都城勇士城，该城大部分被河水冲毁，现还保存一部分残城墙，有待进一步考证）。

15. 历史上最怪的城

位于榆中县境内的三角城，是一座三面城墙的城。该城早已荡然无存。

16. 最早的黄河大桥

中山桥，俗称"中山铁桥"，又名"黄河铁桥"，旧名镇远桥，位于滨河路中段白塔山

榆中县青城古镇一条街

下，被称为"天下黄河第一桥"。建于1907年（清光绪三十三年）。工程由德国商人承建，共花了白银三十万六千余两。1942年，为纪念孙中山先生而改名为"中山桥"，桥名沿用至今。

17. 第一座由村委会筹资建的黄河桥

位于皋兰县境内的什川黄河大桥，也是中国农民集资修建的第一座黄河大桥。该桥由什川乡的南庄、长坡、上坡三个村委会自筹资金24万元，义务投工24万多个，于1969年11月动工，1971年5月竣工通车。

18. 最怪的地名

没名地沟（皋兰县黑石川乡），满达拉脑子（榆中县青城乡），稀米汤（榆中县园子乡），白打扮（永登县苦水镇）。

2011年10月25日晚于兰州

带数字的地名

数字被运用到地名，是中华地名文化中的一种常见形式，也是普遍的现象，简单易记，方向感强，形象而有趣，这在中华民族文化中普遍存在。数字地名，在兰州也很多，从一到十，从百到万，应有尽有，趣味无穷。如：

一只船（城关区），二沟墩（榆中县），三角城（榆中县），四泉（永登县），五泉山（城关区），六墩（永登县），七道梁（七里河区），八里窑（七里河区），九州台（城关区），十里山（榆中县），二十里铺（永登县），四十亩川（榆中县），六十二川沟（龙泉乡），百草岭（七里河区），千禧（永登县），万眼泉（榆中县）。

2010 年 10 月于兰州

呼应地名

兰州地区复杂多样的地理环境及多元的文化交流，使兰州的地名丰富多彩，其中相互对应的地名就不少，有的对应十分工整，妙趣横生。如：

东岗镇——西固城

南河道——北麓山

东湾——西槽

金崖——银山

水阜——陆（家）崖

独树子——双店子

甘草——苦水

接驾嘴——歇驾嘴

鱼儿沟——雁儿湾

和平——安宁

大沙坪——小沟头

七道梁——八盘峡

白塔——黑城

五里铺——十里店

阳洼——阴洼

龙泉——凤山

小阴岔——大窒岘

上坪——下沟

新仓巷——旧大路

前坪——后沟

文家山——武家窑

马圈——羊寨

大阳岔——小阴岔

黑龙（村）——白虎（山）

宽岔——窄沟

大水子——小桥子

黑石川——白土山

2010 年 10 月于兰州

新地名

　　兰州，随着历史的变迁、社会的发展以及城市的改造和开发建设，一些地名被变更、淘汰，有些已被历史遗忘，而一些新的地名却随之出现。

　　城关区的原东稍门（现东方红广场东口）、五泉山下的小桥子等地名，由于城市的改造开发，早已退出了历史舞台。沙厂巷、进光路、镇东新村等地名也已经消失。

　　200 年前，随着李姓家族大举南迁至榆中县三角城乡化家营村，原榆中县金崖乡李家营因李姓人口减少齐姓人口增多而更名为齐家坪。

　　80 年前，生活在榆中县三角城乡许家窑自然村与缪王营自然村之间的白家营自然村的二户白姓人迁到了缪王营自然村，白家营的地名便随之消失。

　　由于社会经济发展迅速，兰州的发展日新月异，新地名也大量出现。如：

　　麦积山路，雁滩路，雁南路，雁北路，雁宁路，雁西路，南滨河路，北滨河路，南山路，北环路，南河路，莫高大道，雪花路，城临路，九州通路，世纪大道，建宁路，银安路，兴安路，建安路，植物园，金港城，新港城，安宁庭院，鸿运润园，莱茵小镇，格林小镇，天庆花园，天庆嘉园，基业豪庭，科教城，世纪新村，市民广场，五泉下广场，金轮广场，草地公园，体育公园，万达广场，兰马公园，微乐花园（榆中县和平镇），金牛广场（榆中县），大学城（榆中县），碧桂园，恒大山水，兴隆滨河苑等。

近年来，兰州还出现了以企业名字命名的地名。如：

读者大道，佛慈大街，瑞德大道，移动天桥，微乐大道（榆中县和平镇），众邦大道，蓝科路，长风路等。

这些地名的出现，明显具有了市场经济下的企业文化与地名的冠名融合。

2010 年 10 月于兰州

以动物命名的地名

　　兰州地区地形大致可分为南部山区、北部山区、中部平川河谷地区三大块。南部山区以马啣山、兴隆山、皋兰山、狗娃山及祁连山脉东南延伸段为主线，海拔较高，其中马啣山海拔 3670.3 米，为兰州市的最高峰，有永久冻土层。这一地区由东南向西北与定西市、临夏市、青海省、武威市相邻，大部分属于二阴地区，降水较多，气候夏季凉爽，春秋短暂，冬季寒冷。全市 90% 以上的植物及 80% 以上的野生动物都分布在这里。较有名的植物有松树、柏树、桦树、杨树、榆树、珍珠梅等，有较大范围的针叶落叶混交林和灌木林分布，有丰富的中草药资源。动物主要有狼、狐狸、麝、野兔、松鼠、黄鼠、蛤蟆、蜥蜴、蛇、红腹锦鸡、嘎啦鸡、鹬、野鸽、鹰、喜鹊、乌鸦、红嘴鸦、斑鸠等。一百年前，还有豹子出没。这一地区还有小范围的矿藏，如榆中县的水岔沟煤矿、七里河区的阿干镇煤矿等，还有金矿、铁矿等，但大都是品位很低的贫矿，无开采价值。

　　北部山区由东南向西北的车道岭、北山、徐家山、白塔山、九州台、仁寿山、猪驮山为主线，依次与定西市、白银市、武威市接壤，面积最大，人口分布稀疏，是典型的温带干旱半干旱大陆性季风气候，年均降雨量 200-350 毫米，蒸发量是降水量的 4 到 10 倍，植被稀少，水土流失十分严重。近百年来的人造梯田开发及气候变暖、降水减少，使这一地区的植被更加脆弱。过去是十年九旱，现在是十年十旱。有少量的耐碱耐旱耐寒草本植物和野生动物。野生动物有豹、狼、狐狸、猞猁、穿山甲、黄羊、野兔、旱獭、松鼠、黄鼠、蛤蟆、红腹锦鸡（野鸡）、嘎啦鸡、乌鸦、红嘴鸦、喜鹊、野鸽、秃鹫、鹰、鹞、斑鸠、戴胜、啄木鸟、蛇、壁虎（七寸子）等。按联合国关于人类生存标准，这一地区的大部分地方不适宜人类生存。

中部平川河谷地带是全市主要的政治、经济、文化地带，主要的农作物、经济作物、工业区和城镇分布在这里。自东南向西北主要有

兰州常见的狸猫

高崖川、清水川、三角城川、定远川、来紫堡川、兰州市区、皋兰川、中川、红古川、永登川等。河谷有苑川河谷、黄河河谷、湟水河谷、大通河河谷等。

由于受地域环境及气候等客观因素的制约，兰州地区降水稀少，气候干燥，整体上植被覆盖率低。地域广阔，多种地形并存，虽然动物种类数量较少，却分布很广，因而以动物命名的地名也不少，有330多个，主要分布在南、北部山区，且以龙、虎、狼、狐狸、骆驼、牛、马、猪、羊、鸡、鸽等为多，重复地名也很多。如：

伏龙坪（城关区），马滩（七里河区），马坡（榆中县），羊寨（榆中县），牛站（永登县），鸡冠子梁（榆中县），狗娃山（七里河区），猪嘴岭（榆中县），骆驼巷（七里河区），黑龙，白虎山（榆中县），骡子滩（榆中县），狼牙山（七里河区），狼舌头山（城关区），野猪湾（七里河区），兔墩（皋兰县），鹞子岭（七里河区），鸭儿湾（榆中县），野鸡沟（榆中县），鹁鸽沟（榆中县），老鹳村（皋兰县），凤山（永登县），鱼儿沟（城关区），鱼池子（城关区），鱼池口（城

关区），雁儿湾（城关区），雁滩（城关区），狼舌头山（城关区），野马沟（皋兰县），贡马井（榆中县），豹子沟（皋兰县），狸子沟（七里河区），麻雀咀（榆中县），獐子沟岭（榆中县），骚狐子沟，凤凰山（榆中县），喜鹊湾（榆中县），莺鸽湾（永登县），蚕儿湾（榆中县），虎狼咀（榆中县），狼狗岘（西固区），麋鹿沟（榆中县），英鸽咀（榆中县），黄鼠沟（永登县），猪驮山（永登县），野猫沟（永登县）等。

2011 年 10 月于兰州

以凤凰命名的地名

兰州以"龙""凤"命名地名，源远流长。龙是中华民族崇拜的图腾，是中华民族的化身。凤是中华民族的瑞祥体现。中华文化，就是龙的文化，凤的文化。千万年来，龙、凤文化渗透在中华民族的繁衍生息中。地名的命名使用是龙、凤文化传承的最悠久最长远的原因。兰州以"龙"命名的地名多达 40 多处。如龙山，伏龙坪，龙池（2 个），龙泉（2 个），龙湾，龙园，绽龙，龙王巷，龙王嘴，龙王沟等。

兰州地区不但以龙命名的地名众多，以凤凰命名的地名也不少。

凤凰，亦作"凤皇"，是中国古代传说中的瑞鸟，百鸟之王。雄的叫"凤"，雌的叫"凰"，总称为凤凰，亦称为丹鸟、火鸟、鹍鸡、威凤等。常用来象征祥瑞，凤凰齐飞，是吉祥和谐的象征，自古和龙一样，是中国传统文化的重要元素。凤凰，最初在《山海经》中的记载仅仅是"有鸟焉，其状如鸡，五采而文，名曰凤皇"。自秦汉以后，龙逐渐成为帝王的象征，帝后妃嫔们开始称凤比凤，凤凰的形象逐渐雌雄不分，整被"雌"化。

在千百年来的传统文化中，龙和凤凰几乎齐名，龙凤都是瑞祥的象征。在中国传统文化的传说、说唱、绘画、刺绣、服饰、书法、戏曲、文学、建筑、商贸及地名命名和人名起名等社会活动、文化生活中被广泛地运用，使我们的文化更加丰富多彩，意境优美。望子成

凤凰山

龙，望女成凤，是深深埋在中国人骨髓里的生儿育女的主题思想。

兰州地处中国大陆的中心，是交通枢纽和民族大融合的地区，东南西北全方位的多民族文化，在这里碰撞、交汇、融合，使这里的文化多彩纷呈，特别是兰州的地名命名，内容丰富，寓意深刻，这无不体现出兰州人民对中华传统文化地热爱和对美好生活地向往。从兰州以凤凰（或凤）命名的地名看，绝大部分是命名山型地貌的，寓意和美瑞祥。有些以凤凰命名的地名，还有非常优美的传说。

在榆中县城和小康营之间，有一座不高的小山，山不高峻，也无茂密的森林，却有一个美丽的山名，叫凤凰山。

传说，很早很早以前的一年春夏，榆中地区大旱，春天种的庄稼被晒干，连兴隆山、徐家峡山的树木都枯萎，眼看就是大灾之年，已有人准备到陕西逃荒。

一天早晨，太阳刚从东山升起，有人发现一对金黄美丽的大鸟从兴隆山的方向飞来，落在并不高峻的徐家峡山下的小山包上，后来的几天，人们看到，这对大鸟在一棵大松树上筑巢。原来，这对大鸟是到此处孵化后代的。不几日，天空突然阴云密布，下起了大雨，一下就是一天一夜，大鸟也不飞走，继续孵化。这场透雨彻底解除了旱情，老百姓复耕，播

种了秋天作物。小山包及兴隆山、徐家峡山也已恢复了生机，树木苍翠，郁郁葱葱。一个月后，大鸟孵化出了四只小鸟，小鸟长得很快，两个月就能随大鸟飞翔。

后来的日子里，榆中大地风调雨顺，秋季作物大获丰收。家家收获归仓后的一个秋高气爽的午后，人们发现，大鸟领着四只小鸟在小山包上空盘旋了三圈，然后向南飞去了。一位兴隆山修行的道士说，这种漂亮的吉祥大鸟叫凤凰鸟。后来，人们就将凤凰孵化后代的小山包，称为凤凰山，以纪念凤凰鸟的恩赐。

兰州地区以凤凰命名的地名有：

凤凰山（城关区九州），凤凰山（安宁区沙井驿），凤山村（永登县红城镇），凤凰山（永登县大同乡），凤凰山（皋兰县中心乡），凤凰山（皋兰县什川镇），凤凰山（榆中县城关镇），凤凰山（榆中县金崖镇），凤凰台（榆中县连搭乡），凤山沙沟（永登县红城镇），凤凰山路（兰州新区）。

2019 年 11 月 11 日晚于兰州雁滩

以植物命名的地名

用植物名命名的地名

　　兰州地区地形大致可分为南部山区、北部山区、中部平川河谷地区三大块。全市 90% 以上的植物都分布在南部山区。较有名的植物有松树、柏树、桦树、杨树、榆树、珍珠梅、海棠等，有较大范围的针叶落叶混交林和灌木林分布。北部山区地域广阔，但降水稀少，只有少量的人工树木和耐寒耐旱的草本植物。人工树木有杨树、柳树、榆树、槐树、椿树、红柳、柠条、冬果梨、香水梨、苹果树、桃树、枣树、杏树、核桃树等，草本植物有骆驼蓬、碱蓬、红果刺、猫儿刺、彬草、蒿子、野菊花、狼毒草、车前子、甘草等。中部平川河谷地带有少量的人工林和经济林分布。由于受气候的影响，兰州地区的植被相对较少，特别是中部和北部地区，植被覆盖率低，因此，以植物命名的地名就较少，只有 270 多处。如：

兰州的左公柳

桃树坪（城关区），杏花村（永登县），杏胡台坪（西固区），桃林村（安宁区），柳树（永登县），榆树沟（榆中县），苇茨湾（榆中县），茅茨沟（永登县），萱麻沟（城关区），桦岭（榆中县），枣树沟（城关区），樱桃沟（榆中县），柏杨（永登县），柏树巷（七里河区），梨花咀（七里河区），扁豆岘（榆中县），冬麦沟（榆中县），菜子沟（榆中县），韭菜沟（榆中县），马莲滩（榆中县），彬草（皋兰县），兰草（永登县），甘草（榆中县），瑞芝（永登县），黄蒿湾（榆中县），刺林（榆中县），燕麦湾（榆中县），东果园（七里河区），西果园（七里河区），果园（榆中县），红柳沟（榆中县），红柳滩（城关区）等。

2011 年 10 月于兰州

以中药命名的地名

位于黄土高原腹地、黄河上游的兰州市，孕育了种类繁多的植被，包括森林、草原、高山、河谷、荒滩的各类植物，这些植物，就包含了众多的中草药，为当地的中医发展提供了丰富的中草药支持。

中药主要

薄荷花（拍摄于榆中县缪王营）

甘草（拍摄于榆中县缪王营）

来源于天然药及其加工品，包括植物药、动物药、矿物药及部分化学、生物制品类药物。由于中药以植物药居多，故有"诸药以草为本"的说法。兰州地区，有包括甘肃五大中药材当归、党参、黄芪、甘草、大黄在内的丰富的中药材资源，如百合、柴胡、卷叶黄精、臭椿根皮、槐米、百里香、凤眼草、赤芍、柴胡、地骨皮、玫瑰花、金精石、甘草、党参、升麻、赤芍、秦艽、瑞香狼毒、大戟狼毒、生地、地骨皮、祖师麻、淫羊藿、百里香、猪苓、麝香等，其中东南部高寒二阴山区的兴隆山，主峰海拔 3250 米。这里水资源丰富，年降水量达 621.6 毫米，气候比较湿润。尤其土壤为黑土类，自然肥力较高，有利于多种药材植物生长，药材资源极为丰富，不仅有名贵的麝香，而且还有党参、贝母、黄芪等特产，中药材就有 183 种之多，都是祛病之良药。兴隆山药材尤其在中国南方享有盛誉，远销安徽、广东、四川、河南、上海等地。

兰州地区的中医药是相当发达的，在民间占有非常重要的地位，20年前，在广大的农村地区，每二至三个自然村，至少就有一名中医大夫。目前，在兰州市各大医院，都开有中医药科室，甘肃中医药大学及其附属医院、甘肃中医院等，为兰州乃至全省的中医药研究、发展、治疗做着积极的贡献。

中医药是中华民族优秀的文化遗产，千百年来，为中华民族的健康、壮大、发展产生了不可替代的作用，是中华文明重要的一部分，其中，就包括地名文化。据初步统计，兰州地区以中药之名命名的地名多达 40余处，它们是对兰州地区中医药文化的一种最好的传承。这些地名是：

萱麻沟（城关区），黄蒿洼（七里河区），白草洼（七里河区），马莲沟（七里河区），杏胡台（西固区），芦草湾（榆中县），马莲滩（榆中县），蕨麻台（榆中县），冬麦沟（榆中县），黄蒿坪（榆中县），甘草店（榆中县），麻黄沟（榆中县），马莲山（榆中县），萝卜沟（榆中县），黄蒿湾（榆中县），芦草沟（榆中县），鹿角岔（榆中县），灰条沟（榆中县），野韭川（榆中县），珍珠岭（榆中县），麻黄圪垯山（榆中县），红柳沟（榆中县夏官营），马莲沟（榆中县），芨芨沟

艾（拍摄于榆中县水岔沟）

（榆中县），红柳沟（榆中县上花岔），刺梅湾（榆中县），牡丹园（榆中县），酸刺（永登县），瑞芝（永登县），白茨沟（永登县），兰草（永登县），大野葱沟（永登县），黑刺坪（永登县），马莲滩（永登县），萝卜花（永登县），枸子湾沟（永登县），枸子沟（永登县），鹿角岘沟（皋兰县），白瓜子窑（皋兰县）。

2021 年 2 月 2 日晚于兰州

方向地名

山脉有方向，河流有方向，道路有方向，人的行动有方向，地名是人命名的，地名与方向自然就有了有机的结合。兰州地形复杂多样，为了便于定位、区别和记忆，以某一地、物为坐标或参照物，人们以方向命名的地名自然就产生了。兰州以方向命名的地名有不少，如：

1. 东岗镇，东古城，东湾。

2. 南河滩，南面滩，南河道。

3. 西固城，西坪，西槽。

4. 北面滩，北麓山，北滨河路。

5. 中川，中塘，中连川。

6. 上花，上沟，上蒲家。

7. 下窑，下沟，下李家湾。

8. 左家湾。

9. 右大坡。

10. 前川。

11. 后沟。

2010 年 10 月于兰州

色彩地名

由于兰州地区的地表构造相对简单，黄土层面积广阔，兰州东部就是全世界黄土层最深厚的地区，黄土高原的山原沟壑地貌占有绝大部分的面积，使兰州地区的色调单一性强。与色调相关联的矿物质及植物花卉较少，因而以色彩命名的地名自然就少。纵观兰州市三县六区的地名，以色彩命名的地名也不过四五十个，列举 13 种如下：

1. 红寺，红岭，红沟，红城，红土窑，红庄子，红柳沟，红山根，红泥沟，红马沟。

2. 白塔山，白石头，白土嘴，白家铺，白虎山，白土台，白土山，百石台，白家堡，白马池。

3. 黑城，黑龙，黑羊嘴，黑石川，黑马沟。

4. 青城，青白石，青石湾，青羊头。

5. 黄家岔，黄家庄，黄蒿湾，黄坪，黄峪，黄树沟。

6. 朱典营，朱家沟。

7. 麻家寺。

9. 紫家营。

10. 绿草。

11. 灰坪。

12. 银山。

13. 橙草沟。

2010 年 10 月于兰州

以堡命名的地名

城堡是堡垒式的小城，是军事防御工事，中外都有，历史悠久，极盛时期在中世纪。城堡有"城"和"堡"之分，"堡"是相对"城"而言的，是围有土墙的城镇或乡村，是规模较小的土墙围的民用防御工事，和"城"相比，要简陋和矮小得多，大一些的可居住一二百人，小的只能容纳一二十人。兰州地区将这一简陋和矮小的民用防御工事称为堡子。

兰州地区地处黄土高原，地域辽阔，气候干燥少雨，地形复杂多样，历史上人口稀少，却是兵家必争之地，常有土匪和小股武装势力出没，抢掠和骚扰乡民。为防御抢掠和骚扰，一些富裕人家和村民或联合或单独筑高墙，建堡子，用以防御外侵和保护财产，这也是受"高筑墙，广积粮"思想的影响。

兰州地区建的堡子和西北其他地区的一样，以黄土夯筑为主，极少数有用石头砌成或石头砌堡门的，如榆中县宛谷峡的石堡子（现已被毁）。黄土夯筑的堡子，地基宽 3-6 米，有的宽达 8 米，高 8-12 米，基顶宽 2-3 米，有的基顶还建有 1 米高的女儿墙，女儿墙上设有枪眼，四角建有角墩，一般建有一个堡门，有的建有 2-3 个堡门，还有的在堡子四周建有壕沟或护城河，增加防护能力。甘肃省会宁县中川乡的一个中等规模的堡子，就建有女儿墙，女儿墙上有枪眼，有正门和后门两个堡门，正门大，后门小，堡子四周挖有深达 3 米，宽达 6 米的壕沟。该堡子除 2008

黄土高原山头上常见的堡子

年5月12日的汶川大地震使东墙上的部分女儿墙坍塌外，其余保存完好，现在，堡子里还住着人。大一些的堡子内一般有井或建有储藏水的水窖、贮藏洋芋和蔬菜及粮食的地窖、牲畜圈等。这样的堡子，再配以看家护院的家丁和相应的枪支弹药，在当时生产力低下、进攻武器落后的情况下，其防护能力还是相当不错的。榆中县三角城乡大兴营村靠苑川河堤建的规模较大的一个堡子，居高临下，易守难攻，据说，始终未被土匪和武装组织攻破过，现在还保留着遗迹。在甘肃省会宁县郭城驿乡红堡子村的一个中等规模的地主家的堡子，在20世纪30年代，只有20人防守，一个连的正规部队两天两夜都未攻下，最后还是以和谈的方式打开了堡子门，可见其防御能力之强。像这样或大或小的堡子，40年前，在兰州地区随处可见，现在，有些地方还能见到，有的还保存很好，甚至还住着人。其中，榆中北部山区还有十多座堡子。当然，堡子这一人为遗留下的民间防御工事，延续了几千年，尽管随着时间的推移，它离我们越来越远，但它在我们的实际生活中，对一个地区的历史和文化的传承，将是久远的，其中体现最明显的，就是地名命名了。那些还不曾倒下去的堡子，继续诉说着过去沧桑的故事。

目前，兰州地区还保留的以"堡"或"堡子"命名的地名，有100多个，如：

盐场堡（城关区），王家堡（七里河区），宗庙堡（七里河区），贾家堡（西固区），杨家堡（西固区），颍川堡（西固区），马泉堡（西固区），安宁堡（安宁区），刘家堡（安宁区），上堡子（永登县），中堡（永登县），肖家堡（永登县），尕堡子（永登县），来紫堡（榆中县），太平堡（榆中县），堡子（榆中县），新堡子（榆中县），中河堡（榆中县），项家堡（榆中县），张家堡（榆中县），汉家堡（榆中县），石堡子（榆中县），什川堡（皋兰县）等。

2011 年 8 月 20 日于兰州

以水命名的地名

　　水是生命之源，人依然是依赖于水的。对水的索求、依赖、崇拜，对于生活在干旱半干旱环境下的大西北的兰州人来讲，感触甚深。这在地名的应用中，更是表现得十分透彻。

　　地名是对历史、地理、文化的最好记载和传承。兰州以水命名的地名，充分地反映出兰州人千百年来对生命之源的水的索求、依赖、崇拜、企盼、厚爱。其实，兰州以水命名的地名，有些是因水命名的，但也有不少的地名，是因对水的企盼而得名的。因为好多以水命名的地方，根本就没有水或者在以水命名时，早就没有水了。由于兰州的大部分地区都十分缺水，因此，以水命名的地名非常多，如：

　　水阜，水川，水坡，水沟，水湾，水岔，水源，清水，丰水，苦水。水家湾，水窖岔，水瓜子，水峡沟，水岔沟，水岔梁，水车园，水泉子，水沟湾，水沟沿，水沟川，大水子，下水岔，朋水沟，作水岭，好水沟，苦水沟，药水沟，驮水沟，大水洞，响水子，青羊水。

　　水地根子，大水沟岭，小水沟岭，池水岔沟，下漫水滩等。

2010 年 10 月 18 日于兰州

以泉命名的地名

对于生活在干旱半干旱地区的兰州人来讲，水是生活中的第一要素。特别是占兰州大部分面积的北部山区，有时可真是"水贵如油"啊！可兰州的水源，除了母亲河黄河及大通河、吐鲁河外，其余的水源几乎都来自于南部山区，且并不丰富。像苑川河、小康营峡、徐家峡、兴隆峡、官滩沟、雷坛河等，除了兴隆峡、官滩沟、吐鲁河还有少量流水外，其余大小河流早已全部断流。北部山区基本上无水源。兰州人对水，特别是对泉，那简直就是膜拜了，绝不亚于沙漠戈壁中的人对河和湖的感情。因此，兰州就有了很多以泉命名的地名。这些以泉命名的地名，一部分是确实有泉，像五泉山、万眼泉、泉头等，有的还有优美的传说。兰州市区的五泉山，据说西汉时期，大将军霍去病征西，取得胜利，在兰州庆功，缺水，挥剑掘出五眼泉，将自己要喝的一瓶酒倒入五眼泉中，与将士共饮庆贺，五泉山的地名便流传了下来。一部分是对已枯的泉的留恋和纪念，甚至是为了忘却的纪念。

榆中兴隆山后山的淙淙泉水

还有一部分，那就是对泉的企盼了。不妨到北部山区看看，便会有更多的感受。

兰州以泉命名的地名，有近 100 处。请看：

1. 上泉，下泉，柳泉，五泉，龙泉，红泉，泉头，清泉。

2. 大池泉，上暖泉，下暖泉，万眼泉，方家泉，大泉子，小泉子，下泉湾，水泉子，泉子沟，泉子岔，水罗泉，泉坡上，贺泉子，泉台庙，泉子山，罗泉沟，罗泉湾，陡泉湾。

3. 暖水泉子，东泉子沟等。

4. 池洼湾泉，曹家沟泉，小金沟泉，熊子湾泉，马家窑泉，田家岔泉，泉神庙泉，文家泉，大库沱泉，小库沱泉，郭家湾泉，泉头，大泉，药水泉，四范井泉，腰泉湾泉，马跑泉，泉头泉，头水泉，二水泉，东水泉，青羊水泉，浪坡泉，药水沟温泉，倒栽子泉等。

2010 年 10 月于兰州

以军队编制单位"营"命名的地名

兰州自古就是军事重镇，战略要地，是中国通往中亚、西亚、中东、欧洲的重要通道。西汉时期，中央政府就在兰州设立了县治，叫金城，有"金城汤池"之意。隋朝初期改置兰州总管府，改称兰州。

据传，战国时期，诸葛亮曾率兵到兰州东面的榆中一带布防，屯田，以军营为单位，设七十二营。战后，将士撤走，但以各军营的统帅姓氏命名的军营却以地名形式保留了下来。

另据传，明朝时期，朱元璋派兵在兰州、榆中一带驻兵设营布防，后大量移民，屯田，军队撤走后，以营地为名的地名就沿用了下来。

由此，兰州地区历史遗留的痕迹十分广泛，现在，最为明显的，就表现在地名上。"榆中的营多，永登的城多"就是真实的写照。

在兰州，以"营"命名的地名有近百处之多，特别是榆中三角城川区，就有几十个

榆中县三角城川

"营"分布。据传说，榆中县有七十二营。现在能统计到的有 67 处（包括 20 世纪 30 年代消失的白家营）。如：

1. 榆中县

前营（又名前营堡子城关镇），大营（分上大营、下大营城关镇），新营（新营乡），杨家营（新营乡），新营湾（新营乡），谢家营（新营乡），小康营（小康营），郭家营（小康营），李家营（小康营），紫家营（小康营），洪亮营（小康营），刘家营（小康营），上彭家营（小康营），刘褚营（小康营），王保营（小康营），大营（高崖乡），小营子（高崖乡），三墩营（甘草乡），上营（甘草乡），余家营（甘草乡），范家营（兰山乡），徐家营（和平镇），袁家营（和平镇），高营（和平镇），蔡营（和平镇），张老营（定远镇），蒋家营（定远镇），安家营（定远镇），邓家营（定远镇），胡家营（连搭乡），张家营（连搭乡），金家营（连搭乡），魏家营（连搭乡），麻启营（连搭乡），乔家营（连搭乡），毛家营（连搭乡），秦启营（连搭乡），薛家营（连搭乡），朱典营（连搭乡），王家营（三角城乡），丁官营（三角城乡），付家塔营（三角城乡），化家营（三角城乡），孙家营（三角城乡），缪王营（三角城乡），下彭家营（三角城乡），大兴营（三角城乡），詹家营（三角城乡），高墩营（三角城乡），夏官营（夏官营镇），吴谢营（夏官营镇），郝家营（夏官营镇），窟沱营（夏官营镇），建家营（清水驿乡），范家营（清水驿乡），太子营（清水驿乡），上伍营（来紫堡乡），窦家营（金崖镇），韦家营（韦营乡），金家营（园子岔乡），营盘山（贡井乡），营坪（甘草店乡），李家营（又名齐家坪，金崖镇），营跟前（韦营乡），下范家营（兰山乡），营盘山（来紫堡乡，一座）。

白家营（位于三角城乡许家窑村与庙王营村之间，干河东岸，20 世纪 20 年代，最后的两户白姓人家迁徙到庙王营，白家营地名消失）。

2. 城关区

头营，二营，三营。

3. 七里河区

清水营（花寨子乡），岗家营（西果园乡）。

柳家营（七里河区），王官营（湖滩乡）。

祁家营（湖滩乡），营门前（铁冶乡）。

4. 西固区

王家营（西固乡），瞿家营（西固区）。

孔家营（西固区），陈官营（陈坪乡）。

5. 安宁区

费家营。

6. 永登县

大营湾（中堡镇），何家营（中堡镇）。

营儿（柳树乡），小马营沟（武胜驿乡）。

杨家营（龙泉寺乡），下营（龙泉寺乡）。

俞家营（龙泉寺乡），下满洲营（坪城乡）。

柳树营（中堡乡），营盘山（大同乡）。

营盘岭山（七山乡），营盘湾（大有乡）。

2010 年 10 月 20 日于兰州

以城命名的地名

　　城池，是历史上军事设防的最好方式。早在公元前 2100 年的夏朝，统治者就筑城设防。从两千多年前的春秋战国时期至现代初期，城池亦然是军事设防的主要手段。因而历史上，统治者要统治、管理一方，必然要筑城防守。对于历史上处于重要战略地位的兰州，筑城防守自然是必不可少的。

　　在过去相当长的农牧文明和农耕文明时代，对于生产力低下，地域广阔的西北地区，筑城防守和管理，是最有效的方式方法。因此，兰州地区，历史上建筑了很多城池，都是为了军事防守和管理。"榆中的营多，永登的城多"，就是真实的写照。兰州以"营"命名的地名，达 100 多处，尤以榆中为多。以"城"命名的地名，也不少。

兰州市区唯一保存的明长城，位于城关区南关十字西北角润城佳园小区（2018 年 8 月 10 日拍摄）

兰州历史上，最早记载有"城"的历史，当属"榆中"。据《史记·秦始皇本纪》记载："西北逐匈奴，自榆中并河以东属之阴山，以为四十四城，城河上塞。"这个榆中就是秦始皇三十三年（前214年）蒙恬沿黄河筑城所建之44县之一，

兰州黄河北岸风光

属陇西郡，这是兰州最早的有文字记载的地名。后各种政权不断进行交替管制，不断修筑城池。特别是宋朝以后，修筑的较多。随着时代的变迁，这些城池，大多都荒弃坍塌了，有些已消失得无影无踪了，但这些城池的名字，后来，大多数以地名的形式保存了下来。现在，在兰州地区，从东到西，从南到北，到处都能找到以城命名的地名。当然，这些以城命名的地名，绝大多数是明清时代的。这些以城命名的地名，也是记录兰州历史发展的部分缩影。现略统计如下：

城关区

金城关，王保保城，古城坪，长城村，南城巷，小南城巷，南城根，东城壕，东北城壕，西城壕，西城巷，北城壕，顺城巷，双城门等。

西固区

西固城，新城，城子村，新城街，古城子，石城子等。

安宁区

里城沟，城临路。

红古区

红古城，红城村。

永登县

城关镇，红城，古城，满城，黑城，连城，坪城，坪城堡，铁城，石城，城字头，满城村，罗城滩村，满城村，古城子，上山城，下山城，野狐城，洛洛城，铁城口，马家山城，山城沟，东城沟，三角城，石拉城，马家山城等。

皋兰县

新城，西城，旧城子等。

榆中县

城关镇，东古城，三角城，古城村，古城，尚古城，青城，新城，旧城，城河沿，万城，勇士城等。

2010 年 10 月 20 日

带有姓氏的地名

兰州历史上是边关地区，又是交通要道，更是丝绸之路上的重要枢纽和连接地带。历史上的设防、军垦、军屯、商贸、移民、民族大融合，使兰州地区的姓氏十分繁多，不但张、王、李、赵、陈、马、刘、高这样的大姓应有尽有，把、巴、温、苟、冷、宣、咬、哈、基、左、岗、卯、满这样的姓也有。

千百年来，姓氏的增加变化，不但反映出了兰州地区的时代变迁，姓氏地名的命名沿用，更是兰州地区历史发展的一个缩影。据全国第七次人口普查的数据显示，兰州的四百多万人口中第一大姓为王姓，这也符合全国三大姓氏的王姓主要在北方地区、李姓在南北过渡地带、陈姓在南方的分布规律。而江、浙一带的陈姓、童姓、岳姓，广东的梁姓和罗姓，广西的梁姓和陆姓，福建的郑姓等姓氏在兰州地区大面积分布。就连党姓、羌姓、完颜等少数民族姓氏也常见，甚至司马、欧阳、诸葛等复姓也不陌生。这些都能充分说明，兰州地区的移民和民族大融合特点，而众多的以姓氏命名的地名，更是记载了兰州姓氏发展的真实历史。

据不完全统计，兰州地区以姓氏命名的地名有两千多个，这在全国都是少见的。如：

1. 王家沟，王家庄，王家营，王家坪，王家岘，王家岔，王家口，王家堡，王家巷，王家窑，王家湾。

2. 李家沟，李家庄，李家湾，李家山，李家磨，李家营。

3. 张家巷，张家园，张家庄，张家堡，张家河，张家墩，张家圈，张家窑，张家坡，张家寺，张家台，张家沟，张老营，张湾。

4. 赵家岭，赵家庄，赵家铺，赵家口，赵家岔。

5. 陈家沟，陈家湾，陈家岘，陈家庄，陈家井，陈家坡。

6. 马家庄，马家堡，马家咀，马家山，马家河，马家洼。

6. 刘家坪，刘家滩，刘家湾，刘家营，刘家桥，刘褚营。

8. 高家沟，高家庄，高家磨，高家渠，高家湾，高家嘴，高家崖，高林沟，高滩村，高营，高墩营。

9. 白家巷，白家岘，白家铺，白庄子，白土台子。

10. 宋家滩，宋家沟，宋家窑，宋家湾，宋湾。

11. 石家沟，石家湾，石家庄，石洼子。

12. 范家湾，范家坪，范家营，范家山。

13. 方家湾，方家庄，方家楞干，方庄。

14. 杨家沟，杨家园，杨家湾，杨家坪，杨家营，杨家庄，杨家泉。

15. 徐家坪，徐家巷，徐家磨，徐家营，徐家庄，徐家山庄。

16. 崔家崖，崔家庄，崔家沟，崔家岭，崔家大滩。

16. 丁家洼，丁家庄，丁家沟，丁官营。

18. 郭家庄，郭家墩，郭家湾，郭家坪，郭家山，郭家营。

19. 郝家庄，郝家山，郝家湾，郝家营。

20. 孙家庄，孙家沟，孙家台，孙家营，孙家山。

21. 周家庄，周家沟，周家湾，周家拐子，周前。

22. 彭家墩，彭家坪，彭家湾，上彭家营，下彭家营。

23. 吴家咀，吴家园，吴家湾，吴家庄，吴家窑，吴榭营。

24. 曹家厅，曹家巷，曹家山。

25. 叶家台，叶家庄，叶家山。

26. 龚家坪，龚家湾，龚家崖，龚家洼。

26. 豆家营，豆家山，豆家庄。

28. 柴家河，柴家台，柴家堡。

29. 邓家巷，邓家营，邓家花园。

30. 韩家河，韩家咀，韩家寺，韩家湾，韩湾。

31. 蒋家坪，蒋家湾，蒋家营，蒋家河。

32. 金家崖，金家圈，金家庄，金家湾。

33. 葛家湾，葛家巷，葛家庄，葛家岔。

34. 祁家岔，祁家庄，祁家坡，祁家河。

35. 胡家山，胡家湾，胡家窑，胡家营。

36. 唐家岔，唐家湾，唐家峡。

36. 沈家河，沈家岭，沈家坡。

38. 邵家泉，邵家山，邵家洼。

39. 韦家营，韦家寨，韦营，韦家老庄。

40. 黄家园，黄家洼，黄家庄，黄家岔。

41. 陆家庄，陆家湾，陆家崖。

42. 何家沟，何家湾，何家庄，何家梁。

43. 火家台，火家源，火家湾，火家店，火家庄，火家坪，火家圈。

44. 杜家台，杜家坪，杜家岭，杜家咀，杜家湾。

45. 段家滩，段家川，段家岔，段家庄。

46. 鲁家沟，鲁家崖。

47. 宣家巷，宣家岔。

48. 郑家台，郑家庄。

49. 常家庄，常家湾。

50. 冯家沟，冯家湾。

51. 侯家湾，侯家峪。

52. 贾家山，贾家场。

53. 梁家湾，梁家山。

54. 官家岘，官场村。

55. 裴家岔，裴家窑。

56. 汪家窑，汪家坪。

56. 齐家岔，齐家坪。

58. 苏家寺，苏家庄。

59. 柳家村，柳家营。

60. 哈家嘴，哈家窑。

61. 田家岔，田家窑。

62. 汤家沟，汤家湾。

63. 孟家庄，孟家山。

64. 温家山，温家岔。

65. 谢家营，谢家巷。

66. 车家坝，车家沟。

66. 苟家湾，苟家坪。

68. 麻家沟，麻家寺。

69. 朱家湾，朱家沟。

70. 焦家湾，焦家磨。

71. 肖家沟，肖家嘴。

72. 武家沟，武家岭。

73. 安家营。

74. 畅家巷。

75. 董家巷。

76. 傅家巷。

77. 甘家巷。

78. 耿家庄。

79. 均家滩。

80. 禄家巷。

81. 牟家庄。

82. 咬家沟。

83. 詹家拐子。

84. 卓家沟。

85. 邴家庄。

86. 左家湾。

87. 闵家桥。

88. 窦家山。

89. 岗家营。

90. 海家岭。

91. 景家庄。

92. 夏家洼。

93. 单家湾。

94. 毛家营。

95. 陶家窑。

96. 万家庄。

97. 保家湾。

98. 罗家沟。

99. 秦家湾。

100. 闫家庄。

101. 蔡家沟。

102. 葛家岔。

103. 吕家岘。

104. 连家岔。

105. 强家湾。

106. 米家台。

107. 薛家村。

108. 魏家岭。

109. 袁家营。

110. 靳家庄。

111. 冉家庄。

112. 任家庄。

113. 尚家窑。

114. 茜家庄。

115. 霍家湾。

116. 聂家湾。

117. 巴家坡。

118. 满家湾。

119. 代家湾。

120. 翟家湾。

121. 潘家庄。

122. 敬家山。

123. 施家庄。

124. 康家庄。

125. 孔家崖。

126. 钟家河。

127. 钱家坪。

128. 许家台。

129. 芦家湾。

130. 余家湾。

131. 宁家坪。

132. 兰家沟。

133. 岳家庄。

134. 侯家沟。

135. 姚家庄。

136. 寇家坪。

137. 骆家坪。

138. 戴家坪。

139. 项家堡。

140. 曹家庄。

141. 滕家梁。

142. 付家岘。

143. 赖家场。

144. 蒲家庄。

145. 费家营。

146. 俞家营。

147. 桑家湾。

148. 雒家庄。

149. 化家营。

150. 缪王营。

151. 童家川。

152. 隆家沟。

153. 全家岔。

154. 牛家庄。

155. 湖家沟。

156. 辛家沟。

157. 凯家沟。

158. 把家圈。

159. 省家沟。

160. 华家沟。

161. 庙家沟。

162. 路家沟。

163. 韵家沟。

164. 脱家沟。

165. 商家沟。

166. 基家咀等等。

2010 年 10 月 27 日于兰州

以人名命名的地名

西北古城兰州，历史悠久，文化灿烂，地名五彩缤纷。以人的名字命名的地名，国外不少，国内常见，兰州也有。以人名命名地名，都是对历史人物的一种纪念。这些历史人物，要么是对当地的历史产生过深刻的影响，要么是对当地的经济发展做出过重大贡献，要么是为当地的老百姓谋利益，深得老百姓的厚爱。他们应该被历史记载，而用其名字命名地名，是再好不过的纪念。

兰州以人名命名的地名有：中山林，中山路，中山桥，邓家花园，培黎广场，一悟路，王保保城。

中山林——位于原萧家坪的东部，北起白银路，南至南山根一带。旧址即今甘肃日报社、西北民族大学等单位驻地。是民国十五年（1926年）冯玉祥所部刘郁芬率部队入甘，为纪念孙中山先生而扩建的园林。是由时任建设厅厅长的杨慕时主持，栽植榆、槐、桑、椿等树二万余株，并建立中山先生铜像（1956年移五泉山公园内），故名中山林，又称中山公园。1982年兰州地名标准化普查时，为保留这一纪念意义的地名，故仍定为中山林。

中山路——北起中山铁桥南端，向南至胜利饭店，拐弯往东至南关十字西口，全长1750米。民国三十一年（1942年）为纪念孙中山先生而命名为"中山路"。

中山桥俗称"中山铁桥""黄河铁桥",旧名"镇远桥",位于滨河路中段白塔山下,被称为"天下黄河第一桥"。建于清光绪三十三年(1907年)。工程由德国商人承建,共花了白银三十万六千余两。1942年,为纪念孙中山先生而改名为"中山桥",桥名沿用至今。

中山桥

邓家花园,在甘肃省委的北面,城关区广武门后街,占地27亩。1922年甘肃督军张广建的副官韩仰鲁购置清代先农坛,建仰园,当时俗称韩副官花园。园内有假山、池塘、照厅、佛堂,花木繁茂,所植牡丹、芍药多为珍品,依靠水车引黄河水灌溉。1933年,西安绥靖公署驻甘肃行署主任邓宝珊购置了仰园。1941年,邓夫人崔锦琴及子女在日军飞机的轰炸中罹难,葬于园内,于右任改题"慈爱园"。中华人民共和国成立后,为甘肃省省长邓宝珊办公兼居住的地方。20世纪60年代初,邓宝珊表示要将花园献给国家,时任中共中央总书记邓小平和省委第一书记汪锋婉劝他继续住在这里。"文化大革命"期间慈爱园划归国有。1978年,国家又将慈爱园退还给邓宝珊家属。1982年,邓宝珊先生的子女又将慈爱园捐献给国家。1985年甘肃省人民政府投资修缮后,改为邓家花园,简称邓园。邓宝珊在园内接待过贺龙元帅、陈毅元帅、梅兰芳、叶圣陶等。

培黎广场,位于兰州市安宁区。为纪念中国人民的老朋友、新西兰著名作家和诗人、伟大的国际主义战士、原培黎石油学校创始人路易·艾黎(RewiAlley,1897–1987年)为中国的职业教育事业作出的巨大贡献而修建此广场。根据汉语音译,艾黎把他创办的学校都取名为"培黎学校",意即培养迎接黎明的人。培黎广场占地面积不大,两三亩许,

邓家花园

然而却规划设计得非常具有自然和谐之美，用不规则的青石板铺砌而成的地坪高低错落，广场与街道的分界用青石矮墙砌成花坛，内植以各种花草树木，每逢夏秋季节，从街道上看培黎广场就像一座大花坛。

一悟路位于榆中县城关镇，是为纪念张一悟烈士而命名的。张一悟1895年3月3日出生于榆中县城关镇北关村。1918年考入北京大学预科班学习，期间受到李大钊的教诲，1919年与张亚衡、丁益三参加了五四运动，被称为"榆中三杰"。1924年由李大钊、恽代英介绍加入中国共产党。1925年10月，与宣侠父、钱崝泉创建了中国共产党在甘肃的第一个组织——甘肃特别支部，并任书记。1949年后任甘肃省人民政府委员、甘肃省人民政府监察委员会委员。1951年1月3日因病逝世，享年57岁。张一悟是甘肃最早的共产党员，中国共产党在甘肃的第一个组织——甘肃特支的创始人和领导人，为甘肃党的建立、发展和马克思主义的传播作出了重要贡献。

王保保城是以元末猛将王保保的名字命名的，系明洪武二年（1369年）元末猛将王保保（本名扩廓帖木儿，保保乃其乳名）为围困明兵时所筑，故名王保保城。王保保城故址有二处：一处在东岗镇的古城坪上，据史料记载，是一座长方形的中型夯土筑成，具有一定的防御功能。现仅存一段长39米，高6米，宽不足4米的残存城墙，夯土层面明显，城墙下，有兰州市城关区文化体育和旅游局于2021年10月12日立的石碑。另一处在中山铁桥北端以东，今兰州市第二人民医院一带的半山坡上。据史料记载，该城东西长370米，南北宽约210米，占地77 700平方米，开东南二门。旧城墙在 2010 年时，还残存一些，地名留存了下来。兰州市第二人民医院门口，兰州市人民政府在此立一石碑，上刻有"明·王保保城旧址"。

古城坪王保保城残存城墙

以上地名，除了中山桥、邓家花园实体存在、东岗镇古城坪上的遗迹还存在、兰州市第二人民医院一带半山坡上的王保保城还残存一点外，其余的仅仅是一条街名而已，没有点滴历史遗迹，但愿兰州在将来的开发建设中，能将古迹都保留下来。

2010 年 12 月 19 日于兰州

以地形地貌命名的地名

兰州地名的命名，最多的是以地形地貌为依据，有4000多处，这也是由兰州的地理环境所决定的。一个地名，就是一段历史，一处文化，一个故事，一个传说，一个秘密。

兰州地区，是以高原山地为主的地形地貌。据有关统计数据显示，兰州地区，有正式自然地理实体地名的大小山497座，沟2255条，除此之外，还有众多的河流峡谷，荒滩荒漠，荒山沟壑，台岘峁梁，如此复杂多样的地理环境，使得兰州地区以地形命名的地名非常丰富。

兰州市区黄河北岸的九州台，是兰州市区的最高峰。传说大禹治水来到这里，查看黄河水情，调查水文资料，制订治水方案，随后到黄河上游的积石山治水，并一镐劈开桑园子峡，黄河滔滔向东奔流，彻底根治了兰州及其上游的黄河水患，并在此制定治国方略，将天下分为九州，从此天下趋向安定（有另一传说，说

九州台

是三千年前，姜子牙辅佐大禹治水后，在此将天下分为九州）。

地处黄土高原上的兰州，主要分为南部山区、北部山区、中部河谷平川地三大块，而南、北部山区又占全市面积的 80% 以上。山大沟深，沟

兴隆山风光

壑纵横，地形复杂多样，植被覆盖率低，水土流失严重。这就是兰州地区地形的基本状况。

兰州以地形命名的地名，主要分布在南、北山区，这些地名又以沟、坪、岘、岔、台、峡、崖为主，比较全面地反映了兰州地区特别是南、北部山区的地貌特征。了解兰州地形地貌，掌握兰州地质构造，遵循客观发展规律，更好地建设发展兰州。兰州以沟、坪、岘、岔、台、峡、崖等地形命名的主要地名有：

以沟命名的地名

巴石沟，大沙沟，官滩沟，水岔沟，石头沟，甘家沟，杏树沟，枣树沟，石门沟，石家沟，石佛沟，王家沟，宋家沟，朱家沟，兰家沟，李家沟，颜家沟，杨家沟，咬家沟，张家沟，卓家沟，车家沟，侯家沟，康家沟，陈家沟，崔家沟，丁家沟，红柳沟，冯家沟，高家沟，高林沟，麻家沟，罗家沟，孙家沟，肖家沟，周家沟，蔡家沟，汤家沟，武家沟，董家沟，魏家沟，何家沟，柴家沟，陆家沟，鲁家沟，马家沟，常家沟，寺隆沟，寺儿沟，旧寺沟，歇地沟，小砂沟，横沟，下新沟，羌风沟，逃乱沟，倒水沟，塌烂沟，樱桃沟，萱麻沟，韭菜沟，马莲沟，绿草沟，橙草沟，水槽沟，塔寺沟，驮水沟，好水沟，苦水沟，朋水沟，药水沟，水峡沟，碱水沟，木锨沟，铁锨沟，偏头沟，套子沟，岐儿沟，旧庄沟，鱼儿沟，

榆中北山

红沟，红泥沟，鄂博沟，涝池沟，堤形沟，野猪沟，野马沟，豹子沟，狸子沟，鹁鸽沟，黄鼠沟，狼娃沟，打狼沟，兔子沟，大狸猫沟，骚狐子沟，驴蹄子沟等自然地理实体地名2300多个，行政地名1000多个，共计3300多个。

以坪命名的地名

张家坪，黄坪，钱家坪，敬家坪，王家坪，东坪，西坪，齐家坪，古城坪，桃树坪，沙金坪，望垣坪，五星坪，华林坪，晏家坪，彭家坪，郭家坪，陈坪，徐家坪，杨家坪，龚家坪，苟家坪，蒋家坪，宁家坪，寇家坪，吴家坪，脱家坪，保家坪，柴家坪，大沙坪，燕儿坪，杜家坪，骆家坪，戴家坪，刘家坪，毛刺坪，南坡坪，大坡坪，草坪，前坪，白道坪，白家坪，野狐坪，羊圈坪，黄蒿坪，柳树坪，前草坪，阳圸坪，小达子坪，赵家高坪，乔家高坪等。

以岘命名的地名

王家岘，陈家岘，官家岘，吕家岘，付家岘，潘家岘，豆家岘，杨岘，寺沟岘，瓦子岘，大坪岘，扁豆岘，狼狗岘，丁家豁岘等。

以岔命名的地名

王家岔，李家岔，赵家岔，宣家岔，葛家岔，唐家岔，齐家岔，祁家岔，连家岔，田家岔，黄家岔，马家岔，温家岔，段家岔，杨家岔，孔家岔，下水岔，水窑岔，水岔，哈班岔，石板岔，黑石岔，白爱岔，石骨岔，谷地岔，陆角岔等。

以台命名的地名

九州台，龙王台，漏袜台，骡脊台，平安台，张家台，杜家台，叶家台，柴家台，罗家台，米家台，火家台，许家台，党家台，白石台，白土台，青石台，虎狼台，还

桑园子峡

土台，新庄台，本康台，宝山台，甄家台，祁家台，河嘴台，庄子台，梁家台，格楞台等。

以峡命名的地名

兴隆峡，徐家峡，尨谷峡，天池峡，唐家峡，裴家峡，八盘峡，峡口，享堂峡，桑园峡，小峡等。

以崖命名的地名

孔家崖，崔家崖，陆家崖，高家崖，鲁家崖，虎头崖，白土崖，高崖，金崖，崖湾，祁家崖湾，何家崖湾等等。

2010 年 10 月 27 日于兰州

与寺、庙有关的地名

兰州市的地名，以寺、庙命名的地名也不少，据初步统计，与寺、庙名有关的地名有近百处之多。

在中国漫长的封建社会，文化主要集中在宫廷和寺（院）庙，宫廷文化，高高在上，百姓莫及。寺庙是广大民众接触最多的文化场所。直到明末清初的说唱艺术，才将文化逐渐普及到了基层民众之中。所以，寺庙就像后来的学校一样，遍布开来。这样，寺庙不但在城镇、集镇建立了起来，在一些边远偏僻的地方，也建有寺庙。随着历史的发展、变迁，大部分寺庙在战争中被毁，而与寺、庙名有关的地名，却诉说着过去的历史。

兰州现存的与寺、庙名有关的地名主要有：

木塔（寺）巷（城关区），红寺（榆中县），寺儿山（榆中县），新寺湾（榆中县），麻家寺（榆中县），寺儿沟（榆中县），寺隆沟（榆中县），寺格涝，旧寺沟（永登县），寺沟（皋兰县），龙泉寺（永登县），青寺（永登县），寺沟岘（永登县），塔寺沟（红古区），东大寺（永登县），观音寺（永登县），红门寺（永登县），棵棵寺（永登县），海德寺（永登县），张家寺（榆中县），张家寺（红古区），苏家寺（红古区），寺滩（永登县），寺湾（永登县），麻尼寺（七里河区），王寺沟（榆中县），塘寺沟（榆中县），八门寺（榆中县），东山寺（七里河区），寺上（皋兰县），寺沟（皋兰县），寺沟岘（永登县），宝山寺（红古区），上寺沟（永登县），下寺沟（永登县），金山寺（城关区），郭家寺（榆中县），高峰寺（榆中县），报恩寺（安宁区），转轮寺村（永登县）等。

　　庙滩子（城关区），庙湾（西固区），庙滩（榆中县），庙坪（永登县），庙坪（榆中县），庙沟（七里河区），庙树沟（皋兰县），庙花岔（榆中县），庙儿沟（皋兰县），庙儿沟（榆中县），矤庙沟（永登县），雷庙沟（永登县），尖山庙（永登县），上庙（永登县），上庙沟（永登县），下庙（永登县），下庙沟（榆中县），文庙（城关区），泉台庙（永登县），红庙子（皋兰县），中林庙（七里河区），龙王庙（城关区），白马庙沟（红古区），大爷庙沙沟（红古区）等。

2010 年 10 月 28 日于兰州

奇特怪异的地名

世界各地都有奇特怪异的地名，兰州地区也不少。如：

1.一只船，一窝蜂，九州台，上堂屋，太子营，接驾嘴，歇驾嘴。

2.大耳朵，鬼门关，笔架山，倒水沟，大水洞，猪嘴岭，骡脊台，虎头崖，蝎子尾，狼舌头，偏头沟，和尚沟，宽鼻子岘，鸡冠子梁，牛脖子湾。

3.豹子沟，虎狼沟，狼狗岘，野猪沟，狼窝滩，麋鹿沟，野马沟，獐子沟，狸子沟，鹞子岭，鹁鸽沟，喜鹊湾，黄鼠沟，野狐圈，骚狐子沟。

4.药水沟，甜水沟，苦水沟，暖水泉子。

5.绿草，兰草，彬草，柳树，柏杨，樱桃沟，蕨菜沟等。

6.鞑靼村，羌坟沟。

6.没名地沟（皋兰县黑石川乡），满达拉脑子（榆中县青城乡），稀米汤（榆中县园子乡），白打扮（永登县）。

以上地名，有些是来自于传说。兰州市城关区的一只船，位于兰州大学的西面，是由天水路通往平凉路的两条东西向的小巷，南面的一条叫一只船南街，北面的一条叫一只船北街。人人都知道，虽然黄河穿城而过，但历史上，兰州不但不造船，而且没有船，只有羊皮筏子，哪来的叫一只船的地名？据传，当年左宗棠率湘军征西，到达兰州，有将士战死，为了战后将死亡将士的遗体或灵柩运归故里，便在兰州城东稍门的东南侧建了一个义园，存放阵亡将士的遗体和灵枢。该义园的造型似船，后兰州人便将该义园的地方，叫一只船。现一只船南街被改建拓宽后，已成为麦积山路的东段，在行政

皋兰山顶地貌

管理上，一只船南街还存在，基本已名存实亡。一只船北街被改造拓宽后，成为甘南路的东段。

太子营位于榆中县夏官营镇东五千米的地方，传说曾经有位太子率军在此驻防过。

接驾嘴在榆中县三角城东面，歇驾嘴在定远镇东面，都在312国道上，传说是清朝康熙皇帝西巡时被接驾和歇驾的地方。

兰州的大耳朵，鬼门关，笔架山，倒水沟，大水洞，猪嘴岭，骡脊台，虎头崖，蝎子尾，狼舌头，偏头沟，和尚沟，狂鼻子岘，鸡冠子梁，牛脖子湾等地名，都是根据地形地貌命名的。

兰州还有一些带有动物名的奇特地名，是因某一地有某种动物而命名的。如豹子沟，虎狼沟，狼狗岘，野猪沟，狼窝滩，麋鹿沟，野马沟，獐子沟，狸子沟，鹞子岭，鹁鸽沟，喜鹊湾，黄鼠沟，野狐圈，骚狐子沟等。以上地名中的动物，除了老虎没有外，其他动物兰州历史上都有。一百年前，兰州兴隆山一带还有豹子，现在，只有野马绝迹了。兰州人把狐狸叫野狐，把公山羊叫骚狐。

兰州以药水沟，甜水沟，苦水沟，暖水泉子等命名的地名，是因为历史上有这些资源。

　　至于兰州的绿草、兰草、彬草、柳树、柏杨、樱桃沟、蕨菜沟等地名，是因为有这些植物，便以此植物命名了。

　　关于鞑靼村、羌坟沟等地名，原因是兰州历史上曾有匈奴、鲜卑、藏、蒙古、满等少数民族聚居。

2010 年 10 月 31 日于兰州

以行政地名命名的城市街名

　　以行政地名和历史地名命名城市街名是全国各大城市中都普遍存在的现象，尤其以青岛为最多，几乎全国各自治区、直辖市、省以及各大城市的名字都用在了城市街道的命名上，其次，就是兰州。不过，兰州只以南昌命名了一条街名，其余都是用本省的行政地名或历史地名命名城市街名的。兰州用尽了除兰州以外的 13 个地、州、市及 29 个县、市的行政地名或历史地名。这在全国也是少见的。

　　兰州市以省会城市命名的街名是南昌路，在城关区。

　　兰州以本省地、州、市行政地名或历史地名命名的街名有：平凉路，庆阳路，天水路，武都路，甘南路，嘉峪关路，金昌路，酒泉路，张掖路，白银路，武威路，临夏路，定西路。以上除武威路在七里河区外，其余的都在城关区。

　　以本省县、市、区的行政地名或历史地名命名的街名有：

天水北路街景（拍摄于雁滩黄河大桥）

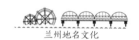
兰州地名文化

张掖路步行街

城关区的是：渭源路，会宁路，麦积山路（麦积区），皋兰路，正宁路，通渭路，陇西路，秦安路，和政路，西和街，静宁路，靖远路，永昌路，榆中街，华亭街，民勤街，金塔巷。

七里河区的是：敦煌路，瓜州路（安西路），武山路，民乐路。

西固区的是：康乐路，合水路，古浪路，庄浪路，广河路，临洮街，山丹街，玉门街，清水街。

2013 年 5 月 11 日上午于兰州

广场的命名

　　广场是指城市中的广阔场地。是城市中人们进行政治、经济、集会、文化等社会活动的有较大空间的场所。它为政府所规划和建造，为老百姓所有，往往能集中表现一个城市的艺术面貌和特点，其体现的地位和重要作用，表现在广场文化，体现了城市建筑、文化、人群与活动的显著，也体现了城市人们希望对大自然的亲近和回归。一个广场，就是一个城市发展概况的缩影，是名片，是精神面貌的写照。

　　兰州，是中国西北重要的城市和交通枢纽，是甘肃省的省会所在地。在这个西北的大都市里，自然少不了城市广场。兰州市所辖的五区三县都有广场，但由于兰州处在一个两山夹一河的东西狭长的地带，有限的地域环境，制约了城市发展空间，也制约了广场的发展空间。著名的兰州市城关区的中央广场和安宁区的培黎广场，面积都非常小。兰州广场的命名，也有它的依据和特点。兰州市的广场有：

　　1. 东方红广场

　　东方红广场是 1968 年改建并被正式命名的。1968 年，兰州在原小广场基础上建了中心广场，起名东方红广场。原主席台中央是毛主席塑像，后又经过了三次大的改建扩建。1981 年，东方红广场开始的第一次改造、整修，增添了假山、喷泉及许多树木花卉。1993 年广场进行了再次扩建，拓建了东方红地下商业娱乐城，它集购物、娱乐、餐饮及其他

东方红广场

服务于一体，既为广场增添了现代商业气息，又大大方便了纳凉休憩及周边居民的购物。1999 年 3 月东方红广场又开始了 20 世纪末最后一次改建、扩建，这次改扩建蓝图是经充分采纳广大兰州市民的各项合理化建议后设计的，集游览观光、休闲、文化娱乐等功能于一体，较浓地体现了"环保特色""人文特色"。1999 年 8 月 15 日竣工开放的东方红广场，青草碧绿，树木苍翠。广场总面积 92 172 平方米，其中草坪面积 3.6 万平方米，绿化面积占广场总面积的 40.31%。广场东起平凉路，西至金昌路，北起广场主席台观礼台，南至广场南路，邻接统办一号楼、统办二号楼，与皋兰路相接，东西平均长 638 米，南北最宽处 155 米。广场西边是兰州体育馆，东边是富丽壮观的兰州国际博览中心，周围绿树成林，绿色环抱，与广场主席台，兰州体育馆成"三足鼎立"，又通过宽阔翠绿的广场联成一片，融为一体，是兰州举行体育、文艺盛事及重大政治、经济、商贸活动的场所，对发展兰州的旅游事业，改善兰州投资环境，扩大兰州的知名度都具有重要意义。由于受位置和西边兰州体育馆、东边兰州国际博览中心的影响，使东方红广场的空间扩展受到了一定的局限。

2. 中央广场

兰州中央广场旧称辕门，位于兰州市区中心，如今甘肃省人民政府所在地就在这里。上溯明初，大分封，肃王开府时，这里便是当年殿阁巍峨、壮丽宏廓的肃王府，中山堂乃朝王宝殿，中央广场即朝房午门。王府门前竖立着四根大旗杆，东西两边蹲踞着高大的石狮子，使王府显得雄伟森严。当时肃庄王以金枝玉叶之尊，居三边要冲之地，文武百官伏谒，也只能在朝房侍候。偶尔王爷出府游幸，也是出禁入跸，阶前禁地，平民百姓望而生畏，绝不敢越雷池一步。到了清代，沿用旧制，王府改为总督衙门，朝房午门变为辕门，周围满布鹿角栏栅，东西两门站立着虎视眈眈的亲兵。辛亥革

兰州中央广场

命，推倒满清，建立民国，总督衙门变为辕门，旗杆上悬挂着"帅"字大旗，全副武装的士兵荷枪实弹，警卫森严。直到民国十五年（1926年）西北军入甘，始将帅字旗卸下，旗杆撤除，把当年的朝王殿改建为中山堂，并就辕门中心拓建成了广场，在广场修建了一座飞檐画栋八卦式的讲演台，以后又把亭子拆除，建了一个座钟。因处于城中央，便称该广场为中央广场。1949年后，这里改建为甘肃省人民政府。朝南开的甘肃省人民政府门口，是东西向的张掖路和南北向的酒泉路交汇丁字路口，中间只有一个面积100多平方米的街心花园，这便是目前的中央广场。中央广场的变迁，反映了兰州历史的发展和时代的进步。

3. 培黎广场

1940年9月，路易·艾黎到陕西宝鸡一带视察，在秦岭脚下的小镇双石铺选定了他后来孕育培黎学校的摇篮之地。1942年6月，主体校舍在清水河畔落成，教工宿舍就是柏林山下的窑洞。为了纪念在上海已故的美国科学家约瑟夫·培黎（JosephBailie），根据汉语音译，艾黎把他创办的学校都取名为"培黎学校"。1942年，路易·艾黎和乔治·何克等人在陕西双石铺创办了培黎学校。学校几经辗转于1943年底迁往甘肃山丹，1953年迁往兰州市安宁区十里店。2003年，培黎石油学校与兰州师专合并。2006年，兰州师专升格为本科层次的兰州城市学院。路易·艾黎1927年来到中国后，倡议成立了中国工业合作社协会，"工合"生产的军需物资支持了抗日战争，并解决了无数难民的生计问题。他在

培黎广场

全国各地试办"培黎学校",探索形成了"创造分析,手脑并用"的办学指导思想。路易·艾黎先生对培黎学校和甘肃怀有深厚的感情,称甘肃为"第二故乡",20 世纪 80 年代,他将自己收藏的许多文物捐赠给了培黎学校和山丹县。他 88 岁寿辰时获得了甘肃省荣誉公民称号。培黎广场处于兰州著名的科教文化之区安宁区,这里汇集了西北师范大学、兰州交通大学、甘肃政法大学、甘肃省委党校、甘肃农业大学、经济管理干部学院、兰州城市学院等数十几所大中专院校,而培黎广场就坐落在通往这些学校的中心位置。

4. 五泉广场

五泉广场因在五泉山下面,则以五泉命名。五泉广场分为五泉上广场和五泉下广场两部分。五泉上广场在五泉山公园门口,面积不算大,但也能称得上是一个广场,现在也只是一个停车场了。五泉下广场,在五泉上广场的北面,上下广场被南山公路和陇海铁路隔开,面积大致相当。

5. 火车站广场

兰州火车站广场位于兰州市城关区的兰州火车站北面,面积较大,是兰州铁路局及火车站举行大型宣传活动和集会以及广大旅客候车休息休闲的场所,北面连接天水路,可直通高速公路。

6. 金轮广场

金轮广场位于兰州市城关区和政西街的南面,是原来的兰州红山根体育场及周边区域在 20 世纪末被兰州铁路局开发后,建的一个小型广场,因北面的金轮大厦而命名，而"金轮"则因火车轮及铁路二词命名。金轮广场居于城市及居民区域，地名命名考究，是附近居民休息娱乐的良好场所。

金轮广场

6. 市民广场

兰州市民广场位于市政府以北，城关黄河大桥以南，绿色公园以西，老干部活动中心以东，地形东西狭长，占地面积约 71 800 平方米。由于其背靠黄河，连接南北城区的主要通道城关黄河大桥正对广场，同时南面与兰州市政府、国家开发银行、工商银行等重要机构的办公大楼隔滨河南路相望，是兰州市区的中心地带，地理位置十分重要。现用地为原来的儿童公园。兰州市政府下决心，根据兰州市总体规划和兰州黄河四十千米风情线规划的要求，将儿童公园外迁，修建市民广场，并对周边交通道路进行规划。兰州儿童公园始建于 1982 年，走过了 25 年的历史，曾为数百万儿童留下了美好的回忆。由于财力严重不足，设备严重老化，许多设备年久失修，儿童公园已经不能为孩子们提供好的娱乐。从 2007 年 5 月 8 日起，开放了 25 年的兰州儿童公园被改造，建成了一个面积仅次于东方红广场的市民广场。市民广场保留了原儿童公园植物，增加了一些树木花卉，使绿地率由原来的 71% 增加到 80%，市民广场中心建造了一个下沉式旱喷泉广场，地面采用多彩图案铺设。同时，将北侧驼铃雕塑纳入到广场范围，在其平台上设置涌泉，利用墙体高低落差形成下落瀑布。在广场西边有 4 个休闲小广场，其中 T 形广场格外引人注目，广场中间有一组景墙，由几个抽象图案的铁艺构成，东、西区有两座公厕。广场东面顺着石路，在原有戏水池的基础上扩大近一倍的水面，水面形状类似兰州地形，为"⌣"形。该广场连接黄河风情线，绿化好，环境优美，非常适合市民休闲和娱乐，因而被命名为市民广场。

市民广场

8.春风广场

兰州春风广场位于兰州市城关区东岗西路的原甘肃春风电视机厂门口，面积只有800多平方米。20世纪90年代初，原甘肃电视机厂门口改造，新建筑向后挪了近50米，楼前留下了800多平方米的场地，因"春风电视机厂"而将此命名为春风广场。该广场至今还小有名气。

9.七里河广场

七里河区有西津广场和七里河黄河母亲文化广场。

七里河区的西津广场因位于兰州市七里河区的西津路而命名。2009年9月28日，七里河首个市民休闲广场——西津广场在甘肃省建设投资集团大院前正式竣工落成。

西津广场由上海同济大学规划设计。整个西津广场面积14 000平方米，为对市民开放的公共广场。广场地下设有三层可停放500辆车的大型停车场。广场上有大型中心绿地，设置了多种形式的喷泉和休闲设施，周边有商场、酒店、银行等，既为周边商圈服务，又为本区域居民生活提供了便利。

正在建设的七里河黄河母亲文化广场，因黄河母亲塑像而命名。广场南以小西湖公园为基础，北以黄河母亲雕塑为支撑，通过上跨广场、下穿引流等现代科技手段，打破景点割裂关系，扩大公园景区面积，形成以黄河为南北新轴线的生态、循环、绿色、智能新型市民文化广场，总占地面积约249.86亩。最大限度地保留了公园原水体形态，留住原小西湖公园的历史记忆，是一座独一无二、充满魅力的生态、循环、绿色、智能新型市民文化广场。是兰州又一座文化地标。

10. 金城广场（原西固广场）

金城广场位于兰州市西固区南山脚下的金城公园内。金城公园占地面积为 183 亩，是兰州市"十大公园"之一，于 1984 年 8 月筹建，1987 年 10 月初建成开放。三十多年来一直是西固广大市民休闲娱乐的主要场所，也见证了西固发展的辉煌历程。

2013 年，对金城公园进行了改造，历时一年一个月，耗资 9000 多万元，2014 年 10 月 1 日重新开放，基础设施更完善，营造了许多景点，为西固乃至兰州人民增加了一个好去处。

公园中央，建有广场，命名为李息将军广场。李息将军依马而待的巨幅雕像矗立于此，将两千多年前汉将军李息修筑金城汤池的金城历史勾勒在人们的眼前。

据史料记载，李息是西汉长期征战于疆场的一员宿将。西汉北地郡郁郅人，即今甘肃省庆城县人。少年从军，侍奉汉景帝。在汉武帝时，曾多次任将军，带兵征讨匈奴，镇守边邑。因军功封关内侯。汉武帝元狩二年（前 121 年）三月，汉武帝命令骠骑大将军霍去病统率一万多名劲骑，开始向河西地区进击。霍去病率军从陇西出塞（今甘肃临洮地区），迅速进至金城（今甘肃兰州地区）、令居（今甘肃永登西），跨越乌鞘岭，一路转战六天，扫除了匈奴五个部落王国。汉武帝封卫青为大将军，封李息为关内侯。李息将军修筑金城，为西汉朝北方地区的安定做出了巨大的贡献。

11. 红古广场

红古广场位于兰州市红古区海石湾的红古路与中和路十字的西南角，因红古而命名，是红古市民文化娱乐的主要场所。

12. 榆中广场

榆中县城主要有两个广场，一个是中心广场，位于榆中县城的中心而得名，另一个是金牛广场，位于榆中县城北面的栖云北路与金牛山之间，以金牛山而命名，面积大，有五牛群雕等景观，文化气息浓厚。两个广场是榆中市民文化活动及休闲娱乐的重要场所。金牛广场已是榆中

榆中金牛广场

旅游的一景。

13. 皋兰广场

皋兰县的名藩广场，位于皋兰县城的名藩大道、育才路、梨花中路、健康路中间。名藩广场因"名藩皋兰"而命名。"名藩皋兰"，源于金代大词人邓千江（生卒年不详，金代临洮府人，即今甘肃临洮县人）的著名词作《望海潮上兰州守中州府》。

皋兰县的名藩广场，已是皋兰市民休闲娱乐的良好场所。

14. 永登广场

永登也有迎宾广场和火车站广场两个广场。

永登迎宾广场位于县城南部，滨河大道的南端，占地面积约6670平方米，是由南部进入永登县城见到的第一道靓丽的风景。以迎宾命名，表现出永登人民的热情好客。

火车站广场位于永登县火车站，广场面积为6062平方米，当然是以火车站命名了。

迎宾广场和火车站广场，是永登市民文化娱乐的主要场所。

15. 兰大科技广场

兰大科技广场是兰州大学全额投资兴办的集科技成果孵化、高新技术企业孵化、创新人才培养、信息服务、计算机技术及产品开发营销于一体的高新技术服务场所。位于兰州市城关区盘旋路十字东南角。20世纪80年代，兰州市城关区盘旋路十字东南角的兰州大学的外墙上，开辟有十余个科技和科普宣传的橱窗，介绍和宣传科技科普知识，给兰州市民留下了深刻的影响，是兰州街头一道靓丽的风景。

16. 世纪广场

兰州世纪广场位于兰州市城关区南关十字东北角，实际是一栋高层商业建筑名称，处于兰州市黄金地段，因建于 21 世纪初，为纪念新世纪开始，命名为世纪广场。楼下并没有广场，仅仅是较为宽一些的拐角人行道。

16. 兰州路桥音乐广场

兰州路桥音乐广场真是一个好听的地名。其实，兰州路桥音乐广场是一个小区楼盘的名称，并不是实际意义上的广场。小区位于兰州市城关区甘南路中段，具体地点在甘南路和皋兰路十字的东北角，是甘肃路桥宏大房地产开发集团有限公司开发建设的小区，小区里建有音乐走廊、琴键式小道，流淌的音乐喷泉，600 多平方米的音乐小广场，因而命名为路桥音乐广场。

18. 兰州万达商业广场

兰州万达商业广场位于兰州市城关区滩尖子，是将原兰州市体育运动学校外迁后，在该校原址上建成的集大型百货、连锁超市、购物街区、高级写字楼、五星级酒店、影城和公寓住宅为一体的城市商业广场。

兰州市包括红古区和榆中、皋兰、永登三县城，都还有像兰大科技广场、世纪广场、兰州路桥音乐广场、兰州万达商业广场等类似的几十个商业、购物、住宅楼盘，如兰州红星国际广场、富星家居广场、西固华腾富世广场、新嘉园广场、虹盛百货购物广场、西固盛大都市广场、红古中天健广场、红古华龙广场等等，实际上这类"广场"，已完全没有传统广场的意义了。

19. 兰马广场

位于黄河北岸的兰州马拉松主题公园内，公园总占地面积约 200 亩。广场由中心广场及两侧的起源广场和未来广场组成。中心广场直径 83 米，中心放置主题雕塑"奔跑的兰州"，即"一心"。主题雕塑由兰州马拉松会徽立体演绎而来，雕塑高 11.73 米，与第一届兰州马拉松比赛日 2011 年 7 月 3 日数字呼应，雕塑材质采用不锈钢。形态从兰州的"兰"

兰马广场

字抽象得来，橙色终点线代表黄河。建于2014年5月，是一处新的兰州市民喜欢的广场，为市民提供体育运动、文化、旅游、休闲服务。

2015年12月7日晚于兰州

兰州境内的驿站地名

驿站是古代供传递官府文书和军事情报的人或来往官员途中食宿、换马的场所。

中国是世界上最早建立组织传递信息的国家之一，邮驿历史虽长达三千多年，但留存的遗址、文物并不多。最著名的有盂城驿和鸡鸣山驿。始建于明朝洪武八年（1375年）的盂城驿，是一处水马驿站，在江苏高邮古城南门大街外，是明代遗留下来的一处驿传建筑。作为世界文化遗产、全国重点文物保护单位的盂城驿是全国规模最大、保存最为完整的古驿站之一。

鸡鸣山驿在河北怀来，也建于明代，是中国目前现存唯一格局完整的古代驿站遗迹，驿站分驿、站、铺三部分，为中国仅存的一座较完整的驿城。

我国的驿站始建于春秋战国时期。秦始皇统一中国后，在全国设置了44个郡县进行管辖，其中就有兰州的榆中。隋唐时期，中国封建社会发展达到了盛世，邮驿事业也得到了快速发展。

兰州地区的邮驿，一般称为驿或驿站，以地名的形式保存下来的也不少，大部分是明、清时期的。榆中有清水驿、金崖驿、定远驿，兰州有兰州府的兰泉驿，安宁的沙井驿，永登有苦水驿、红城驿、武胜驿、通远驿、西大通驿等。道路分主道和次道，驿站和道路一样，也分主驿

和次驿。兰州地区的主驿道，是沿古丝绸之路建制的。古丝绸之路由平凉和天水东来，经过定西的西巩驿和秤沟驿，翻过车道岭，就进入兰州市榆中县境内，下了车道岭，就到了苑川河上游的甘草店，然后西行，就达到兰州市境内的第一个驿站，清水驿。

清水驿向西，驿道分南北两条。北线主道沿苑川河西北而下，经东古城、太平堡、过店子，到达金家崖（金崖）驿站。

金崖驿站建于清光绪九年（1883年），由甘肃布政使魏光涛等人监督修建，是兰州乃至甘肃唯一一处保存较好的古代驿站。总占地面积518.7平方米，建筑面积356.7平方米。现存大殿三间，面阔12.3米，进深7.8米，九架梁结构；东西厢房各七间，均面阔26.2米，进深5米。

由金家崖驿站再沿苑川河下行，经火家店、西坪沿黄河南岸西行，经桑园子、方家泉绕道十里山，到达兰州（皋兰）兰泉驿（建于明代）。

如果苑川河发大水，由清水驿向西，接驾嘴向南，经双店子，绕道麻家寺，到达定远驿，然后向北到桑园子与北线汇合，绕道十里山，到达兰州（皋兰）兰泉驿（建于明代）。

兰州北渡黄河，经金城关，沿黄河北岸西行，经十里店，就到达安宁区的沙井驿。沙井驿由于地处山前砾石带，地面下有十余米厚的砂石层，农民经常挖井取沙铺田，故而得名沙井驿。

由沙井驿向西，就进入永登县境内的苦水驿和武胜驿。二驿站均建于明代。

苦水因苦水街闻名，苦水街以苦水城堡闻名。苦水街，古代以苦水湾命名。有街必有城堡，有城堡必有街。苦水堡者，据《永登县志》记载："苦水堡，以驿站为据点，大明洪武十二年（1380年）筑造。"

兰州境内的主驿站，经过苦水驿和武胜驿，向北，进入河西走廊，向西进入青海。

兰州地域辽阔，地形复杂，自然环境差，因此，除了沿主驿道建制的驿站外，还有次驿道上建的驿站，如榆中的定远驿、永登的红城驿、通远驿、西大通驿等。

在兰州境内的驿站之间，还有一个有趣的现象，就是驿站之间必然有"店"的地名。这也与地域环境、气候及路途远近有关。古代的驿站之间的距离一般在

312 国道穿过清水驿

15-30 千米。路况好的距离远一些，路况差的近一些。因途中人还要休息，马也要饮水吃草料，如果遇到恶劣天气，就不能前行，需要歇脚住宿。所以，古代的驿站，不但建有供驿人食宿的客栈，还有供马休息吃草料的马厩，驿站也养有马，供邮驿使用。驿站之间也需要歇脚或临时休息的地方，当然，就有驿站之间的"店"了。如秤沟驿——甘草店——清水驿——过店子——金家崖驿——火家店——兰泉驿——十里店——沙井驿；秤沟驿——甘草店——清水驿——双店子——定远驿——兰泉驿——十里店——沙井驿。

随着时代的发展，驿路、邮驿已离我们远去，但历史不会被湮没。曾在人类历史上发挥过重大作用的驿路、邮驿，被驿站以地名的形式传承保存了下来，这无不炫耀着我们祖先的伟大，历史的辉煌，也显现出历史的沧桑。

2016 年 3 月 1 日晚于兰州

吉祥地名

地名是最能代表一个地方历史文化发展传承的人文符号，是一个地方地形地貌、自然资源、气候变化、风土人情、历史演变及民俗民情延续发展的真实写照。地名文化丰富多彩，源远流长，而吉祥吉利、美好高雅的地名，也能反映出一个地方民俗风情和历史文化的浓厚深远。

吉利吉祥地名的命名，就是对和平、吉祥、幸福、美好生活的追求和向往。

兰州地区吉祥美好的地名有：

城关区：赐福巷，延寿巷，贤后街，互助巷，自信路，五福巷，立功巷，立德巷，新华巷，乐天巷，自强沟，团结新村，团结路，光辉村，和平台，永昌路，安定门，和平路，天平街，民主路，静宁路，定西路，安乐村，和平新村，静安门外等。

七里河区：光华街。

西固区：福利路，康乐路，清水街，四季青。

安宁区：安宁堡，健康路，兴安路，幸福巷，文化巷，仁寿山。

红古区：平安镇，和平街，复兴村，仁和村，中和村。

榆中县：和平镇，定远镇，太平堡，太平沟，金崖镇，银山乡，小康营，清水驿，兴隆路，吉庆湾，平和堂，兴隆山。

皋兰县：忠和镇，丰登村。

永昌路

立功巷新式宅门

永登县: 友好街, 民主街, 民乐街, 合作街, 民乐乡, 光明街, 大同巷, 大同乡, 清水乡, 永安村, 仁寿山, 兴隆沟等。

2016 年 8 月 11 日于兰州

以窑命名的地名

窑洞是一种古老的民居宅所，历史上，全国各地及多个民族都有居住窑洞的习惯，特别是在黄土高原上，是民居的主要形式，已有四千多年的历史。在山西、陕西、河南、河北、内蒙古、甘肃、宁夏等省区都有广泛的分布和存在。这主要是源于黄土高原上黄土层深厚，黏接凝固性好，具有一定的防震性能，冬暖夏凉，且不用或少用其他建筑材料，简练而实惠。当然，东南一带的闽浙及西南的云贵川地区，也有窑洞民居，但数量很少。最为普遍的还是黄土高原地区。到目前，陕西的延安、榆林及甘肃省的庆阳地区，还有很多窑洞民居。

窑洞一般有靠崖式窑洞、下沉式窑洞、独立式窑洞等，其中靠崖式窑洞应用较多。

靠崖式窑洞，也叫靠山窑、崖庄窑、庄窑，它一般是在山畔、沟边，利用崖势，先将崖面削平，然后修庄挖窑。这种窑最为普遍。

下沉式窑洞，也叫土坑窑，这种窑都在山原上修建。原一般开阔平坦，黄

榆中北山靠山窑（2021年3月拍摄于榆中县黄家岔）

土层深厚，适宜建下沉式窑洞。建设方法是先将平地挖一个长方形或正方形的大坑，一般深五至八米，将坑内四面削成崖面，形成一个院子，也叫庄子，然后在四面崖上挖窑洞，并在一边修一个长坡径道或斜洞子，直通原面，作为人行道。院子中间挖一个小花园，院内种菜种花种树，花园内还要挖一个坑，用以渗多余的雨水。有一庄三窑和五窑的，也有五窑以上的。窑有人居住的，有作为储藏用的，也有用以圈养家畜牲口的。这种窑洞实际上是地下室，冬暖夏凉。这种民居主要在甘肃省的董志原一带。

独立式窑，也称箍窑，用土坯或砖、石等箍成拱形顶，一般是用黄土夯筑或土坯、砖、石用麦草黄泥浆砌成基墙，用土坯或砖、石在基墙上箍成拱形窑顶而成。箍这种窑需要很高的手艺，箍不好就会坍塌，箍这种窑的人被尊称为箍窑师或箍窑将。窑箍成后，窑顶上填土呈双坡面，用麦草泥浆抹光，装上排水的房檐

独立式窑（拍摄于榆中县缪王营）

水槽，后墙用土坯或砖、石砌封，前墙装上门窗即可。用土坯箍的窑叫土坯窑，这种窑洞比较多见。还有用砖、石箍的窑叫砖箍窑或石箍窑。有钱的人还在窑顶上面盖上青瓦，远看像房，近看是窑。这种窑洞过去在河川地带和城镇较为普遍。

兰州地区地处黄土高原的腹地，黄土层深厚，大部分地域降水稀少，适宜挖、建窑洞居住，以靠崖式窑洞为最普遍，在南北部山区广为分布，特别榆中、皋兰为最多。下沉式窑洞，过去在榆中的南北部山区偶尔也有，现在已见不到了。独立式窑洞，也就是箍窑，这种土坯窑过去在兰州地区比较常见。砖箍窑相对要少一些，现在已很少见到。石箍窑过去在榆

人居住的靠山窑（2021年3月拍摄于榆中县黄家岔）

中的南部山区有个别存在，有些是和城堡同时存在，现早已见不到这种石箍窑的影子了。

随着社会的发展，文明的进步，表现为人类农耕时代的窑洞，在兰州地区，除南北部山区还有少量存在外，在大部分地方已退出了历史舞台，在城镇、川区更是见不到踪影了，但窑洞，这种为人类做出巨大贡献的民居，在人类历史上，写下了光辉的篇章，延安的窑洞精神更是教育和影响了几代人。窑洞，虽然离我们逐渐远去，但窑洞文化、窑洞文明，不但还教育和影响着我们，并且，它以更伟大、雄浑的方式，传承着我们祖先的智慧、文明，记载着历史的沧桑岁月，这就是地名。地名是历史，是故事，是传承，是厚重的史书。

由于兰州特殊的地理环境，留下了非常多的以窑命名的地名，这些地名所在地，有些还保留有窑洞，有些曾经有窑洞，这些现存或曾经存在过的窑洞，这些地名，也在无言地传承着历史。

兰州地区以窑命名的地名有100多个，主要分布在南北部山区，它们是：

南砖瓦窑（城关区），八里窑（七里河区八里镇），张家窑（西固金沟乡），徐家窑（西固金沟乡），马家窑（西固金沟乡），梁家窑（安宁王岘乡），许家窑（安宁王岘乡），刘家窑（安宁王岘乡），窑街（红古区），许家窑（红古区红古乡），刘家窑（红古区红古乡），童家窑（永登东山乡），葛家窑（永登东山乡），深沟华家窑（永登东山乡），华家窑（永登红城乡），苗家窑（永登树屏乡），郁家窑（永登树屏乡），保家窑（永登秦川乡），赖家窑（永登秦川乡），古窑（永登古山乡），高窑（永登清水乡），窑洞沟（永登清水乡），东高窑（永登清水乡），东岔窑（皋兰石洞乡），郭家窑（皋兰石洞乡），陈家窑（皋兰石洞乡），窑湾（皋兰石洞乡），吴家窑（皋兰武川乡），陶家窑（皋兰武川乡），甘家窑（皋兰黑石川乡），袁家窑（皋兰黑石川乡），朱家窑（皋兰黑石川乡），白瓜子窑（皋兰黑石川乡），中窑（皋兰黑石川乡），王家窑（皋兰黑石川乡），李家窑（皋兰黑石川乡），阳屲窑（皋兰西岔乡），龚家窑（皋兰水阜乡），蒋家窑（皋兰水阜乡），仲家窑（皋兰水阜乡），付家窑（皋兰忠和乡），肖家窑（皋兰忠和乡），瞿家窑（皋兰忠和乡），张家窑（皋兰忠和乡），后家窑（皋兰中心乡），钱家窑（皋兰中心乡），汉家窑坡（榆中城关镇），陶家窑（榆中城关镇），瓦窑（榆中青城镇），红土窑（榆中龙泉乡），毛家窑（榆中龙泉乡），窑台子（榆中龙泉乡），张家窑（榆中龙泉乡），窑沟（榆中马坡乡），趙窑（榆中马坡乡），中沟窑（榆中上庄乡），新窑湾（榆中上庄乡），瓦窑沟（榆中上庄乡），漫屲窑（榆中新营乡），田家窑（榆中新营乡），窑坡（榆中新营乡），梁家窑（榆中新营乡），王家窑（榆中新营乡），窑坡上（榆中新营乡），上窑坡（榆中小康营乡），下窑坡（榆中小康营乡），上裴家窑（榆中小康营乡），下裴家窑（榆中小康营乡），张裴家窑（榆中小康营乡），新窑湾（榆中小康营乡），寇家窑（榆中小康营乡），窑坡(榆中小康营乡)，汪家窑（榆中高崖乡），新窑坡（榆中高崖乡），窑坡（榆

靠崖式窑洞（拍摄于榆中县韦营乡黄家岔）

115

中高崖乡），白土窑（榆中甘草乡），窑上（榆中甘草乡），窑坡川（榆中甘草乡），新窑坡（榆中甘草乡），曹家窑（榆中甘草乡），黄家窑（榆中甘草乡），上窑（榆中兰山乡），下窑（榆中兰山乡），满咀窑（榆中兰山乡），代家窑（榆中连搭乡），林家窑（榆中连搭乡），瓦窑坡（榆中连搭乡），许家窑（榆中三角城乡），裴家窑（榆中夏官营乡），宋家窑（榆中夏官营乡），窑坡（榆中清水乡），上窑（榆中清水乡），上瓦窑沟（榆中清水乡），下瓦窑沟（榆中清水乡），李家窑（榆中来紫堡乡），古窑圈（榆中金崖乡），大窑里（榆中韦营乡），武家窑（榆中韦营乡），田家窑（榆中鲁家沟乡），哈家窑（榆中鲁家沟乡），高窑沟（榆中中连川乡），鞑靼窑（榆中中连川乡），黄家淌窑（榆中中连川乡），康家窑（榆中中连川乡），上乃家窑（榆中哈岘乡），下乃家窑（榆中哈岘乡），杨家窑（榆中上花岔乡），上窑（榆中上花岔乡），下窑（榆中上花岔乡），双沟窑（榆中上花岔乡），仓窑沟（榆中贡井乡），古窑湾（榆中园子乡）。

2016 年 12 月 19 日于兰州辰北花园

116

以节气命名的地名

兰州由于地形复杂多样，海拔最高的马啣山，高达 3670 米，最低的是榆中青城，海拔 1450 米。因此，兰州还有高山气候、二阴气候、干旱半干旱温带大陆性季风气候等。

在过去的大部分历史时期，兰州地区都处于游牧时代，后逐渐过渡到农耕文明。进入农耕文明，才有了真正意义上的农耕文明的二十四节气的认识和利用。由于兰州大部分地方四季分明，农作物种植品种多，农作物有玉米、高粱、小麦、大麦、荞麦、莜麦、燕麦、胡麻、油菜、豌豆、蚕豆、大豆、洋芋、稻、谷、糜、麻及蔬菜等，各种农作物的生长期和成熟期不同，需要对节气的认识提高，这样，在农业生产的过程中，逐渐产生了以节气命名的地名。兰州地区，由于地域、气候等诸多方面的因素，以节气命名的地名不多，传承下来的也不多，只有十多处。略统计如下：

春子（永登），春滩沟（永登），春台沟（皋兰），熙春（皋兰），夏官营（榆中），夏家岇（榆中），夏家沟（城关区），秋田沟（榆中），秋蝉湾沟（永登），冬麦沟（榆中），清明沟（永登），三伏（榆中），四季青（西固）。

2017 年 11 月 28 日晚于辰北花园

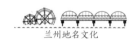

以建筑实物、自然地理实体命名的地名

以建筑实物命名的人文地名

兰州虽然在历史的长河中，大多时间段属于边远地域，但又处于东西交通枢纽，南北来往要冲，历史悠久，多民族不断大融合，汇集了各个民族的智慧，沉淀了多民族光辉灿烂的文化，这些文化，表现在文学、绘画、雕刻、说唱、传说、戏曲、舞蹈、宗教、建筑等诸多方面，特别是建筑艺术文化，更是淋漓尽致，并且以最具影响力和传承力的地名方式传承了下来。

白塔山

兰州地区以人文地名中的建筑实物命名的地名，从城市到乡村，都普遍存在，又以兰州市区和榆中为多。尽管有些地名的建筑实物还存在，有些已不复存在，但它们在历史上，都留下了光辉的一页，是我们的宝贵财富，值得我们骄傲，也值得我们去研究、探索、传承和发展，如白塔山、闵家桥、木塔巷、金塔巷、贡元巷、盐场堡、王保保城、安宁堡、拱星墩、西固城、东古城、上花岔、三角城、定远、麻家寺、红城、苦水、平安城、鲁土司等等。

位于兰州黄河北岸的白塔山，就是以白塔山上的白塔命名的。

白塔寺，始建于元代，据记载，元太祖成吉思汗在完成对大元帝国疆域统一过程中，曾致书西藏拥有实权的萨迦派法王。当时萨迦派法王派了一位著名的喇嘛去蒙古拜见成吉思汗，但因病在途经兰州时离世，不久，朝廷下令在兰州修塔纪念。元代所建的白塔已不存在了，现存的白塔系明景泰年间（1450–1456年）为镇守甘肃内监刘永成重建。清康熙五十四年（1715年）巡抚绰奇补救增新，

中山桥

扩大寺址。寺名为慈恩寺。寺内白塔身为七级八面，上有绿顶，下筑圆基，高约 17 米。塔的外层通抹白灰，刷白浆，故俗称白塔。塔建成后，几经强烈地震，仍屹立未动，显示了中国古代劳动人民在建筑艺术上的智慧与才能。

贡元巷，即贡院巷，因巷内有清朝前期的兰州府贡院而得名。

兰州地区以建筑实物命名的地名，初步统计，有 1000 多个。

一、城关区

白塔山、闵家桥、木塔巷、盐场堡、王保保城、古城坪、会馆巷、曹家厅、沙厂巷、一只船、拱星墩、南砖瓦窑、水车园、山字石、箭道巷、贡元巷（贡院巷）、邓家花园、中山桥、中山林、金城关、南关十字、西关十字、解放门、安定门、萃英门、小稍门、广武门、黄家园、东教场、

拱星墩、庙滩子、鱼池子、盘旋路等。

二、七里河

小西湖、柳家营、七里河桥、西果园、上西园、下西园、土门墩等。

三、西固

西固城、陈官营、张家寺等。

四、安宁

安宁堡、十里店、刘家堡、沙井驿、费家营等。

五、红古

窑街、平安等。

六、永登

红城、黑车、满城、苦水、鳌塔、鲁土司等。

七、皋兰

石洞、什川堡等。

八、榆中

甘草店、三角城、双店子、麻家寺、定远、中河堡、太平堡、过店子、古城、来紫堡、桑园子、东古城、上花岔、万羊台、靆靰窑、撒拉沟店、清水驿、金牛广场等。

2017 年 12 月 31 日上午于兰州至榆中途中

自然地理实体命名的地名

兰州地处亚欧大陆内陆的黄土高原西部，大部分属干旱半干旱大陆性季风气候区，也有小部分区域属于半干旱半荒漠气候、高山气候、二阴气候等。四季分明，降水稀少，年降水量在 200-600 毫米。黄河穿境而过，其间有大通河、雷坛河、苑川河等支流汇入。

以地貌特征命名地名，在地名命名中，占有相当高的比例。兰州地区由于山地及其地貌在整个地域中占有较大的面积，因而以地貌命名的自然地理实体非常多。据 1982 年兰州地名

榆中苑川河上游地貌

普查统计数据显示，兰州地区地名共计 10000 余条，其中自然地理实体地名 3100 余条，占总地名数的 1/3。而实际存在的自然实体地名，应该在 10000 条以上。1982 年普查统计到的这些自然地理实体地名中，以山形地貌、大小、高低、方位、方向、质地、植被、动物、姓氏、数字、传说等命名的都有，真是五彩缤纷，应有尽有，其中以山形地貌命名的为多。这类地名又以沟为最多，共计 2255 条。其次是山，有 497 座。其余的是坪，112 个，梁，70 条，岘，59 条，山峰，9 座，河，29 条，泉，25 眼，滩，27 个，川，13 个，其他包括台地、草原、崖、岔、盆地等几十个。如：

山：497 条。浪舌头山、罗汉山、将军山、天都山、关山、狗牙山、龙爪山、胡家山、金鸡岭山、摩天岭山、大青山、仁寿山、卧牛山、青龙山、香炉山、平顶山、凤凰山、龙山、鸡冠山、尖山、笔架山、莺鸽咀山、王家岭山、雷神庙山、二龙山、西山、大掌岭山、上大岭山、二道墩山、大阴屲山、白虎山、接驾咀山等。

沟：2255 条。鱼儿沟、排洪沟、拱北沟、石佛沟、马家沟、枣树沟、石门沟、罗锅沟、烂泥沟、铁冶沟、马泉沟、大沟、下沟、三条沟、咸水沟、八面沟、大金沟、大青沟、红沙川沟、毛家沙沟、青崖沟、道人沟、菜葫芦沟、狼窝沟、干甘草岭断壕沟、山马沟、羌坟沟、车路沟、麋鹿

石佛沟

沟、甜水岔沟、红柳沟、韭菜坪沟、阳圭山沟、獾猪岔沟、灰窑沟、万眼泉沟、荞麦岔沟、龙王沟、没名姓沟、狼娃沟等。

山峰: 9座。马啣山山峰、皋兰山山峰、九州台山峰、郎儿岭山峰、高庙岭山峰、张家鄂博山峰、郎家岭山峰、边墙岭山峰、墩岭头山峰。

坪: 112个。东坪、西津坪、伏龙坪、杏胡台坪、石头坪、张家大坪、西小坪、骡脊台坪、祁家坪、老鼠坪、宝山台坪、格楞台坪、彭家坪、河桥大坪、叉马坪、菜子坪、大岘坪、李家坪、南坪、土古台坪、尖山坪、阳圭坪、红圈坪、羊圈坪、墩墩堡坪、观音庙坪、黄坪、撒金台坪、撒拉坪、麦洞台坪、杏树沟坪等。

梁: 70条。大炉柴沟梁、西梁、东梁、簸箕湾梁、头道梁、二道梁、上庙梁、天池梁、黑圪垯梁、山寨梁、大坡头梁、马家沙岘梁、鸡冠子梁、坟沟梁、长尾子梁、干岔梁、大沿山梁、柳树子梁、切刀把梁等。

岘: 59条。马蹄岘、骆驼岘、狼狗岘、石板岘、大岭岘、上岘、吐鲁岘、马路塞岘、老鼠洞垭岘、宽鼻子岘、白岭岘、羊头岘、白石头岘、三道岘、牛皮岘、彬草岘、李家岘、斩断岘、井沟岘、七大坝岘等。

河: 30条。黄河、雷坛河、水磨沟河、阿甘河、西果园河、七里河、笋箩河、青岗河、湟水河、庄浪河、咸水河、龙滩河、大通河、蔡家河、水阜河、兴隆大河、魏河、祁家河、五藏沟河、宛谷河、徐家峡河、沙河、大河、柳沟河、水岔沟河、麻家寺河、店子河、干河、苑川河、大河等。这些河流,除了黄河外,只有大通河、湟水河、庄浪河、宛谷河、麻家寺河、徐家峡河在上游还有少量流水，其余的河流都已经断流了。

泉：30 眼。龙泉寺、万眼泉、方家泉、龙泉、池洼湾泉、曹家沟泉、小金沟泉、熊子湾泉、马家窑泉、田家岔泉、泉神庙泉、文家泉、大库沱泉、小库沱泉、郭家湾泉、泉头（二个）、大泉、药水泉、四范井泉、腰泉、湾泉、马跑泉、泉头泉、头水泉、二水泉、东水泉、青羊水泉、浪坡泉、药水沟温泉、倒栽子泉。

滩：31 个。崔家大滩、马滩、淤泥沙滩、骚狐滩、蛤蟆滩、青春滩、新合滩、夹滩、阿拉滩、包家圈滩、跌马滩、长岭子滩、羊胡子滩、大红滩、宽滩子滩、峡口滩、盐滩、大匼滩、荒沙滩、松山滩、金家河滩、水滩、鄂博滩、徐家场子滩、碾盘滩、杨家沟滩、尕井子滩、井滩、红柳滩、雁滩、骡子滩。

川：13 个。秦王川、新营川、高崖川、甘草川、三角城川、来紫堡川、黑石川、苦水川、达川、红古川、永登川、石洞川、西固川。

台地、崖、岔、峡、盆地、湾等合计 100 多个。

兰州多山，以山地地形地貌命名自然地理实体的地名多，而且形象生动，多姿多彩，这是兰州地名文化的又一重大特征。

2018 年 6 月 14 日晚于兰州

丝绸之路上的古老地名

兰州自古就是军事重镇、战略要地，古丝绸之路由西安西来，向西去，必经兰州。

著名的丝绸之路由定西的秤沟驿、西巩驿向西翻过车道岭，就进入兰州的地界。在穿过300多千米的兰州地段，留下了几十个古老的地名。这些古老的地名，记载着历史的沧桑与辉煌，传承着悠久的古老文明与情感，讲述着丝绸古道上优美的传说故事，续写着大西北人文历史的篇章。

丝绸之路上建于明末清初的客栈，2011年被拆除（2008年12月26日摄于榆中西坪村）

东来的丝绸之路，爬上车道岭，峰回路转，盘旋几十千米后，向西插下，到达苑川河中游河谷地段的交通重镇甘草店。这里水源充足，食物丰盛，街市繁华，客栈齐全，补给无忧。无论是商队，还是过客，都要在此休整一天或数日，才继续沿平缓的苑川河畔西行，经稠泥河、清水驿、接驾嘴，到此，丝绸之路就分南北两条线。如果苑川河不发洪水，就走北线，到苑川河北岸的东古城歇脚，第二天在苑川河北岸经红柳沟、夏官营、太平堡、过店子、岳家巷、金崖，穿过七岘沟，经古汉长城（苑川河入河口东侧），过苑川河入河口到响水子（现西坪），休宿补给，然后沿黄河桑园子峡南岸西行，经桑园子、方家泉，绕道十里山北麓、古城坪，到达东岗镇。

如果苑川河发洪水，就得走南线。由于苑川河从东南向西北，流经榆中中部的黄土高原沟壑地带，水土流失十分严重，下暴雨发洪水时，洪水携带大量泥沙，冲毁桥梁，淤塞河道，淤泥数日，甚至一两个月都难以清除，致使夏官营、太平堡至响水子段的道路中断，所以，苑川河中游至下游的北线就被阻隔，商队客旅就走南线，在苑川河中游的接驾嘴折向西南方向，经双店子、三角城，翻过白虎山，蹚过石头沟，绕到朱家沟、麻家寺，然后北下，经歇驾嘴，到定远镇，稍作休整、补给后继续北下，取道桑园子或方家泉，与北线汇合，绕道十里山北麓、古城坪，到达东岗镇，进入平缓的兰州盆地。

兰州是古丝绸之路上的重镇，有伟大的母亲河黄河流过，黄河润泽了这里的富庶，孕育了兰州古老的文明。西汉时期，在兰州设立了县，叫金城，有"金城汤池"之意。隋朝初期改置兰州总管府，改称兰州。元、明朝时，这里设重兵把守，并移民开发，建驿站输送文书情报。

丝绸之路在兰

曾经辉煌的丝绸之路上的商铺（2012 年 3 月 25 日拍摄于榆中西坪村）

州北渡黄河，经金城关，沿黄河北岸西行，经十里店，就到达安宁区的沙井驿，由沙井驿向西，进入永登县境内的苦水驿和武胜驿，向北，进入河西走廊，向西进入青海。

在兰州地段的丝绸之路上，有古代战马的蹄印，有战车的辙痕，有硝烟还未散尽的古城，有各民族商贾的辛酸步履，有骠骑大将军霍去病踏过的战场，有文成公主留宿的寺庙，有玄奘大师诵经的神坛，有风流人物的伟大壮举，也有黎民百姓的平淡无奇。

古丝绸之路，在这里创造了奇迹，创造了辉煌，创造了文明，留下了一路可歌可泣的故事，也留下了一路不朽的丰碑。这些丰碑，就是千百年保留和传承下来的地名。它们就是一段段历史，一个个故事，一份份传承。

2018 年 6 月 26 日晚于兰州辰北花园

新旧地名的变迁

　　社会历史的发展，地名及地名的变更变迁，是最强有力的见证物之一。地名，就是历史，就是文化，就是传承，就是故事。

　　地名，是内容十分丰富的一种文化传承，它包含地理、历史、气候、政治、经济、军事、人文、农耕、水利、传说、动物、植物等方方面面。

　　历史，是一面镜子，地名，是一部教科书。历史，可以借鉴经验，汲取教训；地名，可以显示地域特点，传承文化。地名，人命名，人应用，为人类的发展繁荣作出了莫大的贡献。地名文化，始终串连在人类发展的漫长过程中。

　　兰州，由于受特殊的地域、气候、历史、政治、人文等因素的影响，地名文化丰富多彩，耐人寻味。特别是一些地名的变迁，更是生动的历史记录，内容广泛。现在研究这些地名的传承、应用、变迁，具

中央广场

兰州地名文化

有重要的文化保护意义。

兰州地区地名发展，无不演绎着社会历史的变迁，岁月的沧桑。有些历史，已离我们远去，有些只被史书记载，有些已成记忆，有些，就在我们身边，就在我们眼前。这些地名，有我们的骄傲，有我们的遗憾，有我们的自尊，有我们的感悟，有我们的警示，有我们的信仰，有我们的情感……

兰州中央广场旧称辕门，位于兰州市中心。1949年后，这里改建为甘肃省人民政府。朝南开的甘肃省人民政府门口，是东西向的张掖路和南北向的酒泉路交汇的丁字路口，中间只有一个面积100余平方米的街心花园，便是目前的中央广场。

八宝川位于兰州市西部，连接永登县连城镇、河桥镇和红古区窑街镇。西临青海省民和县、乐都县马厂乡，东接永登县七山乡。此地四面环山，连绵不断，田野纵横，风光秀丽，物产丰富，是一座天然大花园。大通河如镶嵌在花园里的一条银带，蜿蜒全境。八宝川古称八堡川。解放前属连城鲁土司管辖。据《兰州市文史资料选刊》第六期记载："八宝川呈西北东南走向，为一带状形，占地约90平方千米，因该地有连城、河桥、丰乐（今牛站村）、杜家湾、马军、七里店、红山、马庄共八个军事堡子，所以称之八堡川。"这里位于大通河谷地，盛产多种土特产和矿产资源，被称为"八宝川"（1958年，因这里出产煤、铁、木材、鹿茸、麝香、甘草等八种宝物，兰州及西北广大地区，将堡读音为bu，而普通话读音为bao，所以按普通话的读音，取"八堡"的谐音"八宝"，成立八宝公社，"八堡川"随之改称"八宝川"）。20世纪50年代，国家开始对"八宝川"地区的矿产进行大规模开发，窑街矿务局1958年8月在窑街成立，1959年10月窑街煤矿三号井简易投产。1959年8月，兰青铁路河口南至海石湾民和段正式通车（次年9月通达西宁），1960年6月，海窑（海石湾—窑街）铁路专用线（后向北延伸至连城，称"海连铁路专用线"）建成通车。窑街煤矿是当时甘肃省最大的煤矿。在窑街煤矿基地的基础上，1960年4月，甘肃省批准设立兰州市红古区。

128

1964 年，兰州炭素厂在海石湾筹建，1965 年大规模建设（1971 年建成投产）；1966 年，兰州连城铝厂在河桥筹建（1974 年投产）；1971 年，西北铁合金厂在连城筹建（1975 年投产）。兰州炭素厂、兰州连城铝厂、西北铁合金厂均是当时西北地区同行业规模最大的工厂。八宝川的经济发展，为兰州地区的经济发展注入了很大的活力，做出了巨大的贡献。

永登，古称令居、庄浪、平番。令居，元鼎二年（前 115 年）建县。令居辖区为今永登县北部与天祝一带。西汉末，王莽建立新朝，将令居改名为罕虏。元代元年（1264 年），设庄浪县。清代，康熙年间，平定西部，"康熙二年改卫为所，雍正三年裁所，设平番县，寓意彻底平定番属地域。民国二年（1913 年）归河西道，民国三年改属甘凉道，民国十六年（1927 年）废道，归兰山行政区。民国十七年（1928 年）改"平番"为"永登"，寓意永远五谷丰登。由甘肃省政府直辖。1949 年后，最初由甘肃省武威专区领导，1955 年河西三专区合并，归张掖专区领导，不久划归定西专区。1958 年 12 月，撤销永登县，设兰州市永登区。1961 年，恢复永登县，仍属兰州市。1963 年，又从兰州市划出，改归武威专区。1970 年，复归兰州市至今。

城关区的宁卧庄，过去因靠近南河道，地势低洼，是一片荒滩湿地，被称为烂泥滩。1958 年建甘肃省政府宾馆改为吉祥的宁卧庄。

位于城关区天水路的和平饭店，始建于 1955 年，称"大众旅社"，1957 年更名为"和平饭店"，1966 年更名为"战斗饭店"，

宁卧庄宾馆

改革开放后又改为"和平饭店"。

位于城关区东岗西路的省政府礼堂,建于20世纪50年代,叫中苏友好馆,后改名为"反修"馆。20世纪70年代末,又改名为省政府礼堂。像和平饭店和省政府礼堂这些地名的变更,距我们并不遥远。

榆中北山的哈岘、永登县民乐乡的哈家湾和连城镇的哈家台等,都是哈姓人在兰州、榆中、永登等地繁衍而留下来的地名。其中哈岘,原名哈巴岘,简称哈岘。这些地名的来历及变更反映出历史的演绎和传承。

兰州地名,内容丰富,五彩缤纷,我们每天都生活、工作、游览于多彩的地名世界中。兰州的地名变更故事,不胜枚举,兰州的地名文化底蕴深厚,是丝绸之路重镇兰州的灿烂文化中的一部分。将近十多年来收集到的新旧地名演绎变更归纳统计如下:

城关区

金城—兰州　东风区—城关区　辕门—中央广场

中山市场—兰园　东稍门—广场东口　烂泥滩—宁卧庄

中心广场—东方红广场　战斗饭店—和平饭店　反修馆—省政府礼堂

臭河沿—绣河沿　南滩街—互助巷　非街巷—山字石街

左公东路—旧大路　北园街—南滨河东路　炭市街—中山路

鼓楼市街—陇西路　五树巷—木塔巷　中华路—张掖路

民国路—武都路　贡院巷—贡元巷　万寿宫街—通渭路

永康门—安定门　南府街—金塔巷　金城路—金城关

新关正街、广武路—秦安路　天水门—静宁路　厅门街—曹家厅

官园正街—民勤街　洪恩街—洪门子　水北门—永昌路

解放路—临夏路　非街巷—山字石街　中正路、人民路—酒泉路

耿家庙、底巷子—皋兰路　铁路新村—铁路东村　广武路—广武门

铁路新村—铁路西村　红山根—火车站　东站—团结新村

宁卧庄、东岗西路—渭源路　镇东路—东岗西路　盐场堡—草场街

白银路—民主西路　跃进路—平凉路　胜利路—天水路

泥窝庄、岸门街—南昌路　民主东路—旧大路　上、下镇东路—

东岗西路

富强路—通渭路　统一路—陇西路　解放路—临夏路

八二八战备公路—伏龙坪路　临夏路—翠英门　民主西路—白银路

八二八战备公路—五泉南路　公园路—正宁路　酒泉路—五泉西路

青城古镇

八二八战备公路—和平路　庆安路—静宁路　广武路—秦安路

曙光路—皋兰路　何家庄—和政东街　段家庄—和政街

八二八战备公路—红山根东路　大众路—定西路　团结新村—红星巷

八二八战备公路—红山根西路　排洪沟—排洪路　天平街—天水路

文化路—渭源路　兰山路—会宁路　共和路—金塔巷

八二八战备公路—焦家湾南路　官升巷—大众巷　贤侯街—贤后街

八二八战备公路—鱼儿沟路　城巷子—西城巷　西北城壕—北城壕

赐福城门—静安门外　白土台—望垣坪　南稍门外—中林路

南城壕—南城巷　官驿后—王马巷　官园—民勤后街

南城壕—兰山市场　忠信路—自信路　聚义巷—南城根后街

五福街—五福巷　忠信街—华亭街　教场路—广武门外后街

水巷子—立德巷　沿河巷—黄海沿后街　庙巷子—立功巷

张家庄—张家园　纱厂巷—沙厂巷　寿山街—榆中街

拐子地—詹家拐子　农民巷—东郊巷　东岗小街—小街

兰州台—和平台　施家沟—石家沟　鸡儿嘴—自强沟

狼洞子—力行新村　牟家湾—牟家庄　杨家山子—和平新村

大教场—大教梁　陕西义园—团结新村　庙坪—朝阳村

刘家小滩—北面滩　白道村—白道坪　台湾—青水

粪圈—青水　九府台—九州台　酒泉路—五泉西路

柏道路、民主西路—白银路　临夏路—翠英门　刘家小滩—北面滩

上、下东关、民益路、和平路—庆阳路

七里河区

西园—华林坪　郑家庄、敦煌路—西站　郑家庄、西站—敦煌路

八二八战备公路—工林路　龚家湾—晏家坪　敦煌路—建兰路

八二八战备公路—彭家坪路　武威路—柳家营　杨家桥—武山路

下西园—林家庄　乱骨堆坪—兰工坪　穴窝子—穴崖子

黄峪沟堡—宗庙堡　笔架山—天都山　摩云岭—关山

民乐街—安西路、瓜州路　八龙山—八楞山　牟家坪—柴家河

西固区

西古城—西固城　陈官营—先锋路　陈官营—环形路

康乐路—临洮街　绿洲—新安路　五一街—庄浪西路

永登路—福利路　石油街—玉门街　生产巷—生产街

青年路—健康路　东新路—长新路　兔子地—肚子地

孟家梁—孟家岭　麦垛山—尖山　花果滩—夹滩

安宁区

高家崖头—孔家崖　青年路—健康路　东新路—长新路

一百八十间—建材新村　四十八间—金沙新村　王家庄—真乐村

桃花村—下河湾　杏花村—上河湾

红古区

八堡川—八宝川　前街—团结街　师家坟墓—新建村　河湾—柳家

柳家河湾—柳家村　大路边—复兴村　复兴—大亣滩　复兴—深沟

沿村

张家河湾—河湾村　西河—湟水　新庄寨—米家新村　河咀—河湾

永登县

平番—永登　晴望川—秦王川　孤山—古山

鄂博—乐山　枸湾—雄湾　白大坂—白打扮

龙泉—龙泉寺　大犁把—大利坝　大通驿—大同驿

南街—胜利街　镇抚街—独立街　下巷子—合作街

鲁府街—新民街　上巷子—友好街　北街—民主街

道巷、城巷子—建军街　草场街—民乐街　东门巷—劳动巷

石头巷—光明街　县门街—新仓巷　满城北门—北门

柳树街—大柳树　满城南门—南门　任家庄—梁家庄子

胡家磨—北村　东磨子—刘家东磨子　西坡—上大涝池

胡队—杨家圈　鄂博沟—张家沟　黑圪垯梁—何家梁

狄家墩—倒水塘　井槽子—西梁　芦家庄—黄崖

蹚土沟—塘土沟　上黄羊川—甘家庄　阳圸—韩家井

汉属郎坡—富坡　新农村—下满洲营　柳家沟—烧炭沟

涝池沿—向阳圸　白家台—龙家咀　松石沟—松树沟

大滩—新农村　李家湾—三角城　小什拉城—小什拉

中庄—上沟　车路沟—对把子　鄂博—乐山

下官—下官磨　上湾—王家岭　下湾—李家湾

三岔—不拉子沟　上湾—郎家岭　三沙滩—三元

缸子沟—金咀　新民—河西　新农村—罗城滩

宽沟—三庄　山岑—前山

榆中县

金县—榆中县　卧牛山—金牛山　条城—青城

清水—清水驿　黄羊岔—黄家岔　缪王营—庙王营

李家营—齐家坪　乱庄—太平堡　马家峡—峡口

甘草—甘草店　西大队—西村　东大队—东村

西山根—颜家庄　九条路口—路口　水坡—郭家寺

结家咀—接驾咀　塔兴营—大兴营　新庄园园子—张家庄

133

沈家岭—阳屲　东方红—鞑靼窑　哈巴岘—哈岘

峡口—苇茨湾　龙泉—苇茨湾　长寺—新民

三和—瓦窑　河西坪—上坪　河西坪—下坪

地湾—三合　鹿夹沟—鲁家沟　围营—韦营

大化场—上花岔　响水子—西坪　买子堡—来紫堡

黑池沟—天池峡

皋兰县

对巴子—西庄　上湾—西湾　簸箕湾圪垯—笔架山

石帽子圪垯—梢圪垯　猩猩湾—石猩猩湾　寡妇坪—枣树坪

和平—黑石川

2018 年 7 月 21 日晚于雁滩辰北花园

文化地名

兰州，是甘肃省省会城市，是西北大都市，也是古丝绸之路上的重要驿站，是中原通往漠北高原、青藏高原、河西走廊及青海、新疆乃至西域的交通要道，黄河穿城而过。历史上有十多个少数民族在这里繁衍生息，各种宗教互相渗透，东西方文化交融，历史悠久，文化底蕴深厚。

兰州，是一座文化城市，诗的国度。兰州的诗歌文化，在全国享有很高的声誉。

"湍上急流声若箭，城头残月势如弓。"这是唐代诗人高适笔下苍凉的兰州。

兰州的文化气息，在地名的命名中，也显得非常突出。略统计如下：

1.读者大道。位于城关区南滨河路东段，因路北的读者出版集团命名。

2.体育街。位于七里河区，南起西津东路，北至南滨河中路。因七里河体育场和甘肃省体育工作一大队在此而命名。

3.文化巷。位于安宁区安宁东路至十里店南街。

4.学府路。位于安宁区，南起建宁东路，北至建安东路，东面有兰州交通大学，西有兰州交通大学东方中学、兰州市第五十七中学等。

5.师大街。位于安宁区。因南有西北师范大学，西面有西北师范大学新校区而命名，这也是兰州唯一一条以大学命名的地名（街名）。

6.兰化四中路。位于西固区，西固西路北面，因在兰化四中北面而

命名。兰化四中 2009 年移交政府，更名为兰州市第六十四中学。

7．文兴路。位于榆中县城，东北—西南走向，西南起环城西路，东北至栖云北路，路西北有榆中第六中学，路东北有甘肃省银行学校，路东南有"文化小区"。

8．文成路。位于榆中县城，东起栖云南路，西至环城西路南段，因路西北有文成小学而命名。

9．文成中路。位于榆中县城，南起文成，北至兴隆路，因东有文成小学命名。

10．文昌路。位于永登县城，西南起胜利街，东北至青龙路，因路东南有永登县第一中学而命名。

11．一中巷。位于皋兰县城，东起北辰路，因路南有皋兰县第一中学而命名。

12．育才路。位于皋兰县城，东起梨花中路，西至北辰路，因路北有皋兰县石洞小学而命名。

13．文曲东路。位于兰州新区，因路北有兰州新区文曲湖景园住宅小区而命名。这应该属于企业冠名的地名。路北有兰州新区第二小学。

14．文化村。位于榆中县来紫堡乡黄家庄村，是一个自然小村。这里位于苑川河的下游，在古丝绸之路上，历史上农耕、经贸繁荣，文化发达。

2019 年 1 月 3 日晚于兰州辰北花园

有农耕文明特征的地名

1. 农耕文明

农耕文明，是指由耕作土地的农民在长期农业生产中形成的适应农业生产、生活需要的国家制度、集体单位、生产方式、住地建设、祭祀仪式、礼俗制度、宗教信仰、文化教育等内容的综合文化集合。是世界上存在最为广泛的文化集成。农耕文明的重要表现为男耕女织，村镇聚合，规模小，分工简单，自给自足，为生活需要间或有简单的物物交换等。

皋兰山梯田

早在二三十万年前，就有先民在兰州这块土地上繁衍生息。新石器时代的遗迹、遗物遍布兰州地区。史学家认为，夏朝是中国农耕文明的开始。

传说，兰州地区农耕文明是一个叫爱剑的人开拓的。爱剑是羌人，秦厉公时（前476–前442年），被秦国抓去，沦为奴隶。在秦国耕田种地，饲养牲畜，学会了农耕生产。后爱剑逃离秦国，历经千辛万苦，逃到了黄河上游的兰州黄河、湟水地区，做了羌族人的首领，教会了羌人耕田种地，饲养禽畜。于是，兰州及其以西地区逐渐由游牧文化向半牧半农文化和农耕文化发展。

打雨墩（火药炮打雷雨的建筑）（拍摄于榆中县许家窑）

还有传说，文成公主进藏和松赞干布成亲，路过兰州，曾在榆中的清水驿、麻家寺、兰州西固居住多日，带来了中原的农作物种子和生产工具，教当地人种植。

兰州地区，农耕文明由畜牧向半畜半农、农耕逐渐由东向西经过了一个漫长的发展过程。

早在先秦时期民间流传的《击壤歌》有云："日出而作，日入而息，凿井而饮，耕田而食。"就描述了当时人们击打土壤，歌颂太平盛世的农耕文明情景。

农耕文明，最主要的表现形式有农业生产形式、生产工具、农作物种植、交通运输、水利工程、民居、城堡及牲畜的驯养、劳动号子、传唱调子、诗歌、农业书籍等。

兰州地区，从明朝开始，就进入了农耕文明的全方位发展阶段，到现在遗留下来的以农作物、农具、水利设施等命名的古老地名，就是农耕文明历史的活化石，是农耕文明留下的文化符号。这些地名，内容丰富，形象鲜活，是农耕文明的文化宝藏。兰州绝大多数的地名，都来源于农耕文明，包括姓氏地名、人名地名、传说地名、城堡地名、数字地名、地形地名、动物地名、植物地名、方向地名、色调地名、季节地名等。

兰州地区农耕文明传承下来的农作物有小麦、大麦、燕麦、莜麦（玉麦）、荞麦、谷子、糜子、苞谷、高粱、水稻、豌豆、蚕豆、大豆（黄豆）、胡麻、油菜籽、芥末（大油菜籽）、洋芋、胡萝卜、茄莲（又称苤蓝、土苤）、葵花、番瓜、萝卜、韭菜、西瓜、葫芦等。

农具有杈、木锨、碌碡、石磨、石碾、簸箕、筛子、补篮、背篓、箩筐、扁担、扫帚、耒、耙、耱、犁、铧、锹、榔头、连枷、锄头、锯子、斧头、镰刀、麻绳、纺车、风匣（风箱）、辘轳、水桶、水车、水挂子、手推车（独轮车）、马车、牛车、架子车、筏子、绳车子等。

水利设施有：水渠、水窖、水井、涝坝、涝池、水坝、水库、提水工程等。

2. 农耕文明特征地名

兰州地区农耕文明传承下来的地名有1000余条。其中以农作物冬麦、燕麦、胡麻、荞麦、黑糜子、韭菜等命名的地名有37处，以农具碌碡、镰刀、簸箕、碾子等命名的地名有23处，以水利设施水车、水挂、涝坝、井、渠、沟（人工）、水磨等命名的地名有146处。这些地名传承了兰州丰富的农耕文明文化。

下面是统计到的兰州地区以农作物、农具、水利设施等命名的地名。

以农作物命名的地名：

冬麦沟村（榆中县新营乡），麦地沟村（七里河区魏岭乡），麦地湾村（榆中县夏官营镇），糜地沟村（榆中县清水驿乡），燕麦湾村（榆中县清水驿乡），韭菜沟村（永登县坪城乡），韭菜沟村（永登县通远乡），韭菜沟村（永登县七山乡），韭菜沟村（榆中县贡井乡），韭菜沟岭村（榆中县贡井乡），韭菜岔村（榆中县梁坪乡），韭菜坪村（榆中县上花岔

兰州水车

乡），麦条岭山（永登县七山乡），糜不老墩山（皋兰县什川乡），萝卜沟山（榆中县新营乡），糜地湾山（榆中县园子岔乡），鹿谷子墩山（榆中县青城镇），麦洞沟（红古区），瓜地湾沟（永登县苦水镇），胡麻沟（永登县古山乡），大麦塘沟（永登县古山乡），菜子沟（永登县古山乡），麦莛子沟（永登县通远乡），韭菜沟（2个，水登县七山乡），葫芦沟（永登县七山乡），麦条岭沟（水登县七山乡），荞麦岘子沟（皋兰县石洞镇），谷地沟（皋兰县黑石川乡），细葫芦沟（皋兰县黑石川乡），黑糜子湾沟（皋兰县黑石川乡），麦彬掌沟（皋兰县黑石川乡），菜籽沟（皋兰县西岔乡），糜地沟（皋兰县水皂乡），麦山岔沟（榆中县哈岘乡），韭菜坪沟（榆中县上花岔乡），糜岔口沟（榆中县青城镇），麦洞台坪（红古区），青糜子岔沟（榆中县高崖乡），荞麦岔沟（榆中县来紫堡乡）。

以农具命名的地名：

碌碡岔沟村（榆中县上花岔乡），碌碡湾村（榆中县鲁家沟乡），镰刀湾村（榆中县兰山乡），簸箕湾村（榆中县城关镇），簸箕湾村（榆中县高崖镇），簸箕湾村（榆中县定远乡），簸箕湾村（榆中县夏官营镇），簸箕湾村（榆中县中连川乡），打磨沟（榆中县银山乡），簸箕掌村（七里河区西果园乡），簸箕掌（西固区），大铧山（榆中县龙泉乡），铧尖子山（榆中县上庄乡），碾子沟（永登县东山乡），扫帚沟（水登县通远乡），打磨沟（皋兰县什川镇），石梯子沟（皋兰县黑石川乡），碌碡沟（皋兰县忠和乡），簸箕湾梁（永登县大有乡），水磨沟河（七里河区），碾子沟（永登县苦水镇），碾盘湾滩（永登县通远乡），剪子沟（永登县东山乡）。

以水利设施命名的地名：

水车园（城关区），五泉街（城关区），井儿街（城关区），鱼池子（城关区），鱼儿沟（城关区），水挂庄（安宁区），水挂台（又名水瓜台，榆中县来紫堡乡），上沟（城关区），下沟（城关区），大涝池村（4个，红古区河咀乡、永登县东山乡、永登县苦水乡、榆中县梁坪乡），九池泉村（七里河区西果园镇），小柳井池村（榆中县梁坪乡），马泉村（西固区柳泉乡），泉头村（榆中县小康营乡），泉滩村（榆中县小康营乡），泉沟村（永登县大有乡），泉坪村（榆中县龙泉乡），泉滩村（榆中县连搭乡），泉坡上村（榆中县高崖镇），方家泉村（榆中县来子堡乡），龙泉村（榆中县龙泉乡），龙泉寺（永登县龙泉寺镇），井滩村（永登县秦川乡），井滩村（永登县古山乡），井滩村（永登县大有乡），井滩村（皋兰县黑石川乡），白涝池村（永登县坪城乡），打磨沟村（兰县什川镇），打磨沟村（榆中县银山乡），甘井沟村（皋兰县忠和镇），先泉岇村（榆中县龙泉乡），双龙泉村（永登县古山乡），四泉村（永登县古山乡），刘家井村（永登县古山乡），高家井村（永登县清水乡），柳泉村（永登县柳泉乡），泉儿沟村（永登县民乐乡），泉子岇村（榆中县小康营乡），泉子岔村（榆中县龙泉乡），泉子沟村（七里河区花寨子乡），泉子沟村（永登县大同乡），泉头村（永登县西槽乡），涝池村（永登县通远乡），涝池村（永登县七山乡），涝池村（皋兰县水阜乡），涝池村（永登县红城乡），涝池村（永登县七山乡），涝池沿村（榆中县小康营乡），涝池湾村（永登县通远乡），涝池湾坪村（永登县通远乡），涝池滩村（永登县古城乡），涝池滩村（榆中县梁坪乡），涝坝村（永登县古山乡），涝坝沟村（皋兰县黑石川乡），涝坝沿村（榆中县甘草乡），涝坝沿村（榆中县甘草乡），涝坝滩村（榆中县韦营乡），五泉山（城关区），泉儿沟大梁山（七里河区），宝泉山（永登县坪城乡），

太白泉山（榆中县城关镇），龙泉寺山（榆中县龙泉乡），泉湾山（榆中县新营乡），麻燕井子山（榆中县园子岔乡），涝池海（城关区），马泉沟（七里河区），井子沟（西固区），马泉沟（西固区），涝池沟（红古区），大涝池沟（红古区），涝坝沟（红古区），矿泉子沟（水登县大同乡），红涝池沟（永登县大同乡），井井湾沟（永登县大同乡），后泉矿沟（水登县大同乡），涝池沟（永登县东山乡），泉儿沟（永登县东山乡），长涝池沟（永登县东山乡），大涝池沟（永登县东山乡），泉儿沟（永登县红城乡），水泉沟（永登县红城乡），涝池沟（永登县苦水镇），下井儿沟（永登县苦水镇），上井儿沟（永登县苦水镇），小井沟（永登县苦水镇），羊坝涝池北沟（永登县西槽乡），井沟（永登县西槽乡），井沟（永登县古山乡），四眼井沙沟（水登县古山乡），井槽子沟（永登县古山乡），马莲泉沙沟（永登县中堡乡），泉太沟（永登县中堡乡），九个涝池沟（水登县坪城乡），井湾沟（永登县金咀乡），上井沟（永登县武胜驿乡），下井沟（永登县武胜驿乡），泉儿湾沟（水登县连城乡），涝池沟（永登县连城乡），涝池沟（永登县通远乡），泉儿湾沟（永登县通远乡），井直沟（永登县七山乡），四个井沟（水登县七山乡），井湾沟（永登县七山乡），涝坝沟（永登县七山乡），泉儿沟（永登县七山乡），井沟（永登县七山乡），涝坝湾沟（永登县七山乡），井子沟（皋兰县石洞镇），大泉子沟（皋兰县什川镇），涝坝沟（2个，皋兰县黑石川乡），井沟（皋兰县黑石川乡），上涝池沟（皋兰县黑石川乡），井岔沟（皋兰县黑石川乡），东井沟（皋兰县黑石川乡），上井沟（皋兰县黑石川乡），塌井沟（皋兰县黑石川乡），白井子沟（皋兰县黑石川乡），碾子沟（皋兰县西岔乡），井沟（皋兰县西岔乡），石涝池沟（皋兰县水阜乡），泉子沟（皋兰县中心乡），涝坝沟（榆中县龙泉乡），水泉沟（榆中县龙泉乡），罗泉湾沟（榆中县上庄乡），万眼泉沟（榆中县来紫堡乡），井子沟（榆中县园子岔乡），井儿沟（榆中县园子岔乡），泉儿湾梁（永登县通远乡），泉儿湾梁（永登县通远乡），泉神庙泉（西固区），文家泉（西固区），大库沱泉（西固区），

小库沱泉（西固区），郭家湾泉（西固区），泉头泉（西固区），大泉（西固区），药水泉（西固区），四范井泉（红古区），腰泉湾泉（永登县大同乡），马跑泉（永登县树屏乡），泉头泉（永登县树屏乡），头水泉（永登县清水乡），东水泉（永登县清水乡），浪坡泉（永登县坪城乡），药水沟温泉（永登县连城乡），倒栽子泉（永登县连城乡）。

2019 年 3 月 14 日

西津路源于古渡口西津

西津路是兰州市七里河区的一条东西向主干道，全长 13.2 千米，从雷坛河桥开始至西固区的深沟桥，横穿七里河整个城区，也是兰州市区东西交通主干要道的一部分。西津路又分为西津东路和西津西路两部分，西津东路东起雷坛河桥，西到西站什字。西津西路，东起西站十字，西到西固区的深沟桥。

西津路并不是一条老地名，源于兰州的古渡口西津。

兰州历史悠久，建置较早。据史料记载，前 121 年，汉武帝派遣大将霍去病统领先锋铁骑万余征西到达兰州，为摆渡黄河，在金城（今西固）黄河边设置金城津（渡口）。西征大军在此渡过黄河，沿着河西走廊拿下了匈奴的核心据点焉支山，大败匈奴，匈奴浑邪王被擒，自此以后汉武帝基本统一了河西一带的广大地区，出现了历史上比较出名的阳关和玉门关。

西汉昭帝始元六年（前 81 年），在兰州西固区设金城郡，辖十三县，其中金城、榆中、令居、枝阳、允街、浩亹六县，大致均在今兰州市境内。隋朝设置兰州总管府管辖，《元和郡县制》载，兰州"取皋兰山为名"，至此，兰州的政治、经济、交通、文化逐渐向东移动。至宋朝，在现今黄河南岸的七里河区小西湖公园处设置西津（渡口），在北岸的白塔山下设置金城关（渡口）。西津渡口地名，源于何因，无从查考，可能位

黄河

于金城关以西而命名。后在西津旁，建有西津寺。西津南面的西津坪地名，就源于西津。

1952年，兰州市为了修通城关区至七里河、西固的西郊林荫大道，拆除了解放门以西的包括兰州卧桥在内的建筑，加宽了路面，将雷坛河桥至西固区深沟桥之间的路以西津命名，西津路由此产生，沿用至今。

2019 年 3 月 22 日中午于兰州大沙坪

以金属姓命名的地名

全国以金属命名的地名不少，著名的有江苏省的无锡、铜山、金湖、金坛；安徽省的铜陵、金寨；江西省的铜鼓、金乡、铅山；辽宁省的铁岭；贵州省的金沙、织金；广东省的紫金；上海市的金山；宁夏回族自治区的银川、青铜峡；浙江省的金华；陕西省的铜川等等。

甘肃省有白银、金昌。这些都是县级以上城市的地名。如果统计县级以下的小地名，那就不胜枚举，兰州市以金属命名的地名也有。

兰州由于所处地域的关系，境内矿产资源缺乏，只有石灰石和石英石较丰富，其他矿藏都很贫乏。原来认为较丰富的煤矿，其实只有红古区的窑街、七里河区的阿甘、榆中县的水岔沟三处，不但煤质差，而且均已枯竭。尽管还有玻璃硅质原料、水泥黏土、铁、铜、铅、金、银等40多种矿藏，但都储量极低，品位差，无开采价值。由于此原因，兰州以金属命名的地名较少，大多数是以金姓命名的，真正以金属命名的地名只有四处，是七里河区阿干镇的铁冶村、城关区青白石街道的沙金坪、榆中县银山乡、榆中县龙泉乡的银川。如：

1. 以金属姓命名的地名

金家场（永登县柳树乡），钱家湾（永登县大有乡），金家圈（榆中县城关镇），金家崖（榆中县金崖乡），金家营（榆中县园子岔乡），金家庄子（榆中县贡井乡），金家山（榆中县贡井乡），金家小湾（榆

中县贡井乡），金改湾子（榆中县
园子岔乡），金家脑（榆中县鲁家
沟），金家地湾（榆中县青城乡），
金家河滩（永登县连城镇），钱家
坪(榆中县甘草店镇)，金家窝窝(榆
中县甘草店镇)，金家坪（榆中县
来紫堡乡）。

2. 以金属命名的地名

金城（兰州的旧称），金县（榆
中县的旧称），白银路（城关区），
金塔巷（城关区），铁路东村（城
关区），铁路西村（城关区），金
牛广场(榆中县城关镇)，金嘴子(永

铁冶沟

登县武胜驿镇），铁锨沟（榆中县龙泉乡），铁帽岭（永登县七山乡），
金宝岭山（永登县苦水乡），金龙沟（永登县秦川乡），金鸡岭山（西
固区），大金沟（西固区），金龙沟口（永登县龙泉寺乡），金天观（七
里河区），金城关（城关区），铁城沟（永登县连城镇），铁冶村（七
里河区阿干镇），沙金坪（城关区青白石街道），银山（榆中县银山乡）
银川（榆中县龙泉乡）。

其实，铁冶村只产煤，不产铁。以前，有人在此利用烧煤铸铁、打
铁。20 世纪 50 年代大炼钢铁时，这儿炼过铁。沙金坪只产石头和沙石料，
只是这里的石质好，能卖钱，因此，人们将这里称为沙金坪，兰州铁路
局的采石场就在这里。银山不产银，是因为此地海拔高，气候寒冷，一
年有较长的时间山上有积雪，便被称为银山。银川也不产银，只是过去
人们对美好生活的向往，将该地称为银川。

2019 年 5 月 17 日晚于兰州雁滩

绣河沿地名的演变

　　兰州绣河沿，是一处古老而又崭新的地名。其地名的演变，是兰州城区地名演变的一个缩影，也是兰州城发展的一个缩影。

　　兰州过去叫金城，金城真正意义上的城，应该是从宋朝建筑的城开始的，那时的城池规模很小。到明朝时，设立肃庄王。明肃庄王名朱楧，是明太祖朱元璋的第十四子。初封汉，洪武二十四年改封肃，洪武二十八年（1395 年）就藩（藩是属国属地之称）甘州（今甘肃张掖），仅四年。建文元年（1399 年），肃王朱楧将肃王府从张掖迁到兰州，在现在的甘肃省人民政府和兰州市委的地址上建肃王府，并对兰州城进行了大规模的扩建，挖掘和疏浚了护城河。当时，兰州的上沟、下沟、中山林、双城门外一带的土地都通过引雷坛河的水得以灌溉。后来

永昌路夜景

逐渐疏于对护城河的疏浚及下水的泛滥，使双城门至绣河沿一带的护城河和排洪沟污水横流，臭气熏天，因此处于护城河边沿的老百姓就将现绣河沿一带称为"臭河沿"。

1949年后，兰州人民在兰州市人民政府的领导下，对兰州城区进行了大规模的改建，至20世纪50年代中期，兰州城区有了翻天覆地的变化，绣河沿位于永昌路中段西侧，20世纪80年代，对包括绣河沿在内的永昌路彻底整治，老百姓自发地将"臭河沿"改称为绣河沿，取"锦绣河山"之意，"绣河沿"地名被兰州市人民政府认可并确定了下来。绣河沿小巷的前面，就是整洁的永昌路，是自20世纪80年代以来，兰州最有名的夜市。

2019年6月9日晚于兰州

官滩沟，因官府牧马而得名

官滩沟，是一处以自然地貌命名的地名，也是一处古老的地名，又是一处唯一有实物证明，历史上被划定为官方牧场的地方。

兰州地区地处黄土高原，黄河的上游，山脉连绵，沟壑纵横，自然山沟有千万条，有名的就有近 700 条，但只有这条与"官"有关。

官滩沟位于甘肃省兰州市榆中县和平镇南部，是兴隆山西延支脉的两座山脉中间的一条幽深的峡谷。这里距兰州市区 16 千米，海拔 2350-2900 米，属于二阴气候，潮湿多雨，年降雨量 500-600 毫米，山上林木葱郁，主要有松、柏针叶林、松柏与杨桦青杠等混交林、灌木等。整条沟沟谷宽敞，滩涂连绵至后山山顶。由于植被茂密，水土保持良好，历史上很少有山洪爆发，因此没有洪水冲刷形成的断崖和乱石滩地，倒是有大面积的草原分布，这样的地域，非常适宜放牧。

传说，明初，肃王朱楧将肃王府由河西走廊的张掖迁到兰州后不久，就将这里确定为肃王府牧养进贡御马、祭祀牛羊之所，这里饲养有大批的马，以供肃王及驿站、军队所用。此地被命名为官滩沟，一是因被"官"方征用，二是沟内滩地多。明亡后，沟口大部分土地被当地驻军和农民占用，垦作农田。后在此地挖出石碑一块，记载，明万历八年（1580 年）十一月，由长史司署立此碑，杜绝侵耕。由此证明了官滩沟地名的历史渊源。

兰州地区因传说明朝肃王养马而遗留下来的地名较多，有七里河的马滩、永登县的秦王川、榆中县的贡马井、官滩沟等，但因官府牧马而得名且有实物证明的仅官滩沟一处。

官滩沟

官滩沟是兰州东郊的森林公园。这里，有大面积的森林和草原分布，植被覆盖率达80%以上，两山夹一沟的地形，山势巍峨，风景旖旎，有多处泉水溢出，还有小瀑布形成，飞流直下，蔚为壮观。沟内植被茂盛，野菜遍地，植被垂直分布明显，有狼、狐狸、麝、兔、松鼠、蛇、红腹锦鸡、嘎啦鸡、斑鸠、野鸽、山雀等动物，还有几十种中药材资源。

官滩沟由于离市区近，风景秀美，空气清新，夏季十分凉爽，是休闲避暑的好地方。

2019 年 7 月 15 日晚于兰州

会馆巷，曾是兰州经济信息中心

　　兰州会馆巷，曾是兰州经济信息的中心。

　　兰州市城关区的会馆巷，是兰州市区最为古老的地名之一，位于甘肃省人民政府的东侧，是张掖路东段至南滨河路的一条小巷，过去是南北畅通的，现在只是南面进出，北面被建筑物阻断。

　　明朝以前，兰州市的中心区域还在西固区，城关区的大部分地方还没有"开发"。兰州城市真正东移到城关区，是明朝。

　　在肃王迁至兰州之前，西古一直是包括现在城关区、七里河区、安宁区及榆中、皋兰的一部分在内的兰州广大区域内政治、经济、文化的中心，东来的丝绸之路，都在这里的古渡口摆渡过黄河，经永登前往河西走廊到西域，或经红古的平安驿前往西域。到此以后，西古的政治、经济、文化等才逐渐向现在的城关区转移，兰州才逐渐筑成初具规模的城。

　　随着规模巨大的肃王府的建成，在其周围，政治、经济、文化的氛围越来越浓，如东面的箭道巷、山字石、会馆巷，东南部的曹家巷，南面的道升巷、金石巷、金塔巷（原南府街），西南面陇西路（原鼓楼市街），西面的通渭路（原万寿宫街）、贤后街等。随着明朝人口的迁徙，小商品经济的发展，在肃王府周围形成了不小的经济圈。人口的增多，经济的繁荣，促进了文化的发展，南来北往的商贾，也带来了各种文化信息。一些商户联谊，建立会馆，以便于交流沟通。据史料记载，至明朝中期，以会馆巷为中心的商会会馆已近十家，最为有名的有陕西会馆、山陕会馆、皖江会馆以及新陕西会馆等，这些会馆有四合院的，有一层的，有二层的，规模大小不一，风格南北迥异。有的建有照壁，有的建有戏台，有的带有酒肆，有的带有餐馆，商人们到此处相聚，或吃酒，或聚餐，或聊天，或议事，或寻货源，或出售商品，无所不谈。到年头节下，唱大

会馆巷巷道

戏，耍社火，人气旺盛，热闹非凡。由于此条小巷因会馆而繁荣，因会馆而出名，到清朝中期，百姓便将这条小巷称为"会馆巷"。毫无疑问，会馆巷成为了那个时代的经济中心。会馆巷的这种繁华景象，一直持续到清末民初。

地名，传承历史，诉说故事。会馆巷，就是这样的一处地名，被沿用了下来。

2019 年 7 月 16 日晚于兰州

水挂庄的名称源于水挂子

水挂庄，是兰州农耕文明遗留下来的一处古老地名，位于安宁区建安东路向南至黄河边的一片区域。早在明朝时就已形成一个村庄，后由于人口增多，逐渐扩大到两个社区的规模。2000 年后，随着安宁区开发步伐的加快，水挂庄这一片区域已被基本开发完毕，已寻不到一点村庄的痕迹，但"水挂庄"这一古老的地名，被以"安宁区西路街道水挂庄社区"和"安宁区孔家崖街道水挂庄社区"两个社区的名字保留了下来。

水挂庄作为一处古老的地名，是怎么来的呢？要想知道它的来历，首先要了解什么是"水挂"？

现在年龄稍大一些的人，可能都知道农耕文明时代的水磨、水车，但对"水

水挂庄

挂"就不一定都知道。"水挂",兰州人叫"水挂子",是一种木制的人力或畜力提水工具,是用木头制作两个较大的木齿轮,安置在井口上方或河流岸边建筑的近水平台上,其中,一个木齿轮平放,另一个竖放,平放的齿轮上安装上可以人力或畜力拉动的转动装置,竖装的齿轮上安装上类似于水车上的水桶,两个木齿轮相互咬合,由马、驴、骡、牛等牲畜拉动或人力拉动平放的齿轮转圈,平放的齿轮带动竖装的齿轮转动,从而将井里的水或河里的水提上来,用以灌溉土地或人畜饮用。

传说,明末清初,水挂庄的一位老木匠,参照水车及水磨的原理,发明了"水挂",老木匠在村头安装了三台"水挂子"浇地,土地产量大增,后被附近的人学习模仿,名声远扬。老木匠所在的村庄,被称为"水挂庄",水挂庄的地名被沿用传承了下来。

农耕文明,给我们留下了很多优秀的文化遗产,值得我们保留、传承。

2019 年 7 月 25 日中午于兰州

一座以花命名的城市

　　兰州，兰州，有兰之州，兰州，是有全国最漂亮地名的城市之一，也是唯一一座以花命名的省会城市。

　　兰州植物种类多，花的品种自然就多。

　　兰州，历史悠久，早在二三十万前，就有先民生活在这里，繁衍生息。兰州建置较早，西汉昭帝始元六年（前81年）设金城郡，隋初置兰州总管府，始称兰州，其名与皋兰山有关。而皋兰山，则取"皋"（高）"兰"（兰花）为名。河边高地为皋，延伸为高山，高地兰草为兰，兰为兰花。

　　据研究，皋兰山上有春兰，兰州就是以春兰命名的。也有人认为，兰州是以马兰命名的。

　　马兰，亦称马蔺，马莲（花、草）、马兰（花）、紫蓝草、兰花草、箭秆风、山必博、蠡实、旱蒲，是鸢尾科鸢尾属叶互生，有时近对生，叶片披针形或椭圆状披针形，长6-13厘米，宽1.5-4厘米，总状花序顶生，长10-25厘米；苞片钻形，长2-3毫米；在中国广泛分布于东北、华北、西北等地。从生态学角度看，以草原区分布较为普遍。马兰抗逆性强，尤其耐盐碱，是盐化草甸的建群种。由于马兰具有独特的生态生物学特性和利用价值，近年来逐渐被用作水保护坡、园林绿化观赏地被建设的优良材料。马兰系多年生草本植物，根状茎粗壮，木质，有多数须根。在兰州几乎所有的地方都有野生马兰生长，局部地方或公园有人工栽培。

马莲花

玫瑰

兰州人一般将马兰也称为兰花。

　　兰州民间，自古有种花、养花、插花的习俗。种植栽培的花有牡丹、芍药、菊花、荷花、连翘、迎春、丁香、马兰、沙枣花、红花、黄花、百合等，养育的花就更多了，包括兰花在内的热带、亚热带花卉达几百种。春节前后，在家中插花更是较为普遍的习惯，一般以插梅花、桃花、牡丹、芍药、连翘、迎春、百合、沙枣、菊花（九月菊）为多。在插花的季节里，无论家室大小，在案几上的花瓶里，或者是酒瓶里盛上水，插上几株鲜花，顿时蕊香四溢，温馨无比。

　　兰州，是一座花的国度。过去，由于受干旱气候的影响，兰州的绿化工作十分艰难，而花卉的种植栽培及引进，都靠民间艺人。兰州在建现代化大都市的过程中，始终把绿化工作作为一项重要的工作来抓，特别是改革开放以来，兰州在种植传统花卉的基础上，广泛地引进南方及国外的花卉品种，经过改良和培育，有包括紫薇、紫藤、嫁接月季、紫叶李、紫叶梅、珍珠梅、太平花、万寿菊、紫牡丹、绿牡丹、夹竹桃、鸢尾花、石榴、金银花、并蒂莲、连翘、迎春、君子兰、兰花等近百种花卉，大大美化了兰州。现在，无论是南北两山，黄河两岸，还是大街小巷，城郊乡村，除了冬天，其他三季，处处都有鲜花开放，红的，黄的，白的，

紫的，粉的……令人眼花缭乱，美不胜收。这就是现在美丽的兰州。

兰州人爱花、种花、插花、惜花，花的文化十分丰厚，真有"气如兰兮长不改，心若兰兮终不移"的爱花惜花情结。由此，花的文化，也就自然渗透到地名命名之中了。兰州以花命名的地名非常多。这些花的地名，千百年来，传承演绎着兰州花的文化，令人欣慰。

兰州花的地名，略统计如下：

行政地名：

兰园（城关区），邓家花园（城关区），兰山村（城关区），建兰路（七里河区），花寨子（七里河区），花庄（红古区），花园村（永登县），花儿地村（永登县），兰草村（永登县），萝卜花村（永登县），杏花村（永登县），花园子村（永登县），马莲滩村（永登县），木花沟村（永登县），兰沟村（皋兰县），花寨子村（榆中县），花郎岔村（榆中县），花郎岔脑村（榆中县），马莲滩村（榆中县上庄乡），马莲山上庄（榆中县），马莲山下庄（榆中县），马莲滩村（榆中县贡井乡），花沟湾村（榆中县），上花岔村（榆中县），高花道村（榆中县），庙花岔村（榆中县），花岔子村（榆中县），牡丹园（榆中县），花路村（榆中县），花沟沿村（榆中县），花岔沟村（榆中县），花路村（榆中县），花路山村（榆中县），川花坪村（榆中县）。

自然地名：

皋兰山（城关区），花山（永登县），兰盆山（永登县），花路子峡（永登县），苏木花沟（永登县），花腰湾沟（永登县）。

2019 年 8 月 16 日晚于兰州雁滩

以江河命名的地名

兰州，由于深居大陆内部，地处黄土高原，绝大部分属于干旱半干旱的大陆性季风气候，受海洋性气候的影响微弱，干旱少雨，大部分地方年降雨量在200-400毫米之间，只有南部山区的二阴气候区，年降雨量可达到400-600毫米。尽管高原地貌沟壑纵横，但形成规模性的河流很少，大部分是季节性的河流沟道，只有在下暴雨时，才会有山洪或流水，其余时间都是干涸的河床。只有少数的规模性河流，都发源于青海省、甘肃省天祝县，如黄河、大通河、庄浪河等。还有一些发源于南北部山区的中小河流，由于气候的变化和人为因素等影响，地下水位降低，大都在近几十年来先后断流或几近断流，如苑川河、苟家河、柳沟河、龛谷河、徐家峡河、兴隆峡河、分豁岔河、曳木岔河、雷坛河、七里河、水阜河等。目前，只有黄河、大通河、庄浪河等河流流水较丰，苟家河、龛谷河、徐家峡河、兴隆峡河、曳木岔河、官滩沟河等只有少量的流水。

由于兰州地区的河流受地域、气候、降水等影响，除黄河外，流量都较小。

每一条河流，都是有灵魂的，在历史上都留下了自己的印痕，留下了自己孕育的文明，它们都是黄河文明的一部分，中华文明的一部分。这些文明，都是我们宝贵的文化遗产和精神财富。

兰州，是黄河唯一穿城而过的城市，是黄河孕育了兰州，润泽了兰州，

富庶了兰州，黄河，是中华民族的母亲河，更是兰州的母亲河。兰州离不开黄河，兰州的文化，离不开黄河，所以，兰州的地名命名，就少不了黄河，当然，也少不了其他的河流。由于兰州的河流少，过去，兰州以河流命名的地名相对较少。只有黄河沿、七里河区、韩家河、柳沟河村、水岔沟村、水阜镇等。

兰州新区成立后，随着建设发展，兰州新区在命名地名时，才补上了兰州以江河命名地名少的这一缺憾。兰州新区以著名河流命名的地名有珠江大道、渭河街、洮河街、黄河大道、白龙江街、清水河街、汉水街、庄浪河街、嘉陵江街、通关河街、石羊河街、疏勒河街、淮河大道、伊犁河街等。

2019 年 9 月 5 日中午于兰州

兰州以峡命名的地名

有山就有河，有河就有峡。峡就是两山夹水的地方。世界上有很多著名的峡谷，如中国西南部的雅鲁藏布大峡谷，长江上的三峡，黄河上的龙羊峡、刘家峡、三门峡，美国的科罗拉多大峡谷，非洲东部的东非大裂谷等，甚至海底也有大峡谷，如太平洋的马里亚纳海沟。

兰州地区有几百条山脉，但兰州地区气候干燥，植被稀疏，黄土裸露，水土流失十分严重。造成了不少峡谷。据不完全统计，兰州地区算得上

八盘峡

兰州地名文化

峡的峡谷就有100余条。最有名的有八盘峡、桑园子峡、龛谷峡、兴隆峡、享堂峡、天池峡等。这些峡谷，有的建有水库，有的过去是重要关隘，有的有旖旎的风景，有的有优美的传说。兰州地区可统计到的有55条，都在南北部山区。如下：

八盘峡（西固区），桑园子峡（榆中县），享堂峡（红古区），小石门峡（永登县），二水峡村（永登县），黎家峡（永登县），花路子峡（永登县），大拉牌峡（永登县），拉牌峡（皋兰县），峡门峡（皋兰县），龛谷峡（榆中县），徐家峡村（榆中县），兴隆峡（榆中县），天池峡村（榆中县），唐家峡（榆中县），大金沟峡（西固区），小峡（皋兰县），大峡（榆中县），峡口村（榆中县），高崖峡（榆中县），峡门子村（永登县），后川峡村（永登县），小石峡村（皋兰县），煮锅峡村（榆中县），石峡子村（皋兰县），陈沟峡村（榆中县），小石峡村（榆中县），二水峡沟（永登县），红岭峡村（永登县），小峡沟（永登县），大峡沟（永登县），西峡沟（永登县），邓家峡沟（永登县），庞卜浪峡沟（永登县），拦盆峡沟（永登县），后川峡沟（永登县），白家峡沟（永登县），苏家峡沟（永登县），桂家峡沟（永登县），天池峡沟（榆中县），磨峡沟（皋兰县），水峡沟（永登县），峡口村（永登县），峡口村（榆中县），峡门沟村（永登县），桑园子村（榆中县），峡门子村（永登县），石峡子沟（皋兰石洞），石峡子沟（皋兰什川），石峡子沟（皋兰黑石川），峡沟（皋兰黑石川），石峡子沟（榆中新营），徐家峡河（榆中县小康营），徐家峡沟（榆中县小康营）。

2022年2月11日于兰州

穆柯寨

穆柯寨是一个很有名的地名，据不完全统计，全国有 20 多处。

兰州市，也有一处叫穆柯寨的地名，位于城关区黄河北岸的盐场堡和黄河之间，南距黄河 400 米。原来是一个小村落，周围都是菜地，2000 年后，黄河北岸得以开发，穆柯寨周围大部分区域已是高楼林立，只有小部分的村民"小炮楼"还在高楼群中静候着，回忆着过去沧桑的岁月。

和全国各地的穆柯寨一样，兰州的穆柯寨，也演绎着同样的故事。传说，在北宋时，北方敌军南下，摆下了天门阵，形势危急。杨六郎跑到五台山，请他的哥哥杨五郎下山破阵。杨五郎答曰："我今思忖，唯骊山穆柯寨有降龙木二根，得其一根，与我为斧柄，便能降伏此阵。"杨六郎听罢，即派焦赞、孟良带其子宗保直奔骊山。杨宗保上骊山后，对桂英说："闻汝寨后有降龙木二根，乞求一根与我为斧柄，待破阵之后，遣礼相谢。"桂英见宗保眉清目秀，武艺出众，暗自思忖，若是与其匹配，亦不枉此一生，便提出要和他结为夫妻。杨宗保见穆桂英乃女中英豪，长得花容月貌，欣然应允，当即和穆桂英在山上成了亲。穆桂英为了相助大宋，送上降龙木，并擎起穆柯寨令旗号，带兵奔赴宋营。后来宋真宗封宗保为征辽破阵大元帅，穆杨两家联兵抗辽。破辽后，穆桂英率兵西进，一路经陕西、宁夏，到兰州抗击北方侵略军，并在兰州北岸扎营，营地取名"穆柯寨"，在此地练兵点将，多次打败入侵者，维护了兰州

边关的稳定。

穆桂英到没到过兰州，无从考究，但宁夏回族自治区的西吉县，有一处叫"将台"的村镇，笔者曾因工作到过两次，当地传说，此地就是穆桂英"点将"的地方。这里盛行秦腔，当地的老百姓，最爱看的戏就是《穆桂英挂帅》。在西吉县郊，还有一个叫"火石寨"的地方，是一处4A级的国家地质公园和森林公园景区，过去叫"穆柯寨"，传说也是穆桂英当年打破"天门阵"的地方。这里还分布着中国北方最典型、最集中、造型独特、规模宏大的丹霞地群，同时这里也是国内海拔最高的丹霞地貌群。

甘肃省武威市古浪县的古浪峡，有312国道穿过。古浪峡因两面峭壁千仞，中为险关隘道，史有"秦关""雁塞"之称，被誉为中国西部的"金关银锁"。西夏侵关，宋朝派穆桂英挂帅，率十二女将西征，救援"雄州"（金昌），在古浪峡，有十一名女将被西夏军所困，跳崖身亡，穆桂英率余部绕道，在古浪、大靖大破敌军。佘太君率兵赶到古浪峡，面对亡灵，放声痛哭，感动了山崖，山神泪流不止，泪珠化作石子，滚落山崖，此地得名"滴泪崖"。

全国传说穆桂英的"穆柯寨"的地名很多，都演绎着爱国故事。

2019年12月27日于兰州

以专业、职业命名的地名

兰州地处西北内陆，过去以畜牧文明为主，到明朝中后期，才逐渐发展为以农耕文明为主。

明末清初，兰州才逐渐有了手工业、冶炼、皮革、煤矿开采、烧陶、交通、石料加工等，有了一定的社会分工。经过清末洋务运动，兰州有了以纺织、机械制造、皮革、罐头等食品加工为主的近代工业。到民国初期，才有了明显的具有现代意义的工业体系，各种职业、专业从传统农耕文明中分离出来，兰州的城市经济得到一定的发展，但绝大部分地区仍处于以农业为主的农业经济。

随着现代文明的发展，在地名命名和应用中，也表现得越来越突出，特别是1949年后，随着化工、机器制造、毛纺、皮革、食品等工业的崛起，一些专业的文化符号也被命名到地名中来，这给兰州的地名文化增添了不少色彩。这些地名中，不但有过去的职业、专业，更有近代、现代的农业、畜牧业、纺织、化工、教育等符号，呈现出多元的文化气息。略述如下：

一、农民巷

位于城关区天水中路与平凉北路中间。过去相当长的时间里，这里都是农民生产的蔬菜、水果、粮油等农产品出售的农贸市场，地名由此而得。

兰州地名文化

二、化工街

位于西固区，随着 20 世纪 50 年代此地的大型兰州石油化工厂的崛起和发展，人口也迅速增多，就有了地名化工街。

三、盐场堡

位于兰州市城关区黄河北岸，背靠徐家山，南临黄河。盐场堡北面石门沟和小沟的碱沟里，流有又碱又咸的盐碱水富含盐卤，当地居民在明代初期，就取盐碱水在盐场堡的台地上晒制加工食盐，在当地出售，久而久之，这里便成了盐的交易场地，后有一家盐商在此地建起围墙高大、具有防御功能的堡子，盐场堡因此而得名。

四、草场街

位于城关区黄河北岸，东邻盐场堡，西界庙滩子，南临黄河，北依大沙坪，和庙滩子、盐场堡一样，是兰州市城关区黄河北岸的一处东西向的古老地名。明朝以前，这里就已经是由金城关经庙滩子、盐场堡前往皋兰、条城（青城）、景泰、白银、靖远、银川、包头等地的必经之路了，又濒临黄河，水陆交通发达，马车队、骆驼队以此处为集散、歇脚地，客栈、马厩、商铺、皮革店、铁匠铺、饭馆等连成一片，草料堆积如山，兰州城需要的牲口草料和建筑草料，也大都是此地由羊皮筏子运过河去，这里逐步形成了著名的草料市场，到民国初期，这里都还是骡马及草料市场，草场街由此而得名。

五、沙厂巷

沙厂巷原名纱厂巷，位于东方红广场东口十字西南角，南北走向，全长 100 余米。过去，因这里有一家纺纱厂而得名，后演变为纱厂巷。1998 年因建商场拆迁，地名消失。

六、铁冶

位于七里河区。铁冶沟是阿干煤矿的主要矿区，在明朝，随着采煤业的发展，在铁冶沟里，就有了冶炼铁的行业。当时，冶铁主要集中在这条沟，这条沟就被称为"铁冶沟"，沟口的村落，就被称为"铁冶村"，

"铁冶"的地名就被沿用至今。

七、骆驼巷

兰州地区，以骆驼命名的地名有近十多个，如七里河的骆驼巷、榆中的骆驼巷、雁滩的骆驼滩等。兰州历史上并没有骆驼，也没有养骆驼的习惯，为何有骆驼命名的地名呢？由于兰州地处丝绸之路上，过去，商贸运输主要靠牲畜驮运和马车拉运。骆驼队常常经过兰州，骆驼客要留宿，骆驼要饲喂，这样，就有了专门供骆驼客住宿的客栈，就有了骆驼巷、骆驼滩等地名。

八、道升巷

是兰州城里的一条古老地名，是一条小巷子，位于兰州市公安局东侧，东临城关区人民政府，南起武都路，北至张掖路，南北走向，全长不足 200 米。据传，在明朝末年，这条巷子里住着一位白发道人，还带着一些徒弟，除了修道，就是练武功，勤快厚道，人缘甚好。每天，人们都能见到他。有一天，人们看到，他在小巷内走着走着，忽然凌空一跃，上了二楼，人们愕然。不久，人们再也没有见到白发道人，后传说，白发道人修成正果，升天了，人们便把这条小巷称为道升巷。

九、水磨沟

位于七里河区，是雷坛河下游的一段，过去，雷坛河上有20余盘水磨，地名也由此而来。石磨、水磨，是农耕文明时代主要的磨面工具。雷坛河上游的榆中银山境内，有一处叫打磨沟。这里曾有专门的石匠打制石磨，就有了打磨沟的地名。兰州以"磨"命名的地名有七八处，如磨沟沿、打磨沟、李家磨等。

十、金石巷

位于中央广场西南角的酒泉路与道升巷之间，东西方向，全长100余米。在清朝中期，金石巷小巷内，以金属、石头、玉石等篆刻印章为业的匠人在此开店刻章，并贩卖金银玉器，于是就有了金石巷的地名。

十一、桑园子

位于兰州东郊的桑园子峡南岸。传说明朝，这里气候温和湿润，土

地肥沃，居民种桑养蚕。这里桑园连片，是明肃王的桑园，出产优质蚕丝，进贡朝廷。后来，人们将这里称为桑园子，桑园子地名由此而来，传承了下来。

十二、体育街

位于七里河区，是一条南北向街道，位于西津东路与瓜州路东口之间，因此路段有七里河体育场和甘肃省体工大队而得名。

兰州地区以专业、职业命名的地名还有很多。

一个地名就是一个历史故事，一处地名就是一段文化传承。兰州地区丰富多彩的地名文化，既是对过去历史的记载，也是对过去文化的传承，让这些地名，把兰州厚重的地方文化传承了下来。

2020 年 6 月 21 日下午于兰州

以日月星辰命名的地名

日月星辰，是宇宙中的天体，是客观存在的事物，虽然离我们人类很遥远，但人类在漫长的发展过程中，不断地认识日月星辰，发现和利用其性能和运动规律，因此，日月星辰也与我们的联系越来越紧密，如太阳的光，月球运动的规律及引起的潮汐，其他星球的运动规律和轨迹对地球的影响等等。这些对人类文明的发展有着重要的影响。在文化生活中，也有着紧密的联系，如文学、音乐、摄影、绘画等，在地名的命名中，也常常被利用。

兰州在地名的命名中，就有不少是用日月星辰命名的。过去有，现在也多。

如太阳岔（榆中县），红星巷（城关区），拱星墩（城关区），五星坪（七里河区），火星街（七里河区），月牙桥（西固区），光月山（西固区），北斗庙山（永登县），星星岭山（永登县），月牙地沟（皋兰县）等。有一些地名，还有历史渊源。

新的小区和企业命名的地名有：红星美凯龙，富星家具广场，欧洲阳光城，欣月湖，辰北花园，北辰花园等。这些地名，都是选择日月星辰的吉祥寓意命名的地名。

拱星墩是兰州市的一处老地名。过去，兰州人把城关区五里铺以东一带的地方叫做拱星墩。该地名与兰州的防御工事有关。据兰州的地方

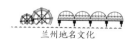

文献记载，明朝时，为了防御匈奴的侵扰，在兰州城往东，沿黄河南岸（南河道南）经桑园子峡、榆中东坪、西坪、皋兰的什川、榆中的青城直至靖远一线建筑了长城。明万历元年（1573年），在今拱星墩前街与后街之间的长城上，设置了军事墩台"空心墩"。墩台用以戍守瞭望，发现敌情时燃狼烟或鸣锣报警。墩台四周用夯土筑成，外砌砖石，墩台内为空心，空间较大，建有房舍，可驻守士兵，储备粮草和武器，有暗道通往黄河边取水。

当时的"空心墩"还有大小之分。大"空心墩"是指现在的拱星墩前街地段，北临黄河（南河道，兰州解放后被改成了鱼池），南靠将军山麓，该墩上还镶嵌有一块勒石，上刻"势凌龙尾"。小"空心墩"又叫"天边月牙墩"，在现在的甘肃省气象局一带的长城上。民国五年（1916年），甘肃督军张广建部驻防兰州时，将土墩进行了修缮，张广建认为"空心墩"这个地名不好听，就改为了"拱星墩"，并找人在墩上写了"拱星来朝"四字。拱星墩这个地名由此而来，并沿用传承了下来。

2000年前，雁滩公园有两个湖，都是人工湖。其中，南面的一个就是现在的雁滩公园，被称为南湖。北面的一个在现在的欣月湖小区及其东北部的天水北路一带，被称为人工湖，后北面的人工湖因天水北路扩建和欣月湖小区开发被占用。欣月湖占据了人工湖的西半部。该小区开发建设时，为了提升小区品位，在院内重新挖掘了人工湖，并将小区命名为"欣月湖"。

2020年7月2日晚于兰州

以水命名的地名

水是生命之源。有了水，就有了万物，有了希望，有了未来。

对于地处黄土高原上的兰州来说，由于受大陆性季风气候影响，干旱少雨，绝大部分地域属于山区，海拔在 1450-3670 米之间，大部分地方年降雨量不足 300 毫米，有些北部山区甚至不足 200 毫米，而蒸发量达到 1500-1800 毫米，蒸发量是降水量的 6~10 倍。在这样的地理气候环境下，过去相当长的时期，对于水的希望和依赖是多么的大，就可想而知了。

兰州的水资源尽管不是很缺，但分布非常不均匀，且大部分集中在西部和南部。如苑川河、宛谷河、兴隆峡河、水岔沟河、曳木岔河、官滩沟河、雷坛河、西果园河、大通河、庄浪河、黄河等。虽然黄河等河流水量丰富，可除了小部分河谷地段可自流或利用水车灌溉外，对于山大沟深的兰州大部分地区来说，只能望河兴叹。

由于对水的特殊情感，兰州地区的文化，就少不了水的成分，其中以水命名地名，就是这样的反映。这些地名，除了有水外，还包含了对水的敬畏、期盼、希望等多种情感因素在内，这种感觉，只有生活在当地的人才有。有些地名，还有非常美丽的传说故事。

兰州以水命名的有天水路（城关区），河水道（城关区），上水巷（城关区），下水巷（城关区），咸水沟（城关区），清水营（城关区），

水磨沟（七里河），大水子（七里河），合水路（西固），清水街（西固区），水挂庄（安宁），汇水湾（安宁区），水车湾（红古区），清水驿（榆中县），清水（永登县），苦水镇（永登县），漫水滩（永登县），水湾村（永登县），水阜镇（皋兰），水源村（皋兰县），大水洞（榆中），响水子（榆中县），水岔沟（榆中县），水沟村（榆中县），清水沟（榆中县），水泉湾村（榆中县）等 30 多处。

2020 年 7 月 13 日于兰州

沧桑的南砖瓦窑

兰州有一处老地名，叫南砖瓦窑，位于兰州火车站东北 1000 米处。听名字，就知道它很古老，很沧桑。

南砖瓦窑地名，源于明代。

随着肃王朱楧在兰州建肃王府，兰州的政治、经济、文化向城关区转移，大量的移民也开始流入，又因筑城、建肃王府及其配套设施的建设、居民居住区的扩大，需要大量的建筑材料。在当时生产力低下的情况下，砖瓦是必不可少的主要建筑材料。砖瓦的烧制业应运而生。

传说，由于兰州城的建筑需要大量的民工，外地的人不断涌入兰州，但也有不少人的生活陷入窘境。其中来自会宁县的兄弟俩，会烧制砖瓦，于是带领一帮会宁老乡，在兰州城南五里处的河滩地箍窑烧制砖瓦，一时生意兴隆，

南砖瓦窑居民自建房

南砖瓦窑小巷

砖瓦供不应求。后又有外地来的砖瓦匠也在此烧制砖瓦，此地成为了当时有名的砖瓦生产基地，为兰州城（包括民居）的建设，做出了巨大的贡献。又因此地位于兰州城南，故被称为"南砖瓦窑"，该地名被沿用了下来。

2020 年 7 月 29 日晨于兰州

老街——金塔巷

金塔巷是兰州市城区的一处古老街巷，位于武都路以南中山路以北，东起酒泉路，西至永昌路的一条东西走向的不到八百米长的街巷。

该街巷因地处明朝肃王府（现甘肃省人民政府）以南，明朝中期至清末，被称为南府街。另有一说，因地处清朝"兰州府"以南而得名南府街。到民国时期改称共和路。该街巷自东向西，分段称道门街，仓门街。1958年，兰州市名称整改更名，以甘肃省金塔县地名命名为金塔巷。

该街巷因地处城中心地带，在历史的长河中，孕育并繁衍了厚重的文化，给兰州留下了光辉灿烂的一页。今天，看着社区在老墙上绘出的一段段历史，仿佛那沧桑的一幕幕故事，历历再现到我们面前。

这里的91号，是一座典型的民居，是甘肃历史名人吴可读（字柳堂）于嘉庆十七年（1812年）出生读史的地方，据史料记载，他"性聪颖，善诗文"。

吴可读先前任河南道监察御史时，多次上疏言事，震动朝野，其中有两疏最为著名。当时，朝野争论皇帝接见外使，是否使之行跪拜之礼的问题，吴可读上疏请令不必强令外使行跪拜礼，应尊重各国的礼俗，不可以因为这样的小节伤害国家利益。这反映了吴可读不妄自尊大、平等待人的进步思想。光绪二年（1876年），起复为吏部主事的他，因慈禧太后立光绪帝"以弟继兄"，利用皇太后名义垂帘听政而不满，吴可

读谏诤不听，继而自缢，体现了陇人士子的风骨。

这里，也留下了清末名将左宗棠的足迹。左宗棠曾上折，请求陕甘分闱，以解决甘肃考生赴试困难，并愿本省自筹资金，建立贡院和学臣衙署。1874年，左宗棠的奏疏被朝廷批准，他想到了吴可读。吴可读欣然领命，发动甘肃各界募集资金，劝捐白银50万两。1875年，甘肃贡院落成。甘肃贡院的建成，对甘肃文化教育所产生的影响是巨大的，自光绪元年（1875年）始至科举制废，甘肃共选取举人681名，考中进士116名，超过了分闱前200余年甘肃中举人中进士人数之总和，涌现出如安维峻、刘尔炘、张林焱、秦望澜、杨思、范振绪、邓隆、慕寿祺等政治、教育、学术方面的人才，对甘肃文化教育的发展产生了重要影响。

这里也是甘肃第一所女子师范学校诞生地。20世纪上半叶，青海循化县出现了一户教育世家。同盟会会员之一，兴办甘肃女学的邓宗（字绍元）先生就来自于这个教育世家。邓绍元（1882－1955年）于1907年被保送到京师大学堂优级师范科学习，接受了西方男女平等的民主思想，常常感叹甘肃女子教育滞后，于是，他下决心兴办女子师范教育。1913年6月，邓绍元与王之佐、李德裕等筹募经费，在兰州南府街也就是今天的金塔巷租赁民房为教室，创办了甘肃第一所女子师范学校，出任校长。提供各种优惠措施，终于招收了30多名女学生。后来邓绍元考虑女学生整天被禁锢在学校与家庭中，不利于身心健康发展，于是就组织了甘肃省第一次女学生远足的活动，震动了兰州。邓绍元组织

金塔巷

学生远足榆中县兴隆山，15辆轿车载着学生，她们奏着乐器，唱着歌，畅游兴隆山，兴诗作画，憧憬未来。

清代，在兰州城有很多会馆，如山西会馆，陕西会馆，广东会馆等，其中广东会馆就坐落在金塔巷78号。到今天为止，它已经静静地伫立了130多年。虽然有些破败，有些老房子已不复存在，但走在这座小院里，仍能感受到浓厚的文化气息。

2004年11月19日，在金塔巷修整路面的民工挖出了两坛银元，周围的居民说挖出银元的老房子就是广东会馆。

金塔巷还出了甘肃第一位女秦腔大师李喜凤。她当年在兰州演出了以花旦为主角的《卖酒》一剧，轰动全城。此后，李喜凤陆续演出了《走雪》《珍珠衫》《拾玉镯》《游花园》等剧目，凡是李喜凤挂牌演出的剧目，剧场门前车水马龙，热闹非凡，上座率非常高。

兰州，厚重的历史文化，就来自于这些古老的街巷。

2020年8月12日晚于兰州

消失的地名

这里说的，主要是近年来消失的地名。

改革开放以来，随着经济的发展，城市建设和发展走上了快车道。旧城和棚户区改造，城市的建设和发展更是突飞猛进，日新月异。城市的快速发展，也带来了城市文化的变化，其中就表现在一些旧地名的消失和新地名的出现。一些如万达广场、新港城、鸿运润园、格林小镇、飞天家园、读者大道等新地名不断出现，给兰州城带来了新鲜文化的元素，相应的一些老地名成为了历史。如：

1. 沙厂巷。位于广场东口西南侧，清朝末年，此处曾建有纺纱厂而得名，后演变为沙厂巷。因建大楼被拆迁而消失。

2. 雁滩人工湖。20 世纪 70 年代，兰州军民在南河道北面的河滩地上人工掏挖的湖，并依次建成雁滩公园，几十年来，给兰州人留下了很深的影响。因天水路北延和欣月湖开发而消失。

3. 红山根体育场。位于金轮广场及南部的区域。20 世纪 50 年代，也是人工填埋整理出来的一块区域，后建成了著名的红山根体育场。一直到 20 世纪 90 年代，都是兰州市最有名的体育场，很多体育赛事和重大活动，都曾在此举行。

4. 兰园。位于武都路中段北侧。

1941 年，兰州市首任市长蔡孟坚上任后，发动市民在已成为废墟的普照寺旧址开辟广场，并内分网球场、篮球场等，还将四周改建成弹子房等，供市民娱乐，这也是兰州市最早的市民娱乐园地。蔡孟坚命名为兰园。20世纪60年代，兰园改建为兰州市少年宫。

兰园曾有著名的兰州普照寺，始建于唐太宗贞观年间（约627-649年），在宋、元、明、清各代均有修葺。昔日全盛时，殿宇雄伟，塑像精美，文物荟萃，为兰州诸寺院之冠。寺内藏有历代经卷6358卷，其中1419年刻印的《永乐南藏》638函，现藏于甘肃省图书馆。

1939年，日本侵华空军轰炸兰州时，具有1300多年历史的普照寺被毁，"视经卷为生命"的蓝大师与藏经楼一同遭劫，唯独泰和铁钟幸存。1954年，兰州市人民政府移泰和铁钟于五泉山猛醒亭内，予以保护。

兰园体育馆由兰州市城关区人民政府于1993年9月投资建设。主要体育设施有乒乓台10张，羽毛球场地2个，篮球场1个等，规模虽然没有红山根体育场、七里河体育场及兰州体育馆大，但这里也举办过无数次的体育赛事和音乐会。

兰园还有甘肃省历史最悠久的小学之一兰园小学，其前身是清光绪年间学台在府内创立的"采兰经舍"，光绪二十八年（1902年），"经舍"更名为"采兰小学"。民国六年（1917年）学校更名为"甘肃省立第一模范小学"。1932年，学校更名为"兰州市兰园实验中心国民学校"。抗日战争期间，学校两次遭日机轰炸，曾把重要教学设备转移到榆中来紫堡黄家庄萃林寺，并在那里设立过分校。1950年3月，学校改名为"兰州市兰园小学"。1956年，学校最后定名为"兰州市城关区兰园小学"。

2014年，包括兰园小学在内的兰园被拆除，开发为商业用地。

5. 鸭嘴滩。位于体育公园及西侧的兰州演义厅所在的南河道口和黄河之间的三角区域，因地处雁滩滩头，形似鸭嘴而得名。20世纪70年代至90年代初，这里有一处露天游泳场，夏天，很受年轻人的厚爱。后因建中立桥（拆除后新建了金雁大桥）、体育公园、兰州演义厅和水车博览园而消失。

6. 鱼池子，是一处古地名。位于甘肃省委西北侧，城关区南滨河东路以南，邓家花园以西、以北，广武门以东的一小部分区域。传说，肃王朱楧由张掖到兰州后，久别金陵，乡愁甚重。在浓郁的思乡之情支配下，便借兰州临近黄河之地，生发江南之恋，以慰思恋故乡之苦，并由此兴建了一系列具有江南风格的名胜建筑，其中在黄河沿岸的主要有莲荡池（今小西湖）、鱼池子及王府内的凝熙园（现省政府院内）等。鱼池子地段临近黄河，地势低洼，有雷坛河引来的水可以注入、灌溉，适宜建鱼池。当时建的鱼池较大，鱼池中种有荷花，鱼池周围开辟有花园，栽种有牡丹、芍药等花卉及各种树木，环境优美，是肃王及王室人员休闲的场所。该地段便被称为鱼池子，鱼池子地名被传承沿用了下来。2010年以前，鱼池子尚有三至五亩土地，由城关区光辉村的居民耕种。后被开发而消失。

6. 定西北路。位于麦积山路东段，后扩建并命名为麦积山路，定西北路地名消失。

还有进光路、万里巷、镇东新村等都因城市建设而消失。

事物的发展，总是有生有灭。城市的发展，也是这样，来的来，去的去。有来有去，有生有灭，这就是历史。

2020 年 8 月 28 日下午于兰州

表示街区或坐标，没有实际街巷的地名

地名的文化，总是在历史不断地发展中演绎着，变化着，传承着，并在政治、军事、经济、文化、自然等诸多因素的影响下，续写着自己独特的篇章。这在特殊的人类历史发展时期和重大历史事件的影响下，表现得尤为突出，且以城市更为明显。

城市的地名，不像农村地名和自然地理地貌地名相对稳定，城市的地名变化较大，有些地名，只是表示一块街区或一处坐标，并没有实际的街巷。这种情况，在兰州非常多。主要有两种情况：

一、命名一片街区的地名，并不是一条街巷

这种情况，有历史的原因，政治的因素，有地标物的变化等。如盘旋路，位于城关区东岗西路和天水路相交的十字路口。这里，是兰州城区东西方向的主要交通枢纽。自 20 世纪 50 年代末，为了机械车辆有序通行，不设红绿灯，在十字中央设置了圆形的街心花园，机动车按逆时针方向盘旋行驶。在过去机动车辆较少的情况下，解决了拥堵的问题。由此，"盘旋路"地名诞生，但该地名只标识这个十字路口及其附近的一片区域，并没有实际的"街"或"巷"。这种设置"街心花园"的地方，兰州还有广场西口、铁路局门口、西关十字、三角花园、西站十字、西固十字等。到 20 世纪末，随着机动车辆的急剧增加，这种街心花园已不适应日益拥堵的城市交通，被逐渐拆除，但"盘旋路"地名保留了下来。

盘旋路

这种地名还有东方红广场、中央广场、培黎广场、五里铺、三角花园、邮电大楼、兰州铁路局、南关十字、西关十字、庙滩子、柳家营十字、双城门、解放门、安定门、拱星墩、七里河、兰州西站十字、十里店、西固城等。

还有只表示一片区域的地名，如东教场，只表示位于城关区天水路、农民巷、平凉路、读者大道（南滨河东路东段）之间的一片区域，并不标识实际的街或巷。这块区域，在明朝时，是肃王练兵或点兵的地方，因地处城东而得名。此地有东郊小学、东教场社区、东教场派出所等单位。这样的地名，还有"东岗""兰新"等。

二、只表示方位坐标的地名

如广场东口、广场南口、广场西口、广场北口、雁滩桥头、定西路东口、城关桥南、城关桥北、五泉下广场、天水路高速路口等。这些地名，只在公交站名和市民日常口语中应用，没有行政和邮政应用的功能。

2020 年 9 月 4 日于兰州

井儿街，一条因优美传说而闻名的老街

　　井儿街，兰州城一条古老的街，位于南关十字东南部，东西连接静宁路和酒泉路，全长不足 500 米，形成于明朝。到 20 世纪末，这条街被开发改造，由于没有什么单位，所以现在整条街都是居民区。

　　兰州城区，由于地处黄河古河道，地下水位高，水质好且丰富，挖三五米，就有了水。过去，兰州城区，好多区域都是人工挖井取水。20 世纪 90 年代中期，城东的雁滩还有居民饮用井水。据当地老人回忆，井儿街中部，曾经有一口井，水质非常好，水量大，可供整条街的居民饮用，甚至有临街的居民也到此井取水。井儿街的地名由此而来。

　　井儿街，虽然是一条古老的街巷，且因有井而得名，但其却因一个美丽的传说而出名。这个传说，就是兰州最有名的金花娘娘的传说。

　　传说，明朝洪武年间，井儿街居住着来自榆中县金家崖的金氏人家，主人叫金应龙，妻子方氏。先

井儿街

生育一男孩，取名金山。明洪武二十二年（1389年）七月初七晚上，又生育一女孩，取名金花。一家人开着一间小铺，勤勤恳恳，虽然不是很富有，但还过得去。金山一边识字，一边帮助家里打理生意。女儿金花，不但长得漂亮，还机灵聪慧，勤快，除了识字，还捻麻纺线，念经修身。转眼，两个娃娃到了婚嫁的年龄。

永乐三年（1405年），17岁的金花长得水灵灵的，漂亮出众，提亲的人络绎不绝。其中，皋兰山下的一陈姓人家，请媒人提亲，并送来了厚礼，金应龙夫妇就答应了这门亲事。其实，金花早已相中了邻居杂货铺杨老板的儿子杨生。

眼看陈家张罗娶亲的日子一天天逼近，为了逃婚，一天夜里，金花手持烧火棍，背着捻好的一捆麻线，翻墙出走，往西而去。

天亮后，金氏夫妇发现女儿金花不见了，四处查找未果，发现了墙头的麻线，便让儿子金山寻着麻线去找金花。金山直到下午，才到西固南面的关山，追上了金花。金山劝金花回家，金花不从，并告知哥哥，不能与心爱的人在一起，决不回去，自己已念经修身多年，以后修身成仙后，会为兰州的老百姓祈福求雨，造福乡里。为了表明自己的决心和

金花庙旧址

已修身多年的事实，将手中的烧火棍插在身旁的岩石中，烧火棍竟然发出了新芽，长成了一棵小松树。哥哥金山看到此景，知道妹妹心已决，便含泪离开了妹妹，回家将妹妹金花修身的事告知了父母。

后金花行至永靖县、临洮县、东乡县交界的吧咪山（又名巴弥山）修行坐化，当地人称为金花娘娘或金花仙姑。为了纪念金花娘娘，兰州、西固、永靖县、临洮县、东乡县等地的老百姓先后建造了70多座庙宇。其中，在

井儿街，建有金花娘娘庙，该座庙于 1994 年被迁移到五泉山公园东面红泥沟志公观处。

传说，向金花娘娘求雨非常灵验，清代军机大臣阿桂，大学士福康安，兵部尚书那彦成，甘肃巡抚杨昌浚，皋兰县知县沈仁澍等，都曾经为兰州百姓向金花娘娘祈得甘霖。20 世纪 60 年代，甘肃省歌剧团曾将金花娘娘的传说故事改编成歌剧《金花传》演唱，在兰州轰动一时。

以前，每年的农历四月初八、六月初六，井儿街的居民都要举行隆重的接金花娘娘回娘家的祭祀活动，场面十分宏大。

2009 年 3 月，兰州市人民政府在井儿街西头竖立石碑一块，正面镌刻有"清·金花庙旧址"字样，背面有铭文"清道光十九年（1839 年）建坐东北，面朝西南巴弥山。建有大门、正殿、后殿及左右厢房……"

金花，这位纯真善良的民间女子，在传说演唱中，成为了普济世人的慈悲菩萨。井儿街地名，也因此被传承保留了下来，成为兰州一条古老而闻名的街。

2020 年 9 月 23 日下午于兰州

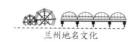

贤后街，一条有很多故事的老街

　　贤后街，是兰州最古老的街道之一。

　　贤后街位于通渭路与大众巷之间，是一条东西向的不足 300 米长的小巷，整条街没有什么商铺，几乎全是居民区，但两侧文化墙上点缀着的一幅幅图文并茂的墙画，让偶尔路过的老兰州人还依稀感觉到过去的文化气息，回味昔日曾发生的一切有趣的故事。

　　据史料记载，张掖路旧名中华路，从辕门（现中央广场）向西走，就是中华路。明代至前清时期，该路通称为大街。清朝中期至民国初，自西向东分为两段：自镇远门（位于今西关十字与张掖路西口之间）至钟鼓楼（位于今陇西路与张掖路交叉处）一段称西大街，钟鼓楼至通渭路南口一段称侯府街（因清初靖逆侯张勇府邸建于此而得名）。

　　贤后街位于侯府街的北面，称后街。

　　原来，后街有并列的两条街，将前面（南面）的街称为前后街，将后面（北面）靠着北城墙的街，称为后后街。

　　到清朝末年，前后街被一些文人们以谐音和靖逆侯张勇为据，雅化为贤侯街，后后街随之改为侯后街，意为贤侯街的后街。到民国初期，两条街和为一条街，称贤侯街。到民国后期，贤侯街改为贤后街。

　　这就是先有"前后街"，后有"贤后街"的说法。

　　贤后街与城关区医院东侧的会馆巷一样，因临近肃王府，位居城中心地带，也是经济文化的中心地带，因而经贸繁荣，文化气息浓厚。曾有五泉书院、湖北会馆、两湖会馆、豫章会馆、朱家大院（门牌38号）、四川会馆、朱司令家、张维家（50号）等院落。因书院、会馆、图书馆、读书楼聚集而著称于世。

嘉庆二十四年（1819年），甘肃布政使屠之申、兰州翰林秦维岳捐资在此购买官衙，创办兰州府立五泉书院。光绪三十一年（1905年），清廷停止科举考试，改为兰州府中学堂。1912年，改为兰山道道尹署。1928年兰山道撤销后，原五泉书院交还地方，刘尔炘将五泉山文昌宫五泉书院的图书迁回，改为五泉图书馆。

五泉书院稍西为两湖会馆，系同治三年（1864年），由湖南籍文武官员、商人捐资修建。民国初年，在会馆里创办了两湖小学，附近的孩子们都在这里上学，每天早晨，都能听到琅琅的读书声。

20世纪30年代至40年代末，这里也曾是兰州的地下党组织及其成员活动的主要区域。

贤后街，有很多很多的故事，在小巷的深处一直流传着。

2020年9月30日下午于兰州

阿甘镇地名源于一首鲜卑族歌

阿甘，又名阿岗，是兰州市一处古老的地名，也是一处神奇的地方。

阿甘镇，位于甘肃省兰州市七里河区东南部，镇政府所在地距市区21千米。东邻榆中县的和平镇，西接七里河区魏岭乡，南连榆中县的银山乡，北界七里河区八里镇，总面积85.5平方千米，地势南高北低，只有极少地段地处阿甘河（雷坛河上中游）河谷外，其他地方都是山区。这里，是马啣山脉西延的支脉，海拔在1800-3124米之间，年降雨量在380-420毫米之间。大部分属中温带半干旱大陆性季风气候和二阴气候，有少部分是高山气候。春秋短暂，夏季凉爽，冬季寒冷，四季分明，山大沟深，植被繁茂，山峰俊美，交通便利，紧邻市区，动植物资源丰富，区域内有石佛沟森林公园、摩天岭等风景区，旅游资源丰富，有很大的旅游潜力可挖。这些，对于过去靠煤炭开采发展起来，现已资源枯竭，急需经济转型的阿甘矿区来说，是难得的资源。

阿甘的地名，源于一首鲜卑族的民歌《阿干之歌》。在鲜卑语里，阿干就是阿哥的意思。当地，还把阿甘称阿岗。这里，还有"沃干"等发音带"干"的地名，都是"阿哥住过的地方等"的意思。据记载，这首《阿干之歌》是鲜卑族首领慕容廆为哥哥慕容吐谷浑写的。后来慕容廆的子孙们每当乘辇出巡或出征、祭祀时，都会在辇后鼓吹歌唱这首歌。歌中唱到：

阿干西，我心悲，

阿干欲归马不归。

为我谓马何太苦？

我阿干为阿干西。

阿干身苦寒，

辞我大棘住白兰。

我见落日不见阿干，

嗟嗟！

人生能有几阿干。

阿干地区在历史进程中，夏商时为西羌地，周为羌戎地；秦始皇三十三年（前214年）为陇西郡榆中县地；西汉以来属金城郡金城县；三国时属魏；东晋成帝咸和二年（327年），前赵（十六国之汉）将领刘胤在沃干阪袭败晋军，并占领金城；隋唐属兰州五泉县，唐肃宗宝应元年（762年）兰州一带沦于吐蕃，和亲后复归唐；北宋，西夏强盛时，占据兰州、阿干等地，宋神宗元丰四年（1081年），李宪大败夏人，收复黄河南岸包括阿甘在内的地区；南宋孝宗淳熙九年（1182年），升阿干堡为阿干县，属兰州，度宗咸淳六年（1270年），废县名并入兰州，始为阿干镇；明属临洮府兰州；清为兰州府皋兰县附城西川和南乡；民国三十三年（1944年），撤阿干

石佛沟林区

189

镇为兰州市第九区；1949 年 8 月 19 日，阿干镇解放，1953 年更名为第八区，1955 年更名为阿干区，1960 年并入七里河区。

据史料记载，三国末期，西晋初年，辽东少数民族鲜卑慕容氏逐渐强盛了起来，到了西晋末年，他们已经拥有了十分强大的军事部落。这时候，首领慕容涉归有两个儿子，大儿子慕容吐谷浑是二老婆生的庶长子，二儿子慕容廆是大老婆生的嫡幼子。确立了嫡长子继承权势财富的制度。

283 年，慕容涉归病逝，他在去世前，把部落分成了两部分，将大部分的人马和财产分给了二儿子慕容廆，只将 1700 户分给了大儿子慕容吐谷浑。

慕容吐谷浑和弟弟慕容廆感情一直很好，兄弟俩从小一起长大，天天纵马奔驰在草原上，练就了一身行军打仗的本领，可是一山难容二虎，慕容涉归去世之后，矛盾就显露了出来，经常产生摩擦并发生矛盾。

一日，慕容廆正在召开部落会议，有下属来报，慕容吐谷浑的战马撕咬踢伤了他们的战马，慕容廆十分生气，派人找哥哥吐谷浑说："父亲既然分了家，你为什么赖着不走呢？你为什么纵容你的战马撕咬踢伤我的战马呢？"慕容吐谷浑听了也十分生气地说："战马互相撕咬是牲畜之间的事情，你为什么要怪罪人呢？既然弟弟容不下我，我就走得远远的，一直走到你们看不见的地方去。"

慕容吐谷浑回到自己的地方后，很快就带领自己的全部人

兰阿铁路

马，离开了世居的大棘（现在辽宁省义县西北一带），向西一路逐水草而去。慕容吐谷浑走后不久，慕容廆十分后悔，想起了自己因为权势而逼走了哥哥。小时候和哥哥打猎，知道孤狼的下场只有死路一条，不禁泪流满面，就派族中的长老长史七那楼请哥哥回来。

七那楼找到慕容吐谷浑后请他回去，吐谷浑说："老父在世时，我曾当着老父的面卜了一卦，神灵指示，我兄弟日后分家必有福照，儿孙都会建立国家，我的国家在西方，弟弟的国家在东方，这是天意。"七那楼一再坚持要吐谷浑回去，吐谷浑又说："如果你们能把我的战马向东赶回去，我就跟你们回去。"史书记载，慕容吐谷浑是一位能文善武，博学多才，他每次不出声都能把向东奔去的战马吆回来，七那楼连续向东赶了十几次战马，战马向东跑了一会就向西又跑了回来。七那楼仰天长叹："天意啊，天意！"

慕容吐谷浑率领 1700 户人马，逐水草而缓慢迁移，经历千辛万苦，数年行程五六千里路，在一个叫白兰的草木茂盛的地方定居了下来（白兰一说在今兰州市阿干镇一带，一说在今青海省青海湖南部一带）。

慕容廆自哥哥慕容吐谷浑西迁后，经常想念哥哥，就写了一首《阿干之歌》，经常歌唱，还教给宫廷之中的人和部下传唱，后来每逢举行盛典或出行，乐队都要演奏歌唱《阿干之歌》。尤其到了晚年，慕容廆十分想念哥哥，希望能再见哥哥一面，可是直到他死的那一天，也没有见到哥哥吐谷浑。据说，他死的时候，就是唱着《阿干之歌》离去的。

后来，有慕容廆部落的人不远千里，来到兰州的阿干，把《阿干之歌》唱到了兰州、榆中、阿干及青海等鲜卑族部落地区。

据史料记载，慕容廆及他的后代在战国时燕国的旧地建立了前燕。慕容吐谷浑及他的后代，在甘肃、青海一带建立了吐谷浑王国，盛极一时。

阿干，过去是兰州境内古丝绸之路南线的交通要道。传说，明朝初期，有临洮的脚户（商人）冬天路过此地，休息时捡几块黑石头围成圈，烧柴烤火，后发现黑石头竟然能燃烧，火头更硬，温度更高，由此发现了煤炭，方圆几十里的人都到此地挖煤。

明洪武年间（1268–1398年）官府开始开采阿干的煤炭，随即制陶、冶铁、运输、铁器加工等行业也相继发展，商贸兴起。阿干发展成为远近驰名的集镇。

1949年后，阿干煤矿开采加大，并修建了兰阿铁路和穿境而过的101省道公路，阿干的经济得到了迅速发展，人口也快速增加，阿干狭窄的街道，车流不断，人群熙攘，店铺林立，经济繁荣。

到20世纪90年代，随着煤矿的枯竭，经济迅速衰落，人口锐减。为了改善环境和经济转型，阿干地区以当地优美的自然环境和人文景观为依托，大力发展旅游项目，已取得了一定的成效。愿古老的阿干，能够因地制宜，发挥自然环境优势，走出一条适合自己发展的路，走向新的繁荣。

2020年10月21日晚于兰州

东教场与大教梁

　　东教场与大教梁，是兰州的两处古老地名，属于军事活动遗留地名，已有近600年的历史了。

　　东教场现特指原兰州军区大院。旧址在今城关区南昌路中段以北，大教梁东面及原兰州军区西半区、东郊学校、兰州第十四中学这一片区域。

　　据史料记载，肃王于明洪武初年开始建东教场，当时场地比较简易，占地两百亩左右。明正统十四年（1447年）指挥佥事李进主持扩建东教场，场内筑起将军台一座，演武厅三间，并在其左面立旗台，右面立鼓台，从此成为正式的演武场地。清乾隆三十三年（1768年），陕甘总督吴达善又主持扩展教场规模，在教场的东西两边各修厦房三间，演武厅后增建小凉厅一座，看守房两间等，面积扩大到524亩，并派士兵驻守。乾隆四十年（1775年），陕甘总督勒尔公储同甘肃布政使王宜，将演武厅向前移56米，东西两边的厦房由三间扩大到五间，演武厅后又建耳房十间，走廊十间，教场前建起营门，东西两边各建一辕门，其旁又各开·便门。因系历代驻军教练士兵场所，又处旧兰州城之东，故名东教场。

　　1949年后，东教场被甘肃省委、原兰州军区、东郊学校等单位利用。现在只指原兰州军区大院，没有街名，但有"东教场社区""东教场派出所"等单位存在，并用"东教场"之名。

大教梁东侧的平凉路北段人行道

大教梁，位于原东教场西北端，北临滨河东路。现具体位于平凉北路以西，甘肃省委以北，邓家花园及鱼池子以东，南滨河路以南的这一小块区域。其旧地原在东教场之内，其名也由东教场派生而来。据《皋兰县志》载："清乾隆三十三年（1768 年），陕甘总督吴达善再次扩建教场时，尽辟教场之隙地 373 亩，筑周垣以缭之。"因其地形高而成梁，故名"大教梁"。这一区域解放后归城关区光辉村，大部分被辟为耕地，并种植了不少果树，以水车引黄河水灌溉，很是富饶。后因城市扩建逐渐被开发，但地名被保留了下来。

大教梁与东教场一样，成为兰州城较古老的地名。

2020 年 11 月 19 日晚于兰州雁滩

皋兰古老地名糜不老墩和接官亭

兰州市皋兰县有一处古老的地名，叫糜不老墩。它不但是一处古老的地名，还是一座烽燧山，该烽燧山下，还有一处古代建的接官亭，也是一处驿站，后来成为一个古老的村庄。

糜不老墩烽燧山是皋兰县境内最早的烽燧山。位于什川镇接官亭村大阴岔山顶，东北距榆中县哈岘乡东湾村约 7 千米，西北距接官亭村约 5 千米。烽燧山东与榆中县东湾相邻，西与什川镇北圪垯接壤，北与榆中县青城古镇绿谷子墩（又名鹿谷子墩）烽燧山（海拔 2100 多米）遥相互应。这里海拔 2325 米。因为海拔高，气温低，种上糜子都不能成熟，加上山上有烽燧，所以就叫糜不老墩。当地和靖远、景泰、永登及河西地区，都把烽燧叫墩。据史料记载，此烽燧山由黄土夯筑而成，外围有屏障，呈长方形，长 40 米，宽 30 米，占地面积 2754 平方米。原建于汉代，明清时仍在使用，与桑园子峡的烽燧台、汉长城、明长城连成一体，是兰州地区古代固守黄河天然屏障的重要设施之一。

大阴岔山下，就是古老的接官亭。接官亭的地名，全国不少，但兰州及皋兰就此一处。这里是兰州古丝绸之路的北线，出定西的称钩驿、西巩驿经榆中的车道岭、鸡冠子梁，经此处到皋兰什川、榆中青城、靖远、景泰前往河西走廊。该接官亭是由当地的石头砌地基而建，建于何时，无史书记载，也无从考证。原址上有地基及不少石料。三年前，旧

址上已建起了一座新的亭子。据居住在接官亭村的魏先生讲："传说在清代中期，有位朝廷官员途经此地去什川，为迎接该官员并提供歇息之处，当地人临时修建四柱凉亭一座，后来人们由此称该地为接官亭。传说此地还接待过一位巡抚大员。"接官亭村外，至今还保留着一口古井，井壁也是当地的石头砌切而成，井水甘甜，古井旁，有一棵槐树，也有百年以上的树龄了。

由于此地山大沟深，气候干燥，年降水量不足 300 毫米，山下虽然有黄河流过，但无法提灌，种旱田收成较低，村民们不得不靠养殖增加收入，生活十分贫困。为了脱贫，2010 年，在皋兰县什川镇砂坡坪建成了接官亭新村，实行整体搬迁，原生活在大山里的接官亭人搬入接官亭新村，但旧接官亭村庄里还有 20 多户人居住于此，放牧着接官亭山羊。接官亭山羊，吃百草，饮山泉，山中散养，肉鲜不腻，味美无膻，是著名的美食。养殖山羊和牲畜，仍然是该村部分村民的主要收入来源。现在，好多家庭都过上了小康生活，不少家庭已有了小汽车，但愿接官亭村的村民们生活越来越好。

2022 年 2 月 10 日于兰州

永登县的古驿站

　　永登，古称令居、庄浪、平番，东邻甘肃省皋兰县和景泰县，西靠青海省民和回族土族自治县，南接兰州市红古区和西固区，北连武威市天祝藏族自治县。

　　永登地处甘肃中部，兰州市西北部，是古丝绸之路河西走廊的东门户，亚欧大陆之要冲。历史上，西汉张骞出使西域，汉武帝元狩二年（前121年）春，霍去病出征河西走廊，击败匈奴，将河西走廊纳入西汉版图。2000多年来，东西方贸易、文化交流等都经由永登，永登也是草原游牧文明与中原农业文明交汇地带，更是西域各少数民族与中原民族大融合的交融地域。正因为处在如此重要的交通要道上，所以，为了加强对永登及以西地域的有效管辖和交通传邮，永登建有很多驿站。

　　驿站是古代官府传递文书、汇报紧急军事情报或供来往官员食宿、换马的场所，都设在交通要道上。古丝绸之路由兰州过黄河东来，经过沙井驿到永登境内，沿庄浪河古道到苦水驿，西北而上，经红城驿，到令居县（庄浪），在此，驿路分南北两支，北支是主线，经武胜驿，翻过乌鞘岭山到岔口驿、镇羌驿（此二处现均为武威市天祝藏族自治县），沿河西走廊到新疆前往西域。南支副线经通远驿、河桥驿（又名西大通驿），过大通河到牛站驿，然后到冰沟驿（现青海省乐都县境内），前往乐都、西宁，直至青藏高原腹部。

随着时代的变迁和交通的发展，这些驿站，都消失在历史烟云之中，但这些驿站地名，却保留了下来，还在记录和传承着过去的悠悠历史，诉说着古老的文明。

2022 年 6 月 28 日晚于兰州雁滩

兰州以涝坝命名的地名

在西北的广大农村，特别是黄土高原上的农村，在 20 世纪 90 年代以前，每一个自然村，都有一个面积在几千平方米不等的涝坝，如果村子大，人口众多，就有可能有面积更大的涝坝，或者是两个涝坝。

什么是涝坝？就是露天的大蓄水池，相当于江浙一带的池塘或小鱼塘。当然，这些涝坝里也是有鱼的，尽管涝坝里的鱼都较小，以草鱼、小金鱼、狗鱼为主。涝坝一般都建在村中或大家都方便的村头。这种涝坝，也叫涝池，它是村中唯一存储水的设施，是全村人畜的生命源泉。一般一个月左右或再稍长的时间，往涝坝里灌一次水，水源是上游地段的泉水、高山雪水、水库的水、井水或后来提灌的黄河水等。涝坝里灌满一次水，全村人畜够用一个月或更长一段时间。如果冰封之前最后一次灌的水不够多，或者冬长，人畜用水量大，涝坝的水就不够用，村民们就得到邻村或更远的地方去拉水或挑水。

涝坝绝对是村中的一个风景点，一个特别的风景点。一年四季，涝坝边都是全村最热闹的地方，从早到晚，都有人，男女老少都有，大都是去挑水或抬水的，也有到涝坝边去洗衣服的。特别是每天的傍晚，全村的驴马骡牛羊都被赶到涝坝里饮水，挑水的，抬水的，你来我往，围着涝坝大半圈，好不热闹。夏天，放暑假，我们常到涝坝边去捉蜻蜓，用自制的钓钩钓鱼。钓鱼，并不是为了吃鱼，而是为了在家里养。谁要是钓上了鱼，伙伴们都会投去羡慕的眼光。

到了冬天，涝坝封冻，涝坝就成了村中唯一的乐园。学校放寒假了，孩子们全集中到这里，有滑冰的，打陀螺（我们老家叫打猴子）的，滑冰车的。最好的冰上娱乐工具是"冰车"，"冰车"是用木条钉制的，下面镶嵌上两条钢筋或铁丝，冰车宽 40 厘米、长 60 厘米，一个人盘腿坐在上面，两手各握一把长柄锥子，戳冰面，冰车就快速滑行。这是男孩子们最爱玩的，能从下午玩到太阳落山。有月亮的夜晚，能玩到大半夜。

涝坝的运用历史，最早可追溯到一千年前。由于西北地处大陆深处，属于干旱半干旱的大陆性季风气候，降雨稀少，气候干燥，年降雨量在 200-400 毫米，而蒸发量却在 1600 毫米以上。过去，生产力低下，经济落后，西北农村无力建较好的大蓄水池，更没有能力建饮水工程，涝坝是经济实惠的蓄水方式，尽管该蓄水工程非常不卫生，特别是在夏天，人畜共用，癞蛤蟆、青蛙、鱼类及蚊蝇大量繁殖，水质混浊，饮用对人体健康很不利。涝坝，千百年来，一直是西北农村人畜用水的重要水利设施。直到 20 世纪 80 年代中后期，随着经济的发展，家家户户修建了水窖，西北农村才彻底告别了涝坝。到 2000 年后，又逐渐用上了自来水。

涝坝，不但是农耕文明时代的一种水利设施，更是生命的源泉，是人类同大自然斗争的工具和见证，更是一种文明特征和体现，也是一种文化，记录了千百年农耕文明的历史，它不但留存在历史中，留存在过去的艰难岁月，且以地名的形式留了下来。普遍留存在世，并将涝坝（涝池）这一文化保留传承下去。据不完全统计，兰州地区，以涝坝命名的地名多达 40 多处，大多分布在中部、北部。以榆中、永登、皋兰三县居多，如涝坝村、涝坝湾村、大涝池村等，可见，过去，兰州地区涝坝（涝池）应用之广泛。

涝坝，这一西北农村过去一个绝不可缺的风景，已离我们远去了，但它留给我们的记忆，永远不会消失。

2022 年 3 月 17 日下午于兰州

兰州反映水文特征的地名

地名，是地理坐标，是区域方位，是文化，是故事，是传承，是文脉，是精神饱满的文化符号，是地貌、地质、气象、水文等文化气息的一种传统表现形式。兰州复杂的地质地貌和多变的气候气象，孕育了众多特别的河流及其流域水系，孕育了兰州光辉灿烂的文化。

兰州反映水文特征的地名很多，尽管由于兰州地区干旱少雨，河水欠丰，甚至绝大多数河流是季节性河流或干河，但这些水文特征，被很多地名表现了出来。有些地名，反映一个区域的降水多少，有些地名，反映一条河水的大小，有些反映水的流速，有些反映泥沙的含量，有些反映植被的稀疏，有些反映水土流失情况，有些反映河水的季节性变化，等等。

一、苑川河

早在汉代时，由于榆中马啣山胡麻岭北麓之泉头村一带水草丰美，为"龙驮沃土"，故汉朝廷设牧苑于此，筑"东西二苑，城相去七里"，苑川和苑川河因此而得名。据《水经注》记载："苑川水地，龙马之沃土。"

二、清水

位于榆中县中部，是著名的丝绸之路古道驿站，陇海铁路和312国道穿镇而过。在唐朝时，苑川河中上游高崖至清水一段，水土流失已很严重，没有清水可饮用。清水驿南部的山区植被茂盛，水土保持好，才

有清澈的泉水流淌下来。明清时代，在清水建立了驿站。

三、稠泥河

榆中苑川河中上游的高崖至王家湾段，因水土流失严重的南北部山区汇入了不少含泥沙量很高的小支流，河水非常混浊，含泥沙量增大，甘草店至王家湾段，因此被称为稠泥河，岸边有村庄，叫稠泥河村。

四、银山

榆中县的一个乡镇，位于榆中西南部，东邻马坡乡，南靠马啣山，西连临洮县中甫乡，北接兰州市七里河区阿干镇。境内均为山地地貌，平均海拔 2338 米，年均气温 4.6℃，年均降水量 550 毫米，全年无霜期106 天。马啣山主峰海拔高达 3670 米，大部分山峰春、秋、冬三季被白雪覆盖，在阳光照耀下显得银白耀眼。故有了地名银山。可见，银山，海拔高，降水丰沛，全年气温低，蒸发量小。因此，这一地区，是高山气候和二阴气候区。

五、五泉山

五泉山位于兰州市南侧的皋兰山北麓，"林木葱郁花草香，雕梁飞阁泉瀑鸣"，是具有两千多年历史的闻名遐迩的陇上胜地。建有公园，景点以五眼名泉和佛教古建筑为主，海拔 1600 多米，占地 267 000 平方米，有明清以来的建筑群 10 余处，1000 余间，建筑面积 10000 多平方米，规模宏大。五泉山因有甘露、掬月、摸子、惠、蒙五眼清澈甘美的泉水而得名。相传，是西汉骠骑大将军霍去病在此拔剑掘出五眼泉，这五处泉水一直流淌，五泉山也因此而得名。

六、白马浪

位于雷坛河入黄河口处，发源于榆中银山的雷坛河，过去河水很大，从中上游冲下来的大石头在入黄河后，在冲积扇上堆积，使黄河水形成水浪，故名。

七、红泥沟

位于城关区五泉山东面，因皋兰山下有红土，下雨冲刷后，沟里流淌着红色的泥水而得名。这非常形象而有真实地反映出皋兰山的地质构造及水土流失情况。

八、咸水沟

兰州冠以咸水沟的地名有十多条。城关区青白石、西固区、安宁区、永登县河桥镇、皋兰县、榆中县来紫堡乡等都有分布。这些沟都在北部山区，平均年降水不到350毫米，蒸发量却在1600毫米以上。这里的沟河一般都没有流水，只有在发大雨时，才有流水。由于地域内土质显碱性，沟内有微弱的含盐碱很高的泉水溢出流淌，过去，有人以此盐碱水晒盐。这样的沟，被称为咸水沟，非常形象地反映出这些沟及区域内的水文特征。

九、巴石沟

巴石沟位于榆中县金崖镇，是一条由北山流出的季节性河流，由北向南，在金崖汇入苑川河。由于北山降水稀少，平时没有流水，只有下大暴雨时，才有洪水流出。河段落差大，且沟内有石质较好的花岗岩石，长年累月，花岗岩被风化，被洪水冲出，沿沟布满较大的花岗岩石头，被称为巴石，巴石沟地名由此而来，也概述了巴石沟流域及部分北部山区地质地貌和水文特征。

十、水磨沟

七里河区雷坛河下游八里窑的一段，过去河水丰富，河滩较平缓，沿岸曾建有多盘水磨，故此段被称为水磨沟。岸边有水磨沟命名的村庄，盛产水蜜桃。水磨沟，真实地反映了雷坛河过去的水文特征。

十一、干河

位于榆中县三角城境内，是一条由西南流向东北，在接驾嘴汇入苑川河的只有10千米长的小支流。由于该条河没有发源地水源，是下暴雨发洪水，长年累月冲刷形成的一条季节性河流，平时没有流水，只有发洪水时才有流水，故称干河。此地名非常形象地反映出流域内的水文特征。兰州地区有上千条这样的小河流，水文都类似。

十二、药水沟

位于永登县河桥镇境内，传说，该条沟内流的水，能治皮肤病，效果很好，地名由此而来。现在，药水沟的水已断流。

十三、砂河

位于榆中县高崖镇境内,属于苑川河的一条小支流。因干旱少雨,只有下暴雨时才有流水,平时没有流水,河床上只有砂子,故称砂河,类似于干河。

十四、万眼泉

位于榆中县来紫堡乡境内的苑川河南岸的山沟里。这里的一处砂岩断崖处,有无数的泉眼流出泉水,故名万眼泉。该泉水含有丰富的石灰岩成分,千百万年来形成了石灰岩岩溶石,就是喀斯特地貌的水乳石,兰州人叫"山子"或"水锈"。这里是兰州地区唯一产水乳石的地方。明朝时,在甘肃省政府东侧建的山字石园林,用的假山石,就是采集万眼泉的水乳石。

十五、响水子

位于榆中县来紫堡乡境内的苑川河西岸。因万眼泉水向北流到此处,汇入苑川河,在悬崖上形成小瀑布,日夜喧哗,当地人称为"响水子"。该地名还存在,就是现在的西坪。该村的小学,名称为"榆中县响水学校"。

十六、天池峡

位于榆中县清水驿乡北面的黑池沟河口。

黑池沟,是发源于榆中北部山区的一条汇入苑川河的季节性河流,全长26.5千米,在东古城流入苑川河。20世纪50年代,在黑池沟河下游处,建了一座水库,命名为"天池峡"。该水库由于设计时,没有充分考虑到榆中北山地区水土流失十分严重的水文和地质特征,排洪清淤不到位,致使到80年代初,水库被淤泥几乎填满。1986年6月25日晚,北山地区一场突如其来的暴雨,形成洪水,冲垮了水库堤坝,花费了巨大人力财力修建的"天池峡"水库,变成了废墟,成为了历史。

兰州地名,类似的还有很多,如小沙沟、盐场堡、雁滩、雁儿湾、药水泉、泉头、苦水、分豁岔、红柳沟、沙井驿、大水洞、石头沟、大石头河、八盘峡、水岔沟、曳木岔河流等。

2021年12月7日下午于兰州

兰州以桥命名的地名

桥，是指架在水上或空中便于通行的建筑物。

桥的历史非常悠久。据史料记载，中国远在殷代时已创建。中国历史上最早记载的梁桥为钜桥，建于商代。周武王伐纣，克商都朝歌（今河南省鹤壁淇县朝歌镇），发钜桥（今浚县钜桥镇）头积粟，以赈济贫民。自周代至秦汉，中国多造石柱、木梁桥。到汉朝时的梁桥，已经比较普及了。宋代建造了为数众多的石墩、石梁桥。

兰州，是被黄河横穿而过的省会城市，加之黄河地区处于黄土高原上，地貌以山地为主，沟壑纵横，这样的地理环境，自然少不了桥。

桥，不但是跨江过河的捷径工程，更是人类发展文明的一种特殊生活形式，一种特有文化。如河北省赵县的赵州桥，它不仅仅是建于隋朝的一座桥，更是中国古代石拱桥的杰出代表作，对全世界桥梁建筑都有着深远的影响。

北京丰台区永定河上的卢沟桥，也已不仅是一座桥而已，已成为中国抗日的标志性地标了。

1968 年建成通车的南京长江大桥，是长江上第一座由中国自行设计和建造的双层式铁路、公路两用桥梁，在中国桥梁史和世界桥梁史上具有重要意义。它也已不仅仅是南京横跨长江的一座大桥，更是中国桥梁史上的一座丰碑。

中山桥

　　甘肃省渭源县始建于明洪武初年的灞陵桥，是全国仅存的古典式纯木结构卧式悬臂拱桥，也不仅仅是一座古桥，而且是中国拱桥（握桥）辉煌历史的一个缩影，也是一处著名的地名。这样的桥，这样以桥命名的地名，在全国不胜枚举。

　　这里，说的兰州以桥命名的地名（桥），它也已不仅仅是一座桥的建筑，它已是历史进程中的一个地理方位，一个地理坐标，一处风景，更是一处人文地理符号，一片地域概念，一处地名文化的集成。这些以桥命名的地名，有些过去有桥，有些桥已成一处著名风景，有些桥，正在发挥着交通的重要作用，而有些以桥命名的地名，其桥早已消失在人类发展的历史长河中了，但桥的地名传承延续了下来，记录桥所在地的沧桑历史。兰州以桥命名的地名不少。

　　中山桥，是黄河上的第一座桥，已有一百多年的历史了。该桥不但历史悠久，且很有特性，已是兰州的一张名片，一处地标，一处景点。

　　兴隆山握桥，位于榆中县兴隆山峡谷，是仿照雷坛河上的握桥建造的，是目前兰州地区保存最好的握桥，是陇右名山兴隆山的门面，也是兴隆山的一处重要的景点。

闵家桥，是兰州市区的一处古老的地名，位于民主西路与兰州市委党校之间。据传说，明朝中期，五泉山的泉水很丰富，流经此处，灌溉土地，也给人们的出行带来不便。当地的一闵姓人就建了一座木桥，方便人们出行，此地就有了闵家桥的地名。这座桥早已消失，但地名保留了下来。

新桥，是七里河区西津东路东头的一处地名。1952 年，为修通西关十字至七里河、西固的西郊林荫大道，拓宽道路，拆除了雷坛河上著名的兰州握桥，建了一座新桥，该新桥后来成为了一处城关区与七里河区分界线西侧的一片区域的地名，该"新桥"地名，被作为公交车站名，用了半个多世纪。

小桥子（城关区）。位于五泉山下，闵家桥的南面。明朝时，这里也曾建有一座小木桥，据传，是一李姓人建的，相对于闵家桥要小一些，所以就叫小桥子。小桥子所处的一片区域，地名就叫小桥子。桥也早已荡然无存，20 世纪初，地名还存在。兰州解放后，该地名消失。

小桥子，位于榆中县城南关。据传说，清朝时，此处建有一座小桥，因而就有了小桥子地名，地名沿用至今。

七里河桥，是建在七里河上的一座桥。作为一处地名，绝大多数兰州人已不知道七里河是不是一条河，也不知道"七里河"在何处，只知道"七里河桥"是一处地名，也只有七里河桥公交站地名的概念。

杨家桥是七里河区龚家湾路与彭家坪之间的一处古老地名。传说，清朝时，有一杨姓人住在此处，流经此处的黄峪沟水量颇丰，下雨时水量更大，阻断了东西来往的行人。住在此处的一杨姓人家，就出资建了一座木桥方便人们出行，此地就有了杨家桥的地名，被一直沿用了下来。

深沟桥，是七里河区与西固区交界处的一座桥，处于兰州市区的主干道上，也因道路拓宽，多次改造重修。它不仅仅是桥名，也已是这一区域的地名，更处于交通要冲，也是交通管理上的著名节点。

像以上这样以桥命名的区域性地名，还有不少，如城关区的五里铺桥头，安宁区的十里店桥头，连接西固区与安宁区的深安大桥，连接七

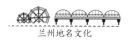

里河区与安宁区的银滩大桥等等，都已不只是桥名，而是以桥命名的一处区域性地名。这也是地名文化的一部分。

2022 年 3 月 26 日晚于兰州雁滩

永登以城命名的地名

　　永登据河西走廊之关口，扼守要塞，分隔羌、蒙二地。由于位置和军事防御的需要，西汉元鼎二年（前115年）设令居县，筑令居塞防守。1928年改为永登县。自西汉始到清朝，历朝历代政权在永登境内筑城驻军，防御屯耕，由此遗留下了很多古城址。这就像榆中境内多"营"一样，俗有"榆中的营多，永登的城多"之说。加之受干旱半干旱的大陆性季风气候影响，永登降水稀少，气候干燥，受雨水侵蚀轻，有些保留得很好，其中有满城、红城等。

　　永登满城，俗称平番满城。乾隆二年（1737年），清政府的正白旗副都统色尔古楞率满蒙汉协领、佐领、防御步兵尉及八旗骁骑1000多人，步兵400人前来驻守庄浪，并在第二年征调大批的农民和兵士在县城南大约2.5千米地带修建城堡，官兵家眷等在此城长期驻守。该城南北长752米，东西宽527米，呈长方形，面积约39万平方米。城墙底宽10米，顶宽8.5米，高11米，墙外包砖两层（后全部剥落，只剩土墙）。该城原建有内外城8门，有门楼8座，4座内城门上均建有弧形炮台和月牙墩，月牙墩为空心土墩。四大城门外均建瓮城，城内布局为九街十八巷。角楼4座，铺楼16座，军房50间，兵房2442间。东门外建有教场，并建牌楼1座、演武厅1座。城内东西、南北两条大街，有纵横数条小街，大十字建有关帝庙。全城设计合理，布局整齐。满城建成后，远近行商

的商贩逐渐前来贸易，加之满城位于丝绸之路古道，离县城很近，很快形成南、北门街市，曾非常繁华。

满城自建成至今，一直是驻军的地方。解放后，解放军某部就驻扎在满城。满城外，有 312 国道通过。

西汉元狩二年（前 121 年），霍去病西渡黄河征西，驱逐了世居于此的羌人，开通了丝绸之路。汉宣帝神爵二年（前 60 年），在这里设允街县，并在庄浪河西岸台地玉山筑城，因城墙取原址红土筑城，历代习称红城子。西夏设卓罗和南监军司，为西夏国十二个监军司之一，是隔黄河与北宋金城兰州相峙的桥头堡。明代，为了防御残元势力过黄河入侵兰州，明政府将红城迁至河东，红城的军事防务尤为重要，明政府不仅派重兵把守，还派连城鲁土司守备红城，并加固城池。

红城留下了最具代表性的建筑，就是红城古镇上的全国重点文物保护单位——感恩寺。

感恩寺，俗称大佛寺，位于永登县红城镇。寺院坐北朝南，长 133 米，宽 19.30 米。现存山门、碑亭、力士殿、天王殿、菩萨殿、护法殿及大殿。根据《敕赐感恩寺碑记》载：该寺由五世土司鲁麟主持修建，始建于明弘治五年（1492 年），竣工于明弘治八年（1495 年）。

红城还有一座古建筑文昌殿，位于红城镇中心小学院内，始建于明崇祯六年，坐北朝南，歇山顶建筑，内外施斗拱，面积约 194 平方米。红城是文化之乡，从明初到清光绪末年，红城学子考中文进士 1 人，武进士 1 人，文举人 7 人，武举人 14 人，各类生员 109 人。

距永登县城不远的中堡乡，有一个村叫罗城滩，村头曾有一处古城遗址，有城墙留存。20 世纪 70 年代平田整地时被毁，传说就是令居塞的旧址。

由于时间久远，大多数古城坍塌消失了，但留下来了很多以城命名的地名，这些地名，在无声地传承着永登这块古老之地的传统历史文化。以城命名的地名统计如下：

城关（城关镇），满城（城关镇），红城子（红城镇），罗城滩村（中堡乡），上山城村（柳树乡），下山城村（柳树乡），黑城村（柳树乡），野狐城村（红城镇），古城村（红城镇），坪城堡村（坪城乡），三角城村（大有乡），太什拉城村（民乐乡），登登城村（民乐乡），石城村（民乐乡），连城村（连城镇），铁城口村（连城镇），洛洛城村（连城镇），王家山城村（七山乡），城字头山（民乐乡），山城湾岭山（七山乡），山城沟（红城镇），东城沟（中堡乡）。

2022 年 2 月 16 日晚于兰州雁滩

兰州兰工坪，以一所学校命名的地名

兰工坪，是一处以一所学校命名的地名，位于七里河区南部地势较高的黄土坪上。

这里地处兰州古城的西南郊区，据考古史料记载，自汉魏以来，一直是墓葬区。千百年来，封土堆积，坟茔一片。兰州人把坟土堆叫"古堆"或"骨堆"，所以，这里旧时被称为"乱骨堆坪"。其中有一处明代古墓较为有名，是 1988 年 9 月发现并挖掘的明代明威将军戴廷仁夫妇墓。

1919 年 5 月，甘肃省署创办甘肃省立工艺学校。1924 年，为甘肃省立工业学校。1936 年，为甘肃省立兰州工业职业学校。1944 年，改为甘肃省立兰州高级工业职业学校。1949 年 8 月 26 日，兰州解放。1952 年 11 月，改名为甘肃省兰州工业学校（简称兰州工校，兰州理工大学的前身）。同年，报经甘肃省工业厅同意，兰州市政府批准，将兰州市七里河区"乱古堆坪"的 420 亩土地划拨给兰州工业学校，建设永久性新校舍，开始筹建工作。1954 年下半年，学校由萃英门旧址迁入新址，由此，因"兰州工业学校"命名的地名"兰工坪"产生。

兰工坪，现已是兰州理工大学的地名代名词。在兰州，一提到兰州理工大学（简称理工大），自然就联想到了兰工坪。

2022 年 10 月 20 日下午于兰州

永登坪城，因古城堡得名

坪城，是永登县的一处古老地名，以城命名。地处永登县东北部的古丝绸之路上，东接景泰县正路乡，南邻上川镇，西与武胜驿、中堡镇相邻，北接天祝藏族自治县。这里，是永登县的最北部，也是兰州市的最北部，是兰州市唯一的半农半牧区。

这里地处高原台地，这样的地貌一般被称作坪，明朝时在坪上建有城堡，叫坪城堡，因而就有了坪城的地名。这里平均海拔 2600 米，最高海拔 2934 米。这样的海拔，正好是草原的发育高度，虽然远离海洋，降水较少，但蒸发量低，所以，就有了良好的草原，自然就有了畜牧业。千百年来，这里一直是优良牧场，也是兰州最大的高原牧场，自 20 世纪 30 年代，坪城就设有军马场（也就是军牧场），一直沿用至今。这里产的高山细毛羊和良种马"走马"非常出名。

这里是草原文化与农耕文化的交汇处，是茶马互市中马匹的主要产地。是凉州与兰州、中原与西域文化交流的中间点，历史上始终是中原与西域争夺的战略要地。

松山（1958 年划归天祝藏族自治县）、坪城一带自汉武帝时期就已驻牧开垦，成为通往河西的一条通道，即从永登穿过中堡的石灰沟峡，到坪城，再从松山到景泰或古浪西进，史书称这条路为"昌松古道"。坪城是昌松古道上的门户，更是明代松山之战的前沿要冲。松山、坪城

不但是交通要冲，更因历史上的松山之战而出名。

据史料记载，明宣德年间，蒙古各部不断侵扰凉州地区，"番人失其地，多迁徙"，使这里的社会和边防动荡不安。特别是鞑靼势力从河套到坪城、松山、青海一线，日寻干戈，烧杀抢掠，骚扰百姓，民不聊生。明朝廷为了防御，多次修补长城、壕沟、烽墩，但都收效甚微。

松山"左拥兰、靖，右护凉、古，前逼庄浪，两河则腹心，甘镇则咽喉"，地理位置十分重要。明万历二十六年（公元1598年）三边总督李汶汇两河之众，集七路之师，起兵十万，派甘肃总兵达云、甘肃副将马应龙、凉州副将姜河、永昌副将王铁块率领河东、河西大军，分道出袭，经扒沙、打鱼沟，追击到松山、坪城一带，大败鞑靼部落骑兵，俘获葛尔晚卜将领等880多名，马驼牛羊1500多匹，"尽拔其巢"。这就是历史上的松山战役，彻底消除了鞑靼部落的侵扰。松山战役结束后，为巩固边防，明朝廷于万历二十七年（公元1599年）修筑了松山城、坪城堡，解除了兰州的心腹之患，阻塞四十余年的河西通道得到恢复。坪城堡分内外城，外城东西宽536米，南北长778米，呈长方形，四角有门。城堡西南部有小堡，俗称马号。现坪城堡还残留有六段古墙，长约400米。

《永登县志》记载：明万历时坪城堡有守备军1人，防守1人，教读1人，军丁175人，招募军88人，布花军丁169人，军马骡141匹及铠甲、枪炮、弓箭等。

2022年10月23日于兰州雁滩

兰州的三处骆驼巷地名

骆驼巷作为地名，在中国北方不少，在兰州也有三处。

骆驼，作为牲畜，在人类历史上也有千万年的历史了。骆驼躯体高大，强壮，耐久力强，善于驮重，能忍饥耐渴，性情温顺，耐高寒又耐高温，有抗热且更加抗寒的能力，对环境适应性很强，腿长便于长途跋涉。由于这些特性，特别是北方的干旱和高寒地区，是最好的运载工具。过去，长途运输，主要靠马帮和驼队。

骆驼巷地名，源于商贸流通和驼队的来往，是商贸文化的传承记载。七里河区的骆驼巷，处于兰州的南大门，由此经临洮、临夏、甘南，前往四川。驼队南去，必经此地，或在此打尖，住客栈，喂骆驼，久而久之，就有了骆驼巷的地名。

榆中县定远镇的骆驼巷（原属于来紫堡乡），地处苑川河南岸的由金崖到定远镇的交通要道上，过去，也是驼队常在此经过或住店，就有了骆驼巷地名。榆中县中连川的骆驼巷，地处丝绸之路的北副线上，驼队在此经过或住店休整，补充所需，然后北下，去青城、靖远、景泰直至西域，由此，也就有了骆驼巷的地名。

2022 年 10 月 25 日下午于雁滩

永登红城，因有红土夯筑古城得名

　　甘肃名镇，红城镇，又名红城子，地处永登县东南部，东接中川、树屏镇，南靠苦水镇，西连七山乡，北邻龙泉寺镇。

　　红城子历史悠久，是"丝绸之路古道"重镇，交通战略要地，商贸发达，是有名的商品集散地，甘肃四大名镇之一。早在4000多年前，这里就有人类繁衍生息。

　　据史料记载，西汉元狩二年（公元前121年），霍去病西渡黄河，征服河西，驱逐了世居于此的羌人，开通了丝绸之路。汉宣帝神爵二年（前60年），在这里设允街（读"铅牙"）县，并在庄浪河西岸台地玉山筑允街县城（玉山古城，现存有古城墙遗址），古名"红市山"城，因墙取当地红土夯筑，故历代均称红城子，地名沿用至今。

　　西夏管辖时，设卓罗和南监军司，为西夏国十二个监军司之一，是隔黄河与北宋金城兰州相峙的桥头堡。

红城堡古城遗迹

明代，为了防御残元势力过黄河侵扰兰州，明政府将红城迁至河东并筑城，设堡，即为红城堡，属平番县（今永登）管辖。据明万历年间的《庄浪汇纪》记载："堡城一座，周围三里二百九十四步，高

连女墙三丈五尺，底洞二丈八尺，收顶一丈三尺，门四合，关厢城一座，东西北三面周围长三百一十五丈，门二合，随城敌台三座，角楼六座，腰楼一座，悬楼一十座，敌楼一十座，暗门墩一座，转三悬楼一座，墩院墙二道，拦马墙四道，小台一座，城壕六道，墩台一座，天棚房间楼一座……"由此可见当时城堡的规模不小。

红城位于庄浪河下游，交通便利，物产丰饶，是西北重要的货物集散地，也是多民族融合和文化交流的重要地带，人杰地灵，人才辈出。红城历史底蕴厚重，文化遗产丰富，有全国重点文物保护单位红城感恩寺、汉明长城遗址，省级文物保护单位把家坪新石器时代古遗址，县级文物保护单位山陕会馆、文昌殿等15处文物遗存，流传城隍出府、高跷、铁芯子、天平鼓等民俗文化遗产。2019年被住房和城乡建设部和国家文物局评选为第七批中国历史文化名镇，与文县碧口镇、华亭安口镇和通渭马营镇清代时并称为陇上四大名镇。林则徐出兵新疆平叛，路经红城留住多日，并为红城题匾"善民福地"。

2022年10月27日下午于兰州雁滩

永登武胜驿，因战争得名

武胜驿，是永登县的一处古老地名，地处庄浪河谷地最北端，东连坪城乡，东南与中堡镇、通远乡为邻，西接民乐乡，西北与天祝藏族自治县接壤。

武胜驿是丝绸之路古道上的著名驿站，交通之要冲，河西走廊之咽喉。甘新公路（312国道）、兰新铁路横穿而过，是一雄奇险要的战略要地。

据史料记载，明朝初年，元朝残将扩廓居于和林，多次骚扰明朝边境，威胁兰州。明太祖以此为患，派出大军三路出塞。命冯胜（？－1395年，本名冯国胜，字宗异，安徽定远人。明朝开国名将。洪武五年，明军三路征讨王保保，徐达、李文忠都没有获胜，唯独冯胜斩获甚众）为征西将军，率副将军陈德、傅友德等从西路出击，攻取甘肃。明洪武五年（1372年），冯胜率明朝大军在此大胜，取名武胜，后在此建堡设驿，称武胜

永登武胜驿地貌

驿，地名沿用至今。

据《庄浪汇纪》载，明万历时武胜驿堡有驿丞2人，驿吏1人，驿所吏2人，递军所吏1人，防守1人，教读1人，军丁141名，招募军100名，布花军丁

永登武胜驿农田

141名，军骡马88匹。有盔52顶，甲40幅，弓81张，佛郎机8把，枪106杆，炮116位。明、清时期武胜驿堡一直有重兵把守。清朝末期林则徐、左宗棠进疆时都经此驿站。

武胜驿属半干旱半湿润的二阴山区，海拔平均2600米，地势较高，蒸发量小，气候温湿，土地肥沃，物产丰富，西部山区有广阔的草原，是历史上产名马的地方，马场、马荒等处至今仍有大量马匹。这里也是多民族大融合的地方，文化底蕴深厚，人才辈出。风味独特的手抓羊肉驰名中外。

2022年10月29日下午于兰州雁滩

什川，因有古城堡建在四村十字得名

什川是皋兰县一处古老的地名，甘肃名镇，位于皋兰县东南部，东南接榆中县，西南接兰州市城关区，西连忠和镇，北接水阜乡、石洞镇。因古代建筑古堡于黄河边四个村落的十字而得地名。

什川地处兰州黄河下游的河谷盆地，距县城 20 千米，距兰州市区 21 千米。是兰州东北方向的一处交通要冲，黄河水上交通关卡，战略地位重要。

什川历史悠久，数千年前就有先民在此耕耘畜牧，繁衍生息，是黄河文化的发祥地之一。早在秦时蒙恬"西北斥匈奴"，辟为古战场；汉将霍去病"鏖战皋兰"，并由兰州黄河一线建筑长城烽燧至此延续青城到靖远；宋代建城堡一座，屯兵驻守。明弘治八年（1495），明政府（甘肃巡抚）为防御北方鞑靼部落对兰州的侵扰，在位于上峡至河口，东山至泥湾的十字交叉处

什川镇

夯筑城堡，驻兵防守，故称什字川堡，后人简称什川。

什川镇梨花园

这里四面环山，黄河环绕而过，形成一个河谷盆地小平原，极象太极图形，盆地地势平坦，海拔 1500 米，土地肥沃，气候湿润，农耕发达，盛产瓜果、蔬菜。这里有号称全国第一的甘肃农民自费在黄河上游建的吊桥。清《皋兰县志》将什川"梨苑华光"列为金城十景之一。

经过几十年的建设，什川荣获了"世界第一古梨园""国家级生态古镇""中国重要农业文化遗产""影响世界的中国文化旅游名镇""全国休闲农业与乡村旅游示范点"和"国家 4A 级旅游景区"的称号，已是兰州近郊的一处著名的休闲旅游胜地。

2022 年 11 月 1 日上午于兰州雁滩

苦水，永登县最著名的一个古驿站

苦水，是永登县的一个著名乡镇，也是一处古老的地名。

苦水位于永登县东南，东依永登县树屏镇，东南接皋兰县中心乡，南接西固区河口乡，西南接红古区平安镇，西接红古区，西北接永登县七山乡，北邻永登县红城镇，东北接永登县树屏镇。

这里是兰州西出黄河第一驿，处于永登庄浪河谷最南端。古丝绸之路东来兰州，在金城关或西固古渡口过黄河，经沙金驿西去河西走廊到西域，必经苦水。苦水不但是丝绸之路重镇，而且扼丝绸之路咽喉，两侧山势险峻，自古是交通要道，军事战略地位十分重要。因此，古代不但设驿站，而且筑城堡驻兵防御。该驿站在清乾隆年间，属今永登境内的13个驿站中最大最重要的一个驿站。

这里地势平坦，海拔较低，河川沃野，适宜人类生存。早在新石器时代就是人类生息的乐土，是兰州地区农耕文明早期的发祥地之一。西汉时期，大将军霍去病渡黄河踏上河西大道的第一站，汉朝曾在此设枝阳县。

据《永登县志》记载："苦水堡，以驿站为据点，大明洪武十二年（1380年）筑造"，驻兵设防。据乾隆《甘肃通志》载："其地产硝，水味稍苦，得苦水地名。"

据史料记载，苦水堡，坐北面南，呈正方形。因正而威，方中求圆，有模有型，有棱有角。城高三丈五尺，底宽二丈五尺，顶阔一丈，周围二里。南北开城门。南北城门以瓮城为护卫，复城门均面西。城围二里地，外有护城河环绕。护城河之水源的补充一说是皇渠灌溉之水，二说是苦水堡城四角曾凿有四眼井泉，井泉涌出永不枯竭的地下水，形成了护城河之水源。现苦水堡遗址西城河就有两眼井，水量旺盛，东南角的东川坡下也有一井，至今犹存，水量也颇旺盛。在南北城门的护城河之上各建有吊桥，可自由收放，供行人车辆通过。虽然城堡为黄土夯筑，但在

玫瑰

古代，这样的防御工事，也已相当不错了。当时，苦水堡有驿丞1人，额夫十几人至五十几人不等。城堡20世纪60年代被毁。

据史料记载，清朝末年，左宗棠在经营西北时，曾在苦水堡北关财神庙的路北选址修建了义学，后百姓修建一座牌坊，名曰"左公大牌坊"，以纪念。清宣宗道光二十二年（1842年）八月初七日，林则徐自兰州经金城关西行，夜宿沙井驿。八月初八出兰州，西行百里，宿于苦水驿。

苦水有兰新铁路、312国道贯穿全境，交通便利，农业发达。尤其以种植玫瑰为盛，被誉为"玫瑰之乡"。

2022年11月15日下午于兰州雁滩

永登通远，曾是一古老驿站

通远，是永登县的一个乡镇，也是一处古老地名，地处该县西部，东与中堡镇、城关镇、柳树乡、大同镇接壤，南与七山乡、河桥镇为邻，西连民乐乡，北靠武胜驿镇。

通远，也是一处著名的古驿站。在明代，是由永登经通远驿、河桥驿（又名西大通驿）、牛站驿和冰沟驿，前往青海的交通要道上。现有永窑、通大、通七三条公路过境。有通远堡遗址，是永登县县级文物保护单位。

通远堡位于永登县通远乡新站村，又称新站古城，为明代所筑，曾驻兵防守。四周有断续残垣留存，因处于交通要道，就取名通远堡，意思是通达高远，能安全通往更远的地方。古城西300米山冈上有烽燧台一座，正方形，高11米，底边长8米，也为明代所筑。

当地传说"先有新站城，后有平蕃城"。《永登县志》第十八编第三章"堡子"记载："该城应是宋代政和五

年（1115年）修的割牛城（统安城）"，《中国文物地图集·甘肃分册》记载为宋、明遗址。由此可推定，此地在宋代就建有城堡，明朝时重建。

据《永登县志》记载：清乾隆年间，属今永登境内有13个驿站，共有驿马579匹，驿牛96头。其中甘新大道有五驿，西宁坦途有三驿，因而"永登多驿站"。它们依次是苦水驿、红城驿、武胜驿、岔口驿、镇羌驿（其实此线还有大同驿，与西大通驿即河桥驿对应）。除岔口驿和镇羌驿今属天祝外，其余都在永登境内。西宁坦途的三驿是通远驿、河桥驿（又名西大通驿）和冰沟驿（其实在这一线还有牛站驿）。今除冰沟驿属青海外，通远驿和西大通驿（还有牛站驿，在连城镇境内）尚在今永登县的通远镇牌楼村和河桥镇南关村。

如今，走在通远的大街上，似乎还能听到悠悠驼铃声。

2022年11月12日下午于雁滩

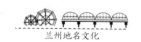
永登大同，由大通演绎而来

大同，是兰州市永登县的一个乡镇，位于该县西部，庄浪河中下游东岸，东接上川镇，南依龙泉寺镇，西毗通远乡，北邻柳树乡。

大同地名，是由古地名大通演绎而来。

大同地处古丝绸之路交通要道上，是兰州前往新疆、青海的要冲和商贸交流重地，战略地位十分重要，历来为兵家必争之地。据《永登县志》和大同《孙氏家谱》等史料记载：明代在此筑城堡并驻军防守，叫南大通堡，为庄浪卫管辖。清道光时设平番县驿站，叫山口驿，清光绪元年（1875年），左宗棠奉朝廷之命收复新疆，路经此地，并少住几日，觉得山口地名不好，为收复新疆大路畅通，将山口改为大通，即大通驿。民国元年（1912年），为永登县大通乡。

新中国成立后演变为大同，意为要实现世界大同。1951年，成立永登县大同区；1967年，曾更名永进；1971年，复更名大同。大同镇人民政府驻南同村。

大同镇有兰新铁路、沪霍高速公路、连霍高速公路、312国道、马（马家坪）—秦（秦王川）公路过境，是名副其实的交通要道。

2022年11月11日下午于雁滩

窑街的地名，源于陶瓷业

窑街是红古区的一个古老地名，也是一个古镇，位于兰州市的西部，红古区的最北端，祁连山支脉哈拉古山东北麓。东接永登县，南邻海石湾镇，西濒大通河，北接永登县，在永登县河桥镇和红古区海石湾镇之间的大通河谷地东岸，西南距海石湾镇8千米。

窑街境内矿产资源丰富，以产煤为主，素有"八宝川"、"冶金谷"的美称。过去属于永登县地域，1960年4月27日甘肃省人民政府决定兰州市设立红古区，划窑街于红古区。

大通河

窑街坐落于大通河畔，曾是红古区的区政府所在地，是甘肃省的煤炭基地之一。窑街的地名源于该地早期的陶瓷业，而陶瓷的烧制，依赖于煤炭的开采利用。

据历史资料记载，早在文字产生之前，大通河两岸就有原始先民生活，繁衍生息。窑街古时

为西羌地，秦时属陇西郡，唐武德二年（619年）改属金城郡广武县（今永登县）。

　　窑街的陶瓷生产历史悠久，至今约有500年。明朝初年，窑街的煤就已被开采利用，这为陶瓷业的烧制创造了有利条件。明朝洪武年间（1368~1398年）就有民间艺人在开采煤的旁边，也就是大通河畔建窑生产陶瓷，产品开始多为黑陶瓷，以瓷罐、黑大碗、大缸、砂锅等为主。随着制瓷技术的改进和发展，此地的瓷器生产逐年发展，烧制瓷器的窑遍及上窑、下窑和红山村一带，加之技师和窑工的住宅建造，形成了街巷，于是就有了窑街的地名。到清代，窑街烧制的瓷器式样很多，远销省内和青海的部分地区。

　　这里出产的煤质特点是易燃、火旺、温高、耐烧，属长焰煤，发热量6000~8000千卡/千克。尤以块煤在甘、青两省享有盛名，1968年窑街矿务局在4号井产过一块约4吨重的特大块煤。

　　2000年后，由于煤矿接近枯竭，加之过去私人小煤窑的混乱开采，环境破坏严重，窑街进行了产业转型，实施多元化发展，环境有了很大改善，加之周边有鲁土司衙门、妙因寺、吐鲁沟、圪塔寺等人文和自然景观，现已发展成为一处旅游观光的胜地。

2022年11月17日晚于兰州雁滩

兰州的复合地名

兰州的地名，真是种类繁多，寓意广泛，内涵深厚，五彩缤纷。这里，就说说复合地名。

复合，有重新结合、联合或聚合之意，也有组合、综合、结合、合在一起之意，还有"复合式""复合法"之意，是汉语合成词的构词方式之一。兰州的地名，就有复合式的。这类地名，一般就是两个或两个以上的地名结合、叠加在一起，再用几个地名中的一个字或两个字合成命名，或者几个地名数相加的数字再冠以地名来命名，就是复合地名。这类地名虽然不是很多，却很有意思和内涵，也各有特点和故事。这些地名有：

1. 五泉山

位于兰州市城关区皋兰山，建有公园，占地 267 000 平方米，建筑面积 1 万多平方米，公园于 1919 年至 1924 年营建而成，为甘肃第一名园。山名源于园内有五眼泉水，是惠泉、甘露泉、摸子泉、掬月泉、蒙泉。

2. 后五泉

又名夜雨岩，灵雨岩。位于八里镇后五泉村之阴，皋兰山之阳，五泉山的背后。因其与前五泉山一样，在河谷里有五个泉而得名，即谢家泉、叶家泉、伏泉（又名福泉）、马黄泉、龙泉。

2. 张苏滩

位于城关区雁滩，是张家滩、苏家滩的和称

4. 青白石

位于城关区黄河北岸，与雁滩隔河相望。是青白石街道的青石湾、白道坪、石沟三个村的合称。

5. 里五滩

是城关区雁滩的均家滩、南面滩、刘家滩、骆驼滩、高滩五个滩的合称，因这五个滩地连在一起，过去在一个大滩内，又处于雁滩的最里面（最东头）而得名。

6. 三江口

位于西固区达川镇的最西端湟水河汇入黄河的三角地带，东与河口镇相邻，西与红古区平安镇相连，南与永靖县隔黄河相望，北与永登县接壤，因有黄河、湟水河、大通河交汇而得名。这是一处新地名。

7. 南北关

位于榆中县小康营乡，是南关村、北关村两个村的合称。

2022 年 12 月 7 日晚于兰州雁滩

第三辑　传说地名

传说地名

　　传说，是人类最早的文化传承方式之一。中华民族的大地上，有不少传说。到近现代，还有不少传说在演绎着、传承着历史的沧桑与辉煌，有些逐渐被现代的考古所证实。著名的传说如盘古开天地、女娲补天、伏羲女娲造人、后羿射日、哪吒闹海、柳毅传书、尧禅让帝位于舜、大禹治水、牧野之战、牛郎织女、孟姜女哭长城、梁山伯与祝英台、白蛇传、嫦娥奔月、仓颉造字、杜康酿酒等。

　　兰州的传说，也非常丰富，有九州台、五泉山、白马浪、金花娘娘、伏龙坪、蒲家坟、刘一明修道、刘伯温斩龙脉、清水驿、白虎山、猪驮山等。

　　早期人类社会，由于生产力低下，没有文字或缺失文化，大部分事件都无法记载传承下来，能传承下来的，大多是靠一代代的口头传说。随着语言和文字的产生运用，对大自然的认识和生活需要，逐渐产生了地名。地名的出现，极大地丰富了生产和生活，而地名，也成为了一种传承文化最有效的载体。地名的运用起于何时，暂时还无从考证，但地名的诞生和运用，是人类历史上仅次于发明文字的伟大实践，对人类产生了极大的影响。北京大学出版社出版的《中国古代史教学参考地图集》中说，中国共有夏代以前的古地名34个。这就是说，地名的运用，最迟在夏朝以前就已经出现。现在所发现的十几万块甲骨卜辞材料上的甲骨文，仅仅是商代文字的一部分，就已经有上千个地名。从现有的文献

和考古发现证明,中国的地名运用,至少已有四千多年的历史。

兰州地处西北内陆的黄土高原上,居黄河上游,山大沟深,地形结构复杂多样,历史上是一座边关城市。早在二三十万前,就有先民生活在这里,复杂的地貌,悠久的历史,使兰州留下了丰富多彩的地名,其中,传说地名就很多。如九州台、狗娃山、五泉山、马滩、闵家桥、白马浪、白虎山、红古称、清水驿、定远、金牛山、太子营、秦启营、接驾嘴、歇驾嘴、贡马井、甘草店、寡妇坪、榆中七十二营传说等等。兰州地区从南部山区、中部河谷平川台地到北部山区,都有传说地名分布。据不完全统计,兰州地区的传说地名有1000多个,这些传说地名,从历史、地理、政治、经济、军事、人文、民族融合等方面,传承演绎着兰州历史发展的沧桑和多样灿烂的文明。其中,有很多的秘密,很多的文化积淀,还需我们探索、研究、发现。

兰州很多早期的地名,都源于传说。

2017 年 8 月 6 日晚于兰州

最早的传说地名，九州台

　　九州台，是兰州地区最早以传说命名的地名，位于黄河北岸的一座典型的黄土峁阶地高山，海拔 2067 米，是兰州市区的第二制高点，峰顶似台，平坦如砥，总面积约 5000 余亩，与皋兰山相对，形成两山夹长河，拱抱兰州城的态势，巍峨峻秀。这里高出市区 500 米，居城关区与安宁区交界处。经过几十年的开发建设和绿化，九州台已是山峁林木苍翠，山腰草花辉映，山底黄河相伴，是兰州市民避暑休闲的一块"宝地"。站在台顶，头顶蓝天，看群山低矮，河流脚下，滔滔东去，金城美景一览无余。传说大禹治水，来到九州台，查看黄河水情，调查水文资料，制定治水方案，随后到黄河上游的积石山治水，并一镐劈开桑园子峡，黄河滔滔向东奔流，彻底根治了兰州及其上游的黄河水患，并在此制

兰州九州台文庙

定治国方略,将天下分为九州(九府),从此天下趋向安定(有另一传说,说是三千年前,姜子牙辅佐大禹治水后,在此将天下分为九州的)。

2017 年 8 月 6 日晚于兰州

马滩地名的传说

马滩是属于黄河泥沙淤积而成的夹河滩，因有河水滋润，水草丰美，滩上河汊交错，水草长得异常茂盛。传说，马滩因明代肃王在此河滩地养马而得名。

马滩，还有另一个传说。故事是这样的，传说在明朝初期，有个叫王旭的山东人，非常善于养马。他养的马，不仅健壮，跑起来更是飞快，就像传说中的天马。时间一久，连京城的皇帝都听说了他的大名，于是，就差人把王旭调到京城给皇帝当御马官。这下王旭干得更起劲了，一门心思要培养出好马。果然，几年时间，他就养出了几匹好马。皇帝知道这个消息后，也非常高兴。初秋的一天，秋高气爽，皇帝外出狩猎时，要骑他养的马。王旭给皇帝挑了一匹跑得最快的马。谁知，这下可闯祸了，皇帝怎么能驾驭得了这么快的马？皇帝刚刚骑上去，这马就飞奔起来了。这可把皇帝吓坏了，马没跑出去多远，皇帝就被摔了下来。大事不好，皇帝坠马，相关人肯定是要掉脑袋的。当即，皇帝让人将那匹马杀了。王旭听到此消息后，吓坏了，还没等皇帝问罪，当天夜里就偷偷跑出了京城，一直向西，流落数年。有一天，他来到金城黄河边，发现马滩一带水草丰美，非常适合养马，就在此定居了下来，开始养马，并将养马技术传向四方。他养的马，还被肃王朱楧看中征用。多年后，土旭病死了，他养的一匹最好的马，也不吃不喝而死。附近的人就把马埋在他的坟墓边上，把那个地方叫做马滩。地名被沿用了下来。

2017 年 8 月于兰州

五泉山地名的传说

　　五泉山位于兰州市南侧的皋兰山北麓，是一处具有两千多年历史的旅游胜地。五泉山海拔1600多米，占地26万平方米，因有惠、甘露、掬月、摸子、蒙五眼泉水而得名，

　　五泉山于1955年辟为公园。在唐、宋时代这里就建有寺庙，后毁于兵火。园内丘壑起伏，林木葱郁，清泉潺潺，环境清幽。古庙宇建筑依山就势，廊阁相连，错落有致，其中有著名的崇庆寺、嘛尼寺、卧佛殿、地藏寺等。公园内古建筑多系明清时代建筑。每年农历四月初八，佛祖释迦摩尼圣诞日，五泉山公园内举办庙会，山上大大小小的寺庙都会举行盛大隆重的佛事活动，祈求国泰民安。除浴佛和法事活动外，还设有花卉展览和各种民俗文化活动，现已成为兰州人休闲旅游的首选去处，也是来兰游客最值得一游的理想景区。

　　相传，西汉时，骠骑大将军霍去病率十万人马出征匈奴，大胜凯旋。大军经过多天行军，在一天黄昏时分来到一座光秃秃的山前，大军人困马乏，又饥又渴，于是，霍去病命三军山下扎营，埋锅造饭，休整一宿，次日赶路。突一小兵来报："无水做饭。"霍去病命人四处找水，都无结果。霍去病拔出宝剑朝脚下的土地插入，再拔出宝剑，突然，一股清流随剑而出，将士们又惊又喜。霍去病见人多水少，又连续在山上山下又插了四剑，四处都有清泉流出。霍去病还将自己的酒倒入泉中，与将士们同饮，共庆胜利。

霍去病走后，这五眼泉水一直流淌，千年不竭，润泽乡里。五泉山也因此而得名。

2017 年 8 月于兰州

闵家桥地名的传说

　　闵家桥是一处古地名，位于兰州市城关区的民主西路和五泉山之间。过去，这里有大片的农田和果园，还有罗家花园等。由于土地平整肥沃，又有五泉山的泉水灌溉，农田丰饶，果园连片，花园分布，鸟语花香，实为一片人间乐土。20世纪50年代中期，随着外来人口的急剧增加和城市的扩展，这一带被征用开发，农田、果园消失，罗家花园及一大批古建筑都没能够保住，这不能不说是兰州的一大憾事。

　　在明代中期，由于闵家桥紧靠森林茂密、流水潺潺的五泉山脚下，溪水常流不断，给人们的出行和生活带来诸多不便。

　　传说，有一闵姓人家，来自山西大槐树下，在此购买土地，建园居住，种植粮食、蔬菜，并建有果园，繁衍三代，生活富裕。为了出行方便，就花钱请了一位建桥师，在溪水之上，仿照雷坛河上的卧桥，建了一座木制的拱形小木桥。这座拱形小木桥，不但给生活在附近的人及上五泉山上香游览的人提供了方便，也给当地增加了一道风景。人们为了赞赏闵家人的行善之举，将该座小桥称为闵家桥。这座小桥建在原兰州市委党校和兰州市总工会附近。

　　日月沧桑，岁月更替。随着时间的流失和时代的变迁，拱形小木桥早已不存，但后来闵家桥的地名却被流传并保存了下来。

　　兰州市以姓氏命名的地名非常多，粗略统计，有近千个，如颜家沟、耿家庄、郑家庄、费家营、杜家台、周家庄、詹家拐子、崔家大滩、彭家坪、龚家湾、刘家滩、孙家营、王家营、张家寺等。而以姓氏加桥命名的地名非常少。

2017 年 8 月于兰州

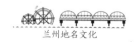

榆中县太子营地名的传说

　　榆中县清水乡西北部，有个村子叫太子营，临近榆中东古城飞机场，南濒苑川河，北靠北山，虽然是一个北方极平常的村庄，却是榆中境内的一处古地名。这个村还保留着一些城堡的遗迹。

　　当地曾经流传过一个民间传说，它给人们说出了太子营的来历。民间传说太子营是秦始皇的长子扶苏太子驻扎过的地方。前214年，秦始皇派遣蒙恬征讨匈奴，扶苏太子监军。他们在榆中境内设立了榆中县，同时又沿着黄河修筑了防御工事秦长城。今天太子营一带就是扶苏住过的地方。

榆中农田

关于太子营的来历，民间还有一种传说。传说三国时，董卓率兵东进，失败后退守榆中屯田，同时在这个地方修筑了城堡，民间传说董卓军中有一位太子，在此营中驻扎，所以就被人们命名为太子营。太子是专门用来称呼王储的，只能和首都或王国有关。

实际上，距离太子营不远的东南面就是东古城，西面是夏官营古城，这两座城中，有一座曾经是西秦国都（没有史书记载，史学家有的说是夏官营古城，有的说是东古城，都没有充分的考古证实）。385 年，鲜卑族乞伏国仁建立西秦政权，在榆中"筑勇士城以居之"，管辖兰州、临夏及青海的部分地区。太子营有可能是西秦太子来此驻扎。据记载，乞伏乾归复国西秦以后，曾任命太子乞伏炽磐领尚书令，所以，太子营很有可能就是这位太子的驻扎之地。

2017 年 8 月于兰州

榆中七十二营的传说

　　据初步统计，兰州市所属的三县五区以"营"命名的地名大约有一百多个。这些地名，有些是根据民间传说命名的，有些则是来自于具体的军事行动。有民间传说，七十二营是赵充国屯田时留下的，但是这些仅仅是传说而已。

　　还有一种传说，明朝时，兰州及榆中一带还属于边关地区，有不少驻军以营为单位驻防，后军队撤离，有部分军人和家属及移民留住，这些地方就以驻军的军官的姓或名命名，被遗留传承了下来。

　　榆中有个地方叫秦启营，属七十二营之一，则又是另外一种说法。秦启营在榆中连搭一带，那里半山半川，属于山地和川地的过渡地。民间传说，唐代在此地驻扎着一支部队，使用青旗为标志，所以当地居民把这个地方称为青旗营，后来有个姓秦的人家居住在这个地方，所以就演变成了秦启营。兰州榆中境内以营命名的地方，绝大部分是明清时期的。榆中县夏官营东有一个叫太子营的地名，传说，曾经有一名太子带兵在此驻防，后太子营地名被传承了下来。

　　清代皋兰有费家营、柳家营、双营子、清水营、岗家营、陈官营、头营子、二营子、三营子。榆中县则有七十二营之说。其实，现在能统计到的榆中县以"营"命名的地名有 67 个。例举如下：

　　小康营、薛家营、魏家营、乔家营、麻启营、安家营、张老营、胡家营、金家营、张家营、蒋家营、豆家营、郝家营、夏官营、詹家营、高墩营、大兴营、范家营、太子营、王家营、化家营、缪王营、孙家营、丁官营、大营、新营、上大营、刘褚营、洪亮营、李家营、刘家营、紫家营、余家营、韦家营、徐家营、袁家营、邓家营、窦家营、秦启营、朱典营、三墩营、付家塔营、上彭家营、下彭家营等。

2017 年 8 月于兰州

榆中金牛山地名的传说

　　榆中县金牛山，位于榆中县城西 1 千米，是一座低矮的黄土山丘，也是榆中的一处古老地名。

　　榆中金牛山，原名卧牛山。相传在上古时候，黄河时常洪水泛滥，给天下百姓造成无比苦难。鲁班曾前往黄河上游考察河水，治水建桥，路过榆中，适逢西北大地闹旱灾，大批树木枯死，土地颗粒无收，荒民四散乞讨，惨不忍睹。为营救百姓，便用自己的牛车从马啣山拉土石到黄河桑园子峡，筑坝引黄河水灌溉榆中大地，解除旱灾。夜以继日的劳作，使得鲁班的老牛疲惫不堪，卧倒此地而亡，成为一座小山。后当地的百姓为了纪念这头老黄牛，称此小山为卧牛山，后演变为金牛山，地名由此传承保留了下来。

　　随着榆中经济的发展，县城人口迅速增加，县城拓展，文化生态的建设也日臻完善。2013 年，榆中县在金牛山南侧投资建成了金牛广场。广场坐落在 312 国道西进榆中县城的岔路上，距国道路边 1000 米，大营村的北口，城区西环城路的起点，是西来榆中县及兴隆山旅游的必经之路。

　　金牛广场宽大开阔，气势恢宏，建有佛手雕塑、心经石、卧牛石雕、童子拜观音、成佛图、十二生肖等雕塑艺术品，已成为榆中有名的一处旅游景点了。

2018 年 6 月 24 日于兰州

榆中接驾嘴和歇驾嘴地名的传说

传说，康熙皇帝当年西巡，兰州的地方官员在榆中县三角城东 3 千米处的接驾嘴搭彩门接驾，翌日西行向兰州进发，傍晚时分，到达榆中县定远镇东面的歇驾嘴处下轿，准备夜宿。一天的颠簸，已是人困马乏，饥肠辘辘，御食官安排晚饭，差人找来当地的民间厨师，御食官告知民间厨师，要给皇帝做当地的饭菜。当地的民间厨师，也就是饭做得好的一位妇女，做了黪饭给康熙皇帝食用，几乎一天未吃饭的康熙皇帝吃了爽口的黪饭后，赞不绝口，后将黪饭和搅团的食谱带入了京城。从此，黪饭和搅团的食用，传向四面八方。

黪饭和搅团，是榆中民间的一种常见面食，其做法是把水烧开，慢火烧，将白面和上荞面、豆面或玉米面，缓慢均匀地向开水锅里撒，一边撒一边用小木叉（擀面杖或筷子也可以）按顺时针方向不停地搅，直到稠稀适中，能用筷子撩起

榆中接驾嘴山

来为宜，盖上锅盖，焖上三五分钟，即可舀入碗中食用。这种面食就叫
馓饭。馓饭的吃法是，调上蒜泥、油泼辣子、醋，配以腌制的咸菜、酸菜，
也可以加上炒菜食用。如果在馓饭的碗里加上调制的酸汤或肉臊子汤食
用，这种面食就叫搅团，搅团的吃法与馓饭的吃法一样。

  由于有康熙皇帝当年西巡，兰州的地方官员在榆中县三角城东 3 千
米处的接驾嘴搭彩门接驾，以及康熙皇帝在歇驾嘴休眠和吃馓饭的传说，
就有了接驾嘴和歇驾嘴两个地名。

2017 年 8 月于兰州

榆中贡马井地名的传说

贡井，又称贡马井，是榆中县北部山区的一个乡所在地，地处甘肃省兰州市榆中县北部干旱山区的中心地带，国道 309 线横穿而过，距县城 73 千米。

这里气候干燥，属典型的干旱半干旱山区，海拔 2480 米，年降水量 200-300 毫米，有的年份，年降雨量不足 100 毫米，十年九旱，经济以旱地农作物种植为主。此地在明代，不仅有原始森林，而且有丰茂的草原，是放牧马群、羊群的天然牧场。有大批的牛羊骡马在此牧放，其中，还有不少游牧民族。当时甘肃地方官员向明太祖朱元璋进贡的御马就在这里放牧。因为是官马放牧处所，故这里设有管理机构——贡马营，专门向皇帝进贡御马。

当地传说，明朝末期，有一年天遇大旱，万物枯萎，所有的泉和河都干涸了，榆中北山地区的旱情更是严重，庄稼绝收，这里的牛羊骡马，成群地被渴死，可令人奇怪的是，其中有一匹渴急的马，在山坡一边奔跑一边细心观察，待跑到半山坡时竟用蹄子刨出了一眼泉水，使人畜得以存活。后人取贡马刨出泉水之传说，将该地命名为"贡马井"。

2017 年 8 月于兰州

榆中县庙王营地名的传说

　　榆中县庙王营自然村，位于兰州市榆中县政府驻地东边，距县城5千米，隶属于三角城乡孙家营村委会，村东隔干河与许家窑村相望，南连孙家营村，西临化家营村，北接双店子村、乱坝子村。小双（小康营至双店子）乡镇公路穿村而过。

　　庙王营村地名，原为"缪王营"。

　　传说，明朝时，榆中一带有很多驻军，以营为单位，驻守布防，庙王营地有一姓缪的将官驻守。这与榆中七十二营地名的传说一致。后军队撤离，部分遗留军人、家属及移民留了下来。这些营地就以当时的军营官员的姓或名为地名，缪王营的地名由此而来。

　　还有另一传说，说庙王营曾因有特别大的一座庙宇而得名。这种说法，没有丝毫依据，其实，村东头和村北面，原来有两座庙，规模都不大，这个传说是缪王营改为庙王营后，一些人凭个人想象编造的。缪王营是怎么改为庙王营的呢？这要从推广简化字说起。

　　20世纪70年代中期，简化字已被全国普遍推广利用，大中小学的教科书、大陆发行的所有媒体及官方文件都使用简化字，当然，地名也使用。简化字的目的就是为了易学易记，在实际文化生活中，出现了同音字乱用的现象，这在全国普遍存在，后逐渐规范。缪王营中的部分有文化的人，为了书写方便，便将"缪王营"写成"庙王营"，并在书信交往和社会生活中应用。

1979—1986 年，兰州市按照国家统一部署开展了第一次地名普查工作，以这次的地名普查数据为依据，兰州市人民政府于 1983 年 12 月编印了《甘肃省兰州市地名录》。

榆中县庙王营路牌（拍摄于 2017 年 12 月）

这是兰州市最有权威的地名录，该地名录在前言中明确："是带有规定性的地名工具书，任何单位和个人非经法定审批手续，都不能自行起名或随意更改地名。"在这本地名录中，"缪王营"被定为"庙王营"。后不断有人要求将"庙王营"更改为"缪王营"。

地名的更改要依法上报审批。如果有关部门正式批准，就应以批准的为准，如果还没有批准，还得用"庙王营"。"庙王营"能否更改为"缪王营"，最终还得依据 2018 年的全国第二次地名普查的结果。

2017 年 8 月 23 日

一只船地名的传说

　　兰州市城关区一只船，位于兰州大学的西面，原是天水路通往平凉路的两条东西向的小巷，南面的一条叫一只船南街，北面的一条叫一只船北街。现一只船南街被改建拓宽后，已成为麦积山路东段的一部分，在行政管理上，一只船南街还存在，其实已经名存实亡。原一只船北街被改造拓宽后，成为甘南路的东段，而新开了麦积山路到农民巷的路，被命名为一只船中街和一只船北街。人人都知道，虽然黄河穿城而过，但历史上，兰州不但不造船，而且没有船，只有羊皮筏子，哪来的叫一只船的地名？

　　据传，当年左宗棠率湘军征西，到达兰州，有将士战死，为了战后将阵亡将士的遗体或灵柩运归故里，便在兰州城东稍门（今广场东口）的东南侧建了一个义园，存放阵亡将士的遗体和灵柩。该义园的造型似船，后兰州人便将该义园叫"一只船"。

2017 年 8 月 24 日

庙滩子地名的传说

兰州庙滩子是一处古老的地名，该地名和庙宇有关。

庙滩子，地处黄河北岸，金城关以东，九州河沟流入黄河的冲积扇上。早期是一块滩地，也是黄河北岸金城关与草场街、靖远路的必经之路。后有人在此开商铺，建客栈，逐渐繁华起来。自明朝以来，这里店铺相连，商贾云集，人来人往，车水马龙，甚是热闹。

传说在明代中期，这块黄河之北、镇远浮桥以东的地方就已是作坊、店铺、饭馆，成了过往商旅驼队络绎不绝的繁华街市。百姓们在黄河冲积扇岸边的二级台阶上修了一座关帝庙，庙宇依山坡而建，宏伟壮观，据称是兰州庙宇中最为有名的庙宇之一，于是，古人便将关帝庙前的冲积扇称为庙滩子，后庙宇毁于战火，而庙滩子地名流传了下来。这就是庙滩子地名的由来，也是兰州流传下来的较为古老的地名之一。

2017 年 8 月 26 日

榆中县桑园子地名的传说

　　桑园子，是榆中县来紫堡乡下辖的一个村镇，位于黄河桑园子峡的南岸，有陇海铁路和东金公路（东岗镇至金崖）经过，陇海铁路东出兰州，设有第一个小站。

　　这里地势险要，南面靠山，北临黄河，过去，是东部进出兰州的古丝绸之路必经之地。古代，气候湿润，草木茂盛，动物资源丰富，有野象出没。明朝以前，林木苍翠，绿地辽阔。

　　传说在明朝时期，这里气候温和湿润，土地肥沃，居民种桑养蚕，桑园连片，是明肃王的桑园，出产优质蚕丝，进贡朝廷。后来，人们将这里称为桑园子，桑园子地名由此传承了下来。

　　黄河流出兰州的第一个峡谷，是黄河上游著名的峡谷之一，就是以桑园子命名的。

2017 年 8 月 27 日于兰州

山字石地名的传说

山字石街，是中央广场省政府东面的一条小巷，南起张掖路，北至南滨河东路，现分为互相连通的三条街巷：山字石西街、山字石北街、山字石中街。全长 1100 米，是兰州市城区的一条老街名。

传说，山字石原为明肃王府的花园，是当时兰州有名的一处园林花园，节假日向民众开放，名为"凝熙园"。园中重点建筑为用巨石垒雕之大、小假山，并以从榆中县万眼泉采来的"活山字"（兰州人叫水锈）相辅之，假山上点种一些花草，还有水池，池中种有荷花，养有金鱼，非常幽雅，通称大、小山字石。

1941 年兰州设市后，市府曾将该处街巷予以整修。到民国二十二年（1943 年），由于战乱，无人管护维修，水锈被人偷盗，大山字石已不复存在，小山字石"尚有假山一角，垒石为之，

山字石街口的石碑

山字石小酒馆

上有数小院落。又垒石作洞府，通达四出，岩间塑泥仙人数十，颇俊逸可观"。

民国三十五年（1946年），因该巷年久失修，全巷中有三百多米路面十分狭窄，泥泞难行，市政府组织修整。

山字石一带原有一大渗水坑，汇集该处雨水。整理市容时，由驻军将水坑填平。此后，每遇大雨，水无所归，倾注于山字石中街、北街，深积数尺。民国三十七年（1948年），再次整修，路况方稍有改善。

1949年后，山字石一带多次拆迁整修，街道稍有拓宽，山字石老街名被保存了下来。

2017年8月31日

沙井驿地名的传说

沙井驿是兰州市的一处老地名，地处黄河北岸的安宁区西部，是兰州古丝绸之路上的一个交通要道，明朝以前，这里就建有驿站。

沙井驿虽然宽阔平坦，临近黄河，但地势较高，难以从黄河汲水灌溉，年降水量不足 350 毫米，农作物产量很低，但这里古时候是河床，地下有大量的沙石。

传说，明朝中期，这里的百姓就挖井掏沙，铺沙压田，种植桃树、枣树、杏树、梨树、西瓜、籽瓜及耐旱的"和尚头"小麦和一些蔬菜。这种沙田，保墒保温，所产的水果瓜菜含糖分高，味美鲜嫩，小麦面白亮筋道。这种铺沙压田保墒种植技术，被永登、皋兰、榆中、临洮、景泰、靖远及会宁等广大地区学习推广。到目前，皋兰、景泰、会宁等地的一些地方，还在利用沙田种植技术。

因为多年挖井掏沙，留下了很多沙井，此地便被称为沙井，又因为这里是古丝绸之路的交通要道，是兰州通往河西走廊、漠北高原及青藏高原的必经之路，官方在此建了驿站，这里就留下了沙井驿的地名，并传承了下来。

2017 年 9 月 1 日于兰州

榆中县白虎山地名的传说

　　白虎山，多么响亮的山名，想必是森林茂密，水草丰美，风景秀丽，动物繁多的名山吧！其实不然。这里所说的白虎山，是位于兰州市东40千米的榆中县境内的一座南北长10千米，东西宽1千米，海拔最高处只有1926米的黄土山。这座山既不雄伟，也不壮观，在海拔1700米的高原上，相对高度只有200米的白虎山，既没有兴隆山的雄姿，也没有麦积山、崆峒山的名气，更没有官鹅沟的幽静。这里没有森林，没有灌木，没有山泉，甚至连草也难以生长，实在与大西北其他的黄土山没有什么两样。这里不但没有什么白虎，甚至除了野兔和黄鼠，也就没有什么动物可生存了。

　　传说白虎山在明朝以前，还是森林茂密，水草丰美的地方，不但有豹、狼、狐狸、麝、猞猁、獾等动物，还有一只白虎出没，白虎山由此得名。白虎山山形酷似一条龙，只是到明朝初年，因兴隆山蒲家坟的原因，朱元璋的军师刘伯温到兴隆山挖掘蒲家坟后斩龙脉时，在白虎山的北部（现兰州大学榆中校区后）斩了一刀，从此，白虎山就衰落得光秃秃的了。

2017年9月5日于兰州

曹家厅地名的传说

兰州市城关区自曹家巷中段东行至贡元巷的一段小巷叫曹家厅，这是一条较短但历史较久远的老地名。

兰州曹家厅街景

传说清朝同治年间，有一位姓曹的翰林住在这里，并建有翰林学坊院，曹翰林为人和善，教书育人，以文会友，交友甚多，名噪一时。翰林学坊院内有一座大过厅，厅壁上绘有山水，题有诗文，非常雅致。院外被称为厅门街，后改称为曹家厅。

该巷原与其西侧的文庙巷、道门街等共同构成内城一条东西向干道。后文庙巷亦为其所占，道门街消失，曹家厅便成为曹家巷的一条支路被沿用传承了下来。

2017 年 9 月 14 日于兰州

水车园地名的传说

　　兰州市城关区水车园，位于金昌北路的东侧，广武门的北面，是兰州市的一处老地名。

　　兰州市的段氏，原籍山西太远府阳曲县，是明朝初年随朱元璋的十四子朱楧移驻兰州的，定居于段家台（位于现广场西口十字西北角，此地名早已消失）。

　　段氏家族在明朝出了四个进士，七个举人，清朝出了一个进士，两个举人，其中，明代的进士段续（字绍先，号东川）是段氏在兰州的第五代，曾任都察院云南道御史，大部分时间在南方做官。

　　传说段续在南方见到当地的筒车利用水的流动将低处的河流溪水提往高处灌溉农田，他细心观察筒车构造原理，研究提灌技术，晚年回到兰州，借鉴筒车的原理构造，设计图纸，聘请能工巧匠，利用兰州当地的榆、槐、柳等木材代替竹子，制造了水车，在广武门的黄河边试制成功。水车轮辐直径大，能将黄河水提汲到高处，往下游形成自流灌溉，一辆水车，能灌溉上百亩的土地，从而使兰州黄河两岸的土地收成大增，老百姓备受裨益。

　　广武门北面的水车园地名由此而来，传承至今。

2017 年 9 月 24 日下午于兰州辰北花园

榆中县来紫堡地名的传说

榆中县来紫堡，位于榆中县西北部，苑川河下游北岸的坪上，东南距榆中县城 30 千米，西距兰州东岗镇 8 千米，是一处老地名。

明代肃王家族随肃庄王朱楧到兰州，在兰州生活繁衍近 240 年。肃王墓坐落在榆中县来紫堡乡黄家庄村北侧平顶峰的南麓，墓区共有十一座墓葬，有"甘肃的明十三陵"之称，已是兰州郊区的一处旅游胜地。中国古人迷信帝王墓地的风水关系国运昌盛，因此肃王墓的选址也是几经波折。

传说，一日，肃庄王朱楧的母亲张太妃前往榆中县新营古城以东的五台山上香时看中了此地，认为此地宛如龙蛇，三面有山峰合抱，两厢有绿水环绕，是块风水宝地，于是叮嘱儿子，自己百年后就

来紫堡北面的平顶峰

葬于此地，肃庄王照办了。后来肃庄王年过半百却膝下无子，便怀疑母亲张太妃的墓地风水不好，影响了子孙后代，于是请风水先生勘察墓地。风水先生说墓地前的山湾处有个叫"温家岔"的地方犯了忌，因为"温"与"瘟"同音。肃庄王听后，觉得有道理，便将母亲的墓葬迁到了定远镇的龙泉寺。几年后，肃庄王依旧无子，他再次请风水先生查看了墓地，勘察后在墓址的地下发现了三条煤系，他便认为是真龙（帝王）和火龙（煤炭带）相克，导致自己无子，于是请风水先生查找好墓地，风水先生踏遍了苑川河两岸，最后选定在苑川河下游北岸的平顶峰下。而此时，此地已经有一家人筑堡居住，叫质孤堡（史料记载，嘉祐八年（1063年），宋将先后攻占吐蕃西使城（三角城），修筑了质孤堡、胜如堡。肃王为了得到这处风水宝地，将该户人家的独生子认为义子，然后花重金买下此地，重新安葬了母亲。

后当地人将质孤堡改称为"买子堡"，意思是肃庄王朱楧买儿子的地方。后由于当地方言中"买"与"来"发音接近，遂讹变为"来子堡"，后在两百多年的历史发展过程中，"来子堡"还被称为"奶子堡"，到明朝末期，"来子堡""奶子堡"被一些文人借喻"紫气东来"之吉祥意，改成"来紫堡"。来紫堡的地名由此而来，并被传承了下来。由此看来，来紫堡地名，最初还是有"堡"，是由"质孤堡"演变为"买子堡""来子堡""奶子堡"，最后演变成"来紫堡"的。

2017 年 9 月 26 日晚于兰州

盐场堡地名的传说

盐场堡，是兰州的一处古老的地名，在盐场堡一带，有"先有盐场堡，后有兰州城"之说。

盐场堡位于兰州市城关区黄河北岸，背靠徐家山，南临黄河，黄河环绕城堡南、东两面，地理位置绝佳，呈玉带环绕之势，是一处风水宝地，历史上，一直处于兰州北面的交通要道，历史悠久。

"盐场堡"北面石门沟和小沟的碱沟里，流有又碱又咸的盐碱水，富含盐卤，当地居民在明代以前，就取盐碱水，在盐场堡的台地上晒制加工食盐，在当地出售，久而久之，这里便成了盐的交易场地，后有一家盐商在此地建筑围墙高大，具有防御功能的堡子，盐场堡因此而得名。据相关史料记载，盐场堡后又建筑了盐场堡城。"盐场堡城墙建于明弘治（洪志）十八年（1505 年），主要用于军事防御"。距今已有五百多年。

兰州经大砂坪的出城公路修通以前，盐场堡作为兰州的卫城在黄河北岸，扼守兰州通向白银、靖远、银川、包头方向的水陆交通，历史上，曾多有驻军，又是粮、米、油、盐、草、木、牲畜、皮毛等商品的集散地，商铺林立，商贸繁荣，故盐场堡自古以来就是兰州黄河北岸重要的市场、隘口和驿站。由此，盐场堡作为一处古老的地名，被传承保留了下来。

2017 年 9 月 27 日中午于兰州雁滩

草场街地名的传说

　　草场街位于兰州市城关区黄河北岸，东邻盐场堡，西界庙滩子，南临黄河，北依大沙坪，和庙滩子、盐场堡一样，是兰州市城关区黄河北岸的一处东西向的古老地名。

　　传说明朝以前，这里就已经是由金城关经庙滩子、盐场堡前往皋兰、条城（青城）、景泰、白银、靖远、银川、包头等地的必经之路了，又濒临黄河，水陆交通发达，马车队、骆驼队以此处为集散、歇脚地，客栈、马厩、商铺、皮革店、铁匠铺、饭馆等连成一片，草料堆积如山，兰州城需要的牲口草料和建筑草料，也大都是此地由羊皮筏子运过河去，这里逐步形成了著名的草料市场，到民国初期，这里都还是骡马及草料市场。草场街由此而得名，并被传承保留了下来。

　　草场街名称的由来，还有一传说，此地紧邻王保保城，因元末骁将王保保在此地存放牲畜的草料而得名。

2017 年 9 月 28 日中午于兰州大沙坪

榆中县定远镇地名的传说

定远镇位于榆中县西部,地处兰州市以东 15 千米。东接连搭乡,西连和平镇,南由和平镇、连搭乡所围,北邻来紫堡乡。平均海拔 1700 米左右。气候属干旱半干旱温带大陆性季风气候。

定远镇自古以来就是丝绸之路重镇,商贸云集,生意兴隆。国道 312 线、309 线、巉柳高速公路和水骆公路穿过,形成"井"字形格局,千百年来,一直处于交通要冲,是一处著名的驿站。文化底蕴深厚。

据传,榆中县定远驿的命名,与军事有关。榆中历来是军事要道,定远位于兰州到西安的交通要道上,军事地位更是重要。1949 年 8 月 12 日至 26 日,解放兰州的中国人民解放军第一野战军指挥部前期就设在定远,后推进到和平。

传说唐开元元年(713 年),唐朝的朔方军大总管郭元振率军西征,路过此地,出于防守的需要,在此修筑了一座城堡。郭元振所率的大军名叫定远军,其意是平定边远,人们将修筑的城堡取名为定远营(也称定远堡)。大军走后,这里就以定远营命名,后作为驿站地名,被长久地保留传承了下来。

2017 年 10 月 18 日中午于大砂坪

道升巷地名的传说

　　道升巷，是兰州城里的一条古老地名，是一条小巷子，位于兰州市公安局东侧，东临城关区人民政府，南起武都路，北至张掖路，南北走向，全长不足两百米。

　　据传，在明朝末年，这条巷子里住着一位白发道人，除了修道，就是练武功，勤快厚道，人缘甚好。每天，人们都能见到他。有一天，有人看到，他在小巷内走着走着，忽然凌空一跃，上了二楼，众人愕然。不久，人们再也没有见到白发道人，后传说，白发道人修成正果，升天了。再后来，人们把这条小巷称为道升巷，地名被传承保留了下来。

雨中的道升巷街景

　　道升巷虽然狭窄短小，但居于城中心区域，过去是一条繁华的商贸街，商铺林立，人气很旺。也曾是一条文化街，革命街。

从民国初期到 1949 年前夕，这条街上，有报社、书社、陆军小学堂、存古学堂等。最著名的是兰州派报社（也叫兰州书报社）和芗石书报社。这些报社、书社还大量出售宣传马列和革命的进步书刊，传播了革命思想，唤起了兰州民众的觉醒。

早年，甘肃最早的共产党员张一悟就住在道升巷。1935 年 11 月下旬，共产党员宣侠父、张一悟和钱崝泉三人，在道升巷的张一悟住处召开了一次秘密会议。当年 12 月，甘肃的第一个党组织中共甘肃特支成立了。这些甘肃早期的共产党员和进步青年，利用道升巷的报社、书社、药铺、会馆等作掩护，宣传革命，发动群众，发展党员，为甘肃和兰州的革命，燃起了星星之火。

新中国成立后，随着兰州城市的建设，道升巷被开发拓建，已失去了过去古色古香的韵味，但被传承和保留的老地名道升巷，还在老兰州人的心目中，隐隐传说着过去的故事。

2017 年 10 月 23 日晚于雁滩辰北花园

雷坛河地名的传说

雷坛河，是兰州市黄河段的一条主要支流之一，发源于兰州市海拔最高的马啣山北麓，在榆中县银山乡境内，源于一股清泉，始称羊寿河，流向为北西、西北，沿银山山谷、阿甘峡谷北流。榆中银山以上，称羊寿河，银山和七里河的铁冶之间称大石头河，铁冶至岘口子则称柴沟河，岘口子和八里窑之间，称为阿干河，八里窑以下才被称为雷坛河。雷坛河全长44.6千米（又有资料为46千米），一路上汇集了山寨、铁冶、琅峪、大楞杆、烂泥沟等支流，在金天观流入黄河。雷坛河过去河水较大，还常常暴发山洪，河道上曾建有几十盘水磨，因此，雷坛河还有一个名称，叫水磨沟。为过河，从唐朝时，建有一座非常有名的桥，叫卧桥。后屡毁屡建，曾为兰州八景之一。1952年因城市建设而被拆除。20世纪80年代末，雷坛河断流。

而雷坛河名从何而来呢？

传说，明朝建文帝当皇帝没几天，就在身边一些大臣的怂恿下开始削蕃。这样，逼急了在北平的燕王朱棣。燕王朱棣起兵，一举夺取了天下。最后建文帝出家为僧，究竟去了哪里，没有人知道。传说朱棣率军攻进南京的时候，建文帝制造了一场火灾，后率领随从趁机向西北逃命，直奔兰州找肃王朱楧。建文帝到兰州后，肃王朱楧收留了建文帝。为了安全，就将他安置到兰州城西的金天观。对于建文帝制造假死的现场，朱棣不信，为了彻底消除后患，便暗地里派遣了大量人员四处寻找建文帝。一天，一个大臣向朱棣汇报说，肃王朱楧在兰州城西修建了一个金天观，金为五行之首，象征着西方，天则是天子的意思，这个金天观意思是说天子在西方，建文帝也许就躲藏在金天观。后朱棣命武当山道士孙碧云到兰州金天观查探。为了迎接朱棣派来的大师孙碧云，肃王专门在金天观东侧的雷坛河上修建了一座望仙桥，并在金天观修建雷坛，请孙碧云主持道场做法事。雷坛河因此而得名，并和金天观一起传承保留了下来。

2017 年 11 月 20 日晚于辰北花园

榆中县黄家岔地名的传说

　　黄家岔，地处甘肃省兰州市榆中县北部干旱山区，属于韦营乡，距县城52千米，东邻寇家老庄、红土咀，南与罗家岔、庙跟前相接，西与上金家湾相毗邻，北与罗家坪接壤，地形以山沟梁峁为主，沟壑纵横，海拔2250米，属于干旱半干旱大陆性季风气候，常年干旱少雨，年均降雨量300毫米，有的年份不足100毫米，蒸发量却高达1660毫米以上，自然条件差。经济以旱地农产品为主，主要种植小麦、洋芋、药材、小杂粮（以糜、谷、荞麦、扁豆、玉米等为主）、优质紫花苜蓿饲料等，农业生产基础条件差，种植结构单一，科技含量低，农民基本靠天吃饭，生产、生活条件艰苦。

　　传说这里在元朝，被森林和草原覆盖，植被茂盛，有游牧民族在此放牧生活，部分地方已有人开荒种地。到明朝时，由于大批人口迁徙进来，烧荒开垦土地，形成村庄，大批牲畜繁衍，牛羊遍野，人丁兴旺，形成以种植粮食和放牧为主的生活方式，但这时候，此地还是气候湿润，植被繁茂，有森林分布，沟壑间有狼、狐狸、猞猁、穿山甲、黄羊（学名普氏原羚）等动物出没，特别是黄羊很多，因此，有不少人以打猎为生。由于这里地形以岔、沟、壑、岘等为主，且黄羊多而出名，猎人们将此地称为"黄羊岔"，后由于战争、人为过度采伐、放牧、烧荒开垦土地等原因，气候发生了变化，森林草原消失，成了现在干旱的荒原山区，黄羊等动物也越来越少,逐渐绝迹。到清朝中后期,人们觉得"黄羊岔"地名有些荒远,加之谐音的原因,"黄羊岔"的地名被演变为"黄家岔",黄家岔的地名被传

黄家岔

承保留了下来。这也就是全村六个村民小组,218户800余人中,没有一户黄姓人的原因。

由于环境恶劣,包括黄家岔在内的榆中北部山区,有相当多的人已走出大山,到川区、县城、兰州或其他地方生活,脱离了贫困,个别山村消失,但还是有一些村民坚守在这里。现在,绝大部分都已通上了自来水,解决了人畜饮水问题,生活有了保障,脱离了贫困。

2017年11月21日上午于辰北花园

271

榆中县鲁家沟地名的传说

鲁家沟，是地处甘肃省兰州市榆中县北部干旱山区的一条自然沟，属于中连川乡，距县城 30 千米，年均降雨量 300 毫米，有的年份不足 100 毫米，蒸发量高达 1600 毫米以上，十年九旱，自然条件差。经济以旱地农产品为主，农业生产基础条件差，农业效益较低，农民基本靠天吃饭，生产、生活条件艰苦，是典型的特贫困山区。

这里沟壑纵横，是典型的黄土高原沟壑梁峁地貌。

传说明朝时，这里气候湿润，植被繁茂，有森林草地分布，沟壑间有鹿、狼、狐狸、猞猁、穿山甲、黄羊等动物出没，又以鹿多出名。鲁家沟长约 15 千米，宽 300 米左右，悬崖绝壁，人莫能攀。清朝时，该沟森林茂密，山鹿群栖其间，当地猎人为猎取鹿茸出售获利，便常在沟内围捕，由于树木稠密，鹿角常被树木夹住而易于捕获，当地人将这条沟称"鹿夹沟"。后按谐音演变为鲁家沟，被沿用传承了下来。

2017 年 11 月 21 日晚于辰北花园

榆中县韦营地名的传说

韦营是地处甘肃省兰州市榆中县北部干旱山区的一个乡，距县城 54 千米，东邻定西市安定区鲁家沟乡，南与甘草店镇接壤，西和清水驿乡相连，北与中连川乡毗邻，总面积 123 平方千米，地形以山沟梁峁为主，平均海拔 2040 米，年均降雨量 300 毫米，蒸发量却高达 1668 毫米以上，常年干旱少雨，是典型的干旱半干旱大陆性季风气候，自然条件差。经济以旱地农产品为主，农业生产基础条件差，农业效益较低，农民基本靠天吃饭，生产、生活条件艰苦，是典型的特贫困山区。

这里自古是原始森林地带。传说，汉王朝西征军至此，劈林为寨而驻营，名"围营"。此"营"就是传说中榆中的七十二营之一（也有传说，此"营"是明朝驻军时留下的）。

明朝时，这里气候湿润，植被茂盛，有森林草地分布，有鹿、狼、狐狸、猞猁、穿山甲、黄羊等动物，很多猎人到此打猎，其中，有一打猎为生的韦姓人定居于此，他以打猎、制革为生，繁衍生息，远近闻名。后"围营"演变为"韦营"，韦营的地名便传承了下来。

据相关历史资料显示，此地曾经是榆中境内的丝绸之路北线，由此经靖远、景泰前往河西走廊直至西域。

2017 年 11 月 21 日晚于辰北花园

永登县秦王川地名的传说

秦王川位于甘肃省兰州市永登、皋兰两县境内，现东南部一部分划为兰州新区。其南北长 40 千米，东西最宽处 16 千米，总面积约 800 平方千米。其东、南临皋兰，西衔永登庄浪河，北接景泰，属典型的黄土高原丘陵地貌，地势较平坦，中部是平原地带，海拔 1800–2300 米之间，地势落差（高差）由几米到几十米，开阔平坦，自成一川，是兰州地区方圆几千平方千米内地势最平坦、面积最大的高原盆地。

据专家考证，早在新石器时代，秦王川地区就有人类活动的印迹。在先秦时，一直是羌人游牧之处。秦汉时为匈奴占领，后为霍去病所逐。唐宝应元年（公元 762 年）为吐蕃所占，北宋时被党项族占据。西汉元狩二年（公元前 121 年）汉武帝开辟河西时秦王川就已随金城域（兰州地区）归入西汉版图。

据考证，今天的秦王川在隋朝之前叫"晴望川"，因其地势平坦，宽阔空旷，一望无际，而在晴天远望时常常会看到海市蜃楼的美景。古人名其"晴望川"，意即天晴方能望见川之雄阔。又因为秦王川黄土青山遥相辉映，又被称作"黑川"。而秦王川的地名从何而来呢？

有四种传说：

一、字号"西秦霸王"的金城（今兰州）校尉薛举（山西万荣县人）于隋大业十三年（617 年）在兰州起兵反隋，定王都兰州，建年号为秦，

274

秦王川成为西秦霸主薛举的屯牧之地，并将"晴望川"改名"秦王川"，此名一直沿袭至今。

二、传说，李世民举兵时，曾称秦王，又是他灭了薛举的政权，是李世民占领西北后，将"晴望川"改名"秦王川"。

三、385－413年，鲜卑族乞伏国仁在榆中县苑川河中游的东古城（也有专家称在夏官营）建立"西秦"国家政权，统治武威到天水、陇南及青海东部，共11州、30郡、48县的地域长达28年之久。其统治地域自然覆盖了今天的秦王川一带，是鲜卑乞伏国仁将此地命名为秦王川的。

四、传说，前秦十三万大军讨伐后凉时，曾驻扎在秦王川，因此，秦王川最早成为前秦大军的屯聚区，并因此称作秦王川。淝水之战后，姚苌弑君，人民为纪念苻坚大帝，在秦王川各地修建寺庙，谓之"秦王庙"，将此地称为秦王川。

由于秦王川地处腾格里大沙漠边缘，海拔高，地势平坦，又无水源，气候恶劣，风沙肆虐，十年九旱，降水稀少，植被稀疏，不适宜畜牧、农耕，早期历史上，几乎无人居住，更不适宜长期驻军和建政权定都，人类活动非常少，文明影响也就很小。直到明朝大移民时，才有了真正的长住居民。20世纪90年代，引大入秦工程的实施，大通河水被引到秦王川后，政府大力鼓励移民，耕地增加，公路、水利等设施建设跟进，此地居民大增。

无论是薛举、李世民、乞伏国仁，还是苻坚，对于秦王川来说只是传说而已。几百年来，一直有一位"秦王"矗立在秦王川人民的心目中，因此，最大的可能，"秦王川"就是"晴望川"因谐音演变而来。这不仅仅是一种精神寄托，更是秦王川人民对美好生活的向往。

随着兰州新区的开发建设，一个欣欣向荣的秦王川，已经展现在了秦王川人民的面前。"秦王川"也已是兰州地区一个明亮的文化符号。

2017年11月24日上午于辰北花园

榆中县金龙池地名的传说

  金龙池是榆中县马啣山上的一处旅游景点，位于马啣山半山腰，是马啣山旅游区的主要景点之一。

  马啣山位于兰州市东南方向，是榆中县与临洮县的分水岭，地处兴隆山南侧，呈西北-东南走向。山顶如平川，宽约10千米，长约50千米。其高耸的地势和严寒的气候条件，使马啣山的地貌景物与周围截然不同，而与号称地球第三极的青藏高原类似。

  马啣山的特点是：高，马啣山主峰海拔为3670米，是黄土高原上的最高峰；寒，为高寒阴湿区，无霜期为67-90天，每年除盛夏（6月中旬至8月中旬）以外，常有皑皑白雪盖顶，所谓榆中八景之一的"寒山积雪"即指此；奇，地貌景物奇特，平坦山顶上相对低洼处，可看到一片片因寒冻形成形态奇异的冻丘地貌，以及一块块因反复冻胀而斜立的巨石"石海"，在海拔3500米以上既有古冰缘遗迹，又有现代冰缘。半山腰有原始森林分布，春夏秋鲜花随处开放，鸟声此起彼伏，时有林麝出没，展现出一种宁静幽深的原始风貌，是历朝历代所看重的养马基地，现留有明肃王"牧马官滩"界碑一座，官滩沟的得名概缘于此，坡和山顶上仍有厚度十米以上的永久冻土层，距今已有三千年左右，是考察冰川冻土地貌的重要地点；特，由于海拔高，水气稀少，空气透明度大，紫外线强烈，山上花朵的色泽格外鲜艳，每年从五月开始，北坡鲜花盛开，除五颜六色的草木花卉，主要是一簇簇硕大的杜鹃，秋冬季，南坡沙棘果挂满枝头，一片橙黄，风景旖旎。

夏季登上兴隆山，放眼南望，在一片青黛色里，有个一闪一闪的亮点，好像一面小圆镜在反光，那就是"金龙池"。

马啣山秋景

金龙池长年结冰，炎夏也不消融。夏天，高山天池，湖面清洁明亮，岸边鲜花竟放，风景独特。冬季，一片冰雪天地，冰清玉洁。

传说，东海龙王有两个女儿，要为她们新建的水晶花园添些假山，就偷偷地牵了王母赐的两匹玉色宝马到马啣山搬运山石。一天，龙女姐妹喝了百果仙子送来的百果露酒一醉不醒，两匹玉马趁机脱缰，在西北大地兴风作浪，糟踏庄稼，被榆中的金炉、香炉兄弟杀死。

龙女姐妹睡了足足七七四十九天，醒来后，看到玉马已化成石头。没了坐骑，搬不走山石，也回不了东海，龙女姐妹趴在石马上哭得昏天黑地。

金炉和香炉兄弟砍死玉马后，要寻路回家，却被一团团黑云裹在山中，找不到回家的路。后隐隐听到附近有钟磬作响，一路寻去，来到一口石井边上，石井内烟雾缭绕，钟磬声就从这井里传出。

金炉曾听老人们讲过，深山里有个"天生井"，里边住着善良的龛谷老仙，可以救人危难，但谁要是亲眼见到老仙，谁就再也回不了家了。此时此刻，金炉再也顾不了许多，便向井中投进一块石头，高声唤道："天睁眼，地睁眼，龛谷老仙救危难。"

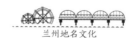

此时，从石井里飞上来一只白鹤，背上坐着一个白胡子老翁。老翁笑着问道："谁敲我的天井门呢？"金炉、香炉连忙上前跪告道："求老仙指路，家在何方，路在何处？"老翁说："天无缝，地无门，家在手心里，路在脚下伸。"

说完，他给了金炉、香炉兄弟一个葫芦，说："这葫芦里装的是仙露，能滋润世间万物，拯救一切生灵，快去找石马搭救龙女，到时自有出路。"说完便驾云升天而去。

兄弟俩捧着葫芦来到石马跟前，不见有什么龙女，只有两条小金蛇蜷伏在石上，气息奄奄。金炉将葫芦里的仙露滴到两条小金蛇口中，不一会，两条金蛇苏醒过来，竟变成了两名俊俏美丽的女子。

龙女姐妹向金炉、香炉兄弟施礼谢救命之恩，金炉和香炉也为自己杀了玉马而赔礼道歉。龙女姐妹见这两个青年谦恭有礼，便向兄弟俩吐露了此行的目的。

金炉和香炉说："二位姑娘有如此美好的心愿，为什么不把这些荒山就地美化一番，而要舍近求远呢？"龙女说："我们常年居养在东海龙宫，在陆地上长期见不到水是要渴死的。"金炉说："这有什么难的！"于是，金炉和香炉兄弟挖了两个坑，将宝葫芦里的仙露倒了进去，两个坑就化成了两个美丽的湖，龙女姐妹在湖底建起了漂亮的水晶宫，各住一池，可由于龙女姐妹俩没有看管好坐骑，致使王母赐的玉马被杀，王母便冰封了湖面，让她们永远在此静修思过，不得回宫。

这两个高山湖泊，就被当地人称为"金龙池"，一代代流传了下来。

2018 年 2 月 3 日晚于兰州辰北花园

榆中县三角城地名的传说

榆中县三角城，地名因城而来。三角城地处甘肃省兰州市榆中县以北3千米的"榆中盆地"，东邻清水驿，西靠连搭乡，南连城关镇、小康营乡，北接夏官营镇。

这里地势平坦，视野开阔，国道312线、省道101线，榆白公路，巉柳高速公路，陇海铁路及宝兰复线纵横交错，穿越全境。国道312线、省道101线及新建的2014年5月底竣工投入使用的50米宽的城市一级主干道榆中盆地大道穿城而过。西距省城兰州市37千米，南距县城3千米。

这里自古就是交通要道，是丝绸之路榆中境内南线的必经之路。丝绸之路东来，经甘草店、清水驿、双店子、三角城西去，绕道麻家寺、定远、方家泉，沿黄河南岸十里山脚下的古道到达兰州东岗镇。

由于特殊地理位置的原因，历史上，在三角城建城驻防或防守，是必要的，古代在此也确实建有城。可三角城建于何时，规模多大，为何是三角形的？已无从考证。

中国历史上，一般建的城，都是正方形或长方形的，也有八边形（八角形）、三角形和圆形的，但后三种形状的很少。甘肃境内还有金昌的三角城，民勤的三角城，靖远的三角城等，这些都是依地形而建或命名的。可榆中境内的三角城，其地处榆中盆地的平坦川地，建城不受地形地貌

穿越三角城的兴隆大道

的影响，为何建为三角形的呢？

传说，明朝时，榆中三角城的城，是长方形的，规模较大，城内有驻军防守，也住有百姓，并有客栈、餐馆、杂货店、车马店等。

明朝末年，住在城内车马店的客商张氏父子收拾货物，准备上路西行，当儿子往马鞍上甩驮子（马驮的货物）时，驮子砸到了马另一侧的老子的头上，老子倒地一命呜呼。人命关天，儿子打死老子的事，很快报到了六里之外的县衙，县太爷审理后上报朝廷。皇上阅后，认为儿子打死老子，实为大逆不道，不孝，应严惩。事发地县令有管理失职之责，城池也有不祥之嫌。于是下旨，对凶手张氏之子处以凌迟，县令被解职，将城劈掉一角。

由此，一个长方形的城，就成了三角城，地名也被传承保留了下来。

2018 年 2 月 28 日中午于兰州大砂坪

鱼池子地名的传说

兰州市鱼池子，是一处古地名。

位于甘肃省委西北侧，城关区南滨河东路以南，邓家花园以西以北，广武门以东的一小部分区域。2010年以前，鱼池子尚有三至五亩土地，由城关区光辉村的居民耕种，后被开发。目前，该地段还在开发建设中。

明朝建立后，朱元璋在改组国家中枢机构的同时，大封诸子为王，让他们"控要害，以分制海内"，达到"屏藩王室"的作用。明洪武十一年（1378年），朱元璋将其庶十四子朱楧封为汉王。二十五年（1392年），改封肃王，驻平凉。二十八年（1395年），设藩于甘州（今张掖市），明惠帝建文元年（1399年），肃王朱楧由于"甘、肃兵变不常"，局面复杂，难以控制，甘州寒冷而多风沙，江南官兵不服水土等原因，请求内徙，获建文帝（即明惠帝）批准。建文帝批准朱楧的请求后，即派曹国公李景隆到兰州选择府址，按照"下天子一等"的规格修筑肃王府。王府位置就选在兰县县城中部偏北，以原元代兰州州署衙门、明初兰县县署衙门所在地为主，并加以扩展。具体在东至会馆巷，西至城隍庙，南至张掖路，北至滨河路范围内。王府位置选定后便开始大兴土木，大规模修建肃王府，肃王府建成后，肃王便带领人员正式移藩兰州。

传说，肃王朱楧久别金陵，乡愁甚重，在浓郁的思乡之情支配下，便借兰州临近黄河之地，生发江南之恋，以慰思恋故乡之苦，并由此兴

建了一系列具有江南风格的名胜建筑，其中在黄河沿岸的主要有莲荡池（今小西湖）、鱼池子及王府内的凝熙园（现省政府院内）等。

鱼池子临近黄河，地势低洼，有雷坛河引来的水可以注入、灌溉，适宜建鱼池。当时建的鱼池较大，相当于江南的鱼塘，鱼池中种有荷花，鱼池周围开辟有花园，栽种有牡丹、芍药等花卉及各种树木，环境优美，是肃王及王室人员休闲的场所。

由于该地段曾建有鱼池，便被称为鱼池子，鱼池子地名便被传承沿用了下来。

2018 年 3 月 15 日中午于兰州嘉峪关路

榆中县黄猴洞地名的传说

在榆中县小康营至新营乡之间，有一条幽深狭长的峡谷，名叫龛谷峡。该峡谷东起小康营乡窑坡村，西至新营乡八门寺村，全长 15 千米，距榆中县城 10 千米，距省城兰州 50 千米。这条峡谷，过去曾是榆中境内丝绸之路的南部辅线，也是榆中通往临洮和定西的一条主要通道，地理位置十分重要。

龛谷峡由于地处榆中的南部山区，海拔 2100 米，属于二阴气候，

龛谷峡风光

龛谷峡"黄猴洞石刻"石碑

年降雨量在300–600毫米之间，峡谷内及山上有大量灌木和部分森林分布，气候温湿，地势险要，山石嶙峋，植被覆盖率高，自然景观奇特俊美，峡谷中有20世纪50年代修建的龛谷峡水库一座，有二郎山、石船、石栯硕、老鹰洞、通天门、黄猴洞等自然景观，故址遗迹也较多，最著名的是西秦时期建筑的石堡城和尖山子城，西秦国及宋朝时曾在此一度驻军防守。经过当地政府和人民多年来的打造和建设，龛谷峡已是榆中境内又一处旅游避暑胜地了。

石堡子东面的峭壁上有一溶洞，洞口有摩崖石刻"黄猴洞"三个大字及跋序，是北宋政和八年六月，经略齐获睹刊所刻。

传说，在宋朝以前，龛谷峡气候温湿，森林密布，溪水潺潺，动植物资源十分丰富，峡谷峭壁上有一个天然溶洞，洞内是喀斯特地貌，有丰富的优质溪水不断流出。洞中有几十只黄毛猴居住，黄毛猴时常出没伤及行人，成为当地一大祸患。后百姓从崆峒山请来一位高僧，在洞口施法三天，将祸害百姓的黄毛猴封在洞中。

黄猴洞的名称来源于此，该地名被传承留存了下来。

2018年6月8日夜于兰州辰北花园

伏龙坪地名的传说

皋兰山雄踞兰州黄河的南岸，高耸巍峨，东西绵延十千米，中间的山峰昂首似龙头，两边蜿蜒的山脊似龙身，环抱兰州。特别是向西蜿蜒的山脊更像龙身龙尾，故西延的山叫龙尾山，龙尾山半山腰，有一小块台地，叫伏龙坪。

伏龙坪是安定门上皋兰山通往后五泉、八里窑的必经之地。这里为什么叫伏龙坪呢？这还得从传说中的刘伯温斩龙脉说起。

刘伯温斩龙脉，在西北地区的传说很广，源于榆中县兴隆山的蒲家坟传说。

明朝开国皇帝朱元璋，总怕有人造反，夺其天下。一天,早晨起床后，正在大殿的柱子后面洗漱，突然一只弓箭射了进来，插在了柱子上，使朱元璋十分惊愕，立即叫来军师刘伯温

伏龙坪街景

问个究竟。刘伯温看了天象，告知朱元璋，西北要出皇帝，欲夺明朝江山。朱元璋即刻派军师刘伯温前往西北查巡。刘伯温来到西北，查遍了西北大地，最后，终于发现了榆中兴隆山的蒲家坟里埋下的蒲家庄的蒲阴阳正在阴间操练兵马，欲重返阳间夺取江山。刘伯温迅即带领官兵赶赴兴隆山，昼夜不停，连续挖掘，终于将蒲阴阳的肉体挖出。蒲阴阳已化作一条蛇，正要溜走，被刘伯温挥剑砍成七节，蛇血流干后死亡。随后，刘伯温将兴隆山、白虎山、北山等处的山脉脉气挥剑斩断，来到皋兰山，在最有龙气的龙尾山要害处的伏龙坪斩了一剑，将脉气斩断，并在此处建立四个墩，将龙身钉住。从此，皋兰山及龙尾山就没了龙脉气，龙尾山的台地被人称为伏龙坪。

2018 年 6 月 24 日下午于兰州

永登县金嘴子地名的传说

金嘴子是永登县西北部的一个自然村庄，隶属于武胜驿镇，是一个古老的地名。

金嘴子村所在地，属于半干旱半湿润的大陆性季风气候和二阴气候，大面积土地是山区，海拔高一些的山地是二阴气候，气候凉爽湿润，降水可达400-600毫米，海拔较低的沟谷地带，属于半干旱大陆性季风气候，干旱少雨。经济以农业种植为主。距永登县城31千米，空气清新，人杰地灵。由于自然环境较差，经济落后，属于贫困乡村。

西北大部分地区，有将小山头称为"山嘴子"的习惯。金嘴村后的金嘴山，因有一个小山头，远看似一个嘴子。在嘴子下面，有一个山洞。

传说在很久很久以前，有兄弟俩，居住在金嘴山下，哥哥叫大有，弟弟叫二有，以放羊为生，赡养六十多岁的老母，日子过得拮据而平稳。有一天，一只羊丢失了，兄弟俩在寻找羊时，无意中发现山嘴下的山洞中有金子。于是，他俩天天去山洞淘沙澄金，羊也不放了，把羊全卖给了邻村的地主。有一天，兄弟俩挖金子时，越挖越多，越挖越有劲。哥哥大有使劲一锹挖下去，只听轰隆一声，洞中又出现一个小洞，里面金光闪闪，全是金子，耀人眼目，竟然有一头睡觉的金牛。他们高兴极了，扑到跟前，发现金牛身边的土块也全是黄灿灿的金饼子。兄弟俩装满布袋，弟弟二有说："哥哥，快走，这些金子咱们两辈子也花不完。"说

兰州山区常见的山嘴子

罢便迅速地走出洞外。哥哥大有想，可不能错过这个机会，要是把金牛赶回家里，就有享不完的荣华富贵。大有使劲去赶金牛，可金牛死活不动。他赶不动金牛便自言自语地说："你不走也罢，干脆要你的两只角。"他顺手拿起铁锨使劲向金牛的头上砍去。只听咣当一声，金星四溅。金牛疼得大吼了一声。这一声吼，震耳欲聋，地动山摇，一瞬间山崩地裂，山洞坍塌了。哥哥大有被埋在了山洞里，再也出不来了。哥哥被埋在山洞里，弟弟二有又无能力相救，十分伤心。二有觉得哥哥大有心太贪，酿出了大祸。做事可不能太贪啊！现在，自己还有很多金子，可以赡养老母，还可以娶上媳妇，好好做人。二有从此再也没有去淘金子，盖了一院新房，还托人做媒，娶了媳妇，日子过得有滋有味，但也不能坐吃山空，于是又买了十亩地，开始种地，过上了踏实的好日子。

后来，世人知道了此事，就将山洞称为金沙洞，山洞上面的山嘴子，称作"金嘴子"，金嘴子由此而得名。

2018 年 6 月 24 日晚于兰州辰北花园

永登县龙泉寺地名的传说

龙泉寺镇位于永登县城东南部，庄浪河中下游，距县城 30 千米，东接中川镇，西靠通远乡，南邻红城镇，北依大同镇。这里地处黄土高原的西部边缘地带，海拔 1900 米，是典型的干旱半干旱温带大陆性季风气候区，深居西北大陆内部，春秋短暂，夏季温和，冬季漫长寒冷，气候干燥，年均降雨量 293 毫米。和西北其他大部分半干旱地区一样，干旱依然是制约该地经济发展的最大因素。经济以农业种植为主，主要种植的农作物有小麦、玉米等，靠庄浪河水灌溉，但水浇地有限。近年来，蔬菜种植大面积增加，形成了小有规模的高原夏菜种植基地，经济结构有了较大的改变，农民收入也有了较大的提高。

龙泉寺镇地处古丝绸之路的交通要道，历史上经济贸易发达，因而也是古丝绸之路上的文化古镇、商贸重镇。

永登县的龙泉和榆中县东南部的龙泉，都是丝绸之路上的古地名，1983 年，根据国务院国发〔1979〕305 号文件关于一个地区内公社（乡一级）名称不重名的规定，兰州市人民政府为了规范地名管理，将永登县的"龙泉人民公社更名为龙泉寺人民公社"

传说，在很久以前，永登县龙泉这一带盘踞着一条神龙，能上天入地，翻云覆雨，是一条造福人类的善良之龙，当地老百姓把它称作吉祥龙。它经常保护乡亲们，消灾除病，行云布雨，化解冰雹大风，阻挡沙尘侵袭。

在它的庇佑下，这一带风调雨顺，五谷丰登，百姓安居乐业。

某一年的春天，灾难突然降临了。一天的午后，天空骤变，刮起了大风，一时间天昏地暗，飞沙走石。大风中，来了一位骑着大青马的金甲神人，后面还跟着一帮凶神恶煞般的家丁。原来，他们看上了这一块吉祥之地，要把吉祥龙赶回东海去。乡亲们虽然极力求情，却无济于事。金甲神人说，这里已经是我的领地了，宁可让这里变成飞沙走石的荒漠之地，也要把吉祥龙赶走。

神龙趴在地上，不愿意离开这里，金甲神和他手下的恶棍们就恶毒地抽打神龙。神龙眼中和口中的白沫，就汇成小溪流。神龙被捆绑抽打三天三夜后死了。从此，该地降雨稀少，土地因干旱，大片荒芜，当地百姓生活十分困苦。神龙为了给乡亲们留下一点水，将两只眼睛变成了两眼泉，使乡亲们靠此两眼泉得以生存。如今龙泉寺门前的两个泉眼，就是神龙的两个眼睛变的。

后来，唐僧师徒西天取经路过此地，乡亲们求孙悟空打死了金甲神及其手下的恶棍，使乡亲们又过上了平静的生活。

当地百姓为了纪念神龙，在此地建了寺庙，取名龙泉寺。龙泉寺的地名从此被传承保留了下来。

2018 年 9 月 12 日中午于兰州大砂坪

邸家庄地名的传说

邸家庄是兰州的一处古老地名，位于城关区五泉山下的市委党校和闵家桥之间，包括市委党校及其东西两边的一部分区域，过去，是一大片农田夹杂一些平房和二层楼的居民住宅。这里居住着邸姓人家，他们以种植小麦、蔬菜和果树为生，由于这片土地肥沃，还有五泉山的泉水灌溉，所种的蔬菜非常有名，每年四月初八，五泉山开庙会前上市销售，很受市民的喜爱。邸姓人家自明朝初期，就到此地生活，人丁兴旺，繁衍生息近六百年，此地地名就以邸姓命名。后随着时代的变迁，城市的扩建，邸家人分流多处，现只有很少一部分人。

邸家庄地名的来历，传说是这样的：明洪武三十一年（1398 年），朱元璋去世后，将江山传给了皇长孙朱允炆，也就是建文帝。建文帝继位后，为了巩固皇位，加强中央集权，开始了历史上有名的削藩，大肆削弱各地叔父王爷的权力，甚至采取了武力手段，结果引起了各地叔父王爷的极大不满，封在北京的燕王朱棣起兵反抗，发动了"靖难之役"。四年后，朱棣率军攻占了南京。

破城的这一天，城中一片混乱，人们纷纷外逃，身为皇族的邸家先祖领着三个儿子，跑到了城门口，遇到了盘查的官兵，情急之中的先祖抬头看见了一家"邸府"的匾额，便说姓邸，骗过了官兵，逃出南京城，一路向北，历经险阻。阳春三月，辗转来到兰州五泉山下的一棵大榆树下，

已是身无分文。饥肠辘辘的父子四人，在大榆树下向路过此处到五泉山敬香的香客讨饭。如果讨不上饭，饿了就从树上摘些榆钱吃，这样才得以活命。在这棵大榆树的护佑下，邸家先祖父子四人艰难地生存着，经历了无数磨难，在当地好心人的帮助下，终于在此开垦了荒地，引来了泉水，靠种地生存了下来，并给三个儿子娶妻生子，繁衍后代。具有邸家庄象征意义的大榆树，一直到1994年，才在开发中被砍伐。

一天夜里，邸家先祖隐约听到了一阵马蹄声，以为官府派人来捉拿他们，父子四人分头逃命。大儿子带父亲及家眷跑到黄河边，躲了几天，又回到邸家庄生活；老二带领妻儿跑到了阿干镇的铁冶乡，以种植百合为生；老三带家人跑到榆中县苑川河畔的来紫堡附近的上伍营定居下来，以种植水稻和烟草（生产水烟的绿烟）为生，并教会当地人种植水稻和烟草。到明朝末期，当地种植的优质水稻，成为进贡朝廷的贡米。烟草到公元2000年前后，一直是当地农民的一项主要经济收入，种烟草生产的水烟，曾经是兰州的四大宝之一（麝香、百合、水烟、白兰瓜，曾是兰州的四大宝）。

邸家庄，一个古老的村庄，即将消失在历史的云烟中。

2018年9月28日中午于兰州大砂坪

崔家崖地名的传说

兰州有句歇后语"崔家崖的狮子——连吃带耍"，意思是，耍狮子的人，耍到哪里，就要吃到哪里，延伸为，为人强势，发了脾气，还要卖乖。现如今，兰州及郊县榆中、皋兰、永登等地都有民间玩社火时，耍狮子的人要到谁家或哪个单位，谁家和哪个单位都要给耍狮子的人送上油果子、点心、烟、酒等物品。

崔家崖，是兰州的一处古老地名，位于兰州市七里河区的西郊，北临黄河。在宋朝以前，还是一片河滩荒草地，黄河发大水时，常常被河水淹没。

传说，宋朝宋神宗元丰年间，山西平阳府洪洞县大槐树下的崔槐发携家眷来到兰州七里河西郊黄河南岸的一处崖下定居，在此开垦河滩涂地，耕种庄稼，并利用河边的十块大草滩养殖牲畜。崔槐发生有三子，三子长大成人，娶妻生子，人丁兴旺，家口壮大，形成村庄，因村庄后有悬崖，故有了崔家崖的地名。随着人口的增多，耕地偶有被河水淹没，此地已难以养活众多的人，崔槐发便将两个儿子分别迁徙到永靖县黄河南岸的红柳台和姑臧（武威）古浪的黄羊川。崔家崖留一子，繁衍下来。到明朝时，崔氏后人将崔家崖东面的一处大草滩献给肃王，作为肃王牧马地，此地就是现在的马滩。

2018 年 10 月 26 日中午于大砂坪

榆中黄家庄地名的传说

　　黄家庄是兰州市榆中县来紫堡乡的一个村庄，位于榆中县西北部，苑川河下游的北岸，南距县城 25 千米，西距省城兰州 16 千米。东金公路（兰州东岗镇至榆中金崖）穿村而过。该村人杰地灵，人才辈出。

黄家庄村头的古槐树

　　这里虽然地处黄土高原，深居大陆内部，属于半干旱温带大陆性季风气候，年均降雨量不足 400 毫米，但海拔较低，只有 1500 余米，处于苑川河河谷地带，距黄河 3000 米，地势低缓，气候相对温湿，居有名的丝绸之路榆中北路上。苑川河水可自流灌溉农田，物产丰富，自古农耕文明发达，商贸繁荣，使该村留下了好多历史文化遗迹。这里曾盛产的优质稻米，自明朝至清末，一直是进贡朝廷的贡品。该村的地名，很有传奇色彩。

1368 年，朱元璋大败元军，建立明朝以后，为了加强国家政权，恢复和发展生产，采取了沿袭元朝的行省制和移民屯田制，后又改行省为承宣布政使司。移民屯田的政策即把中原"地狭人众"的山西一带地区的农民移到地广人稀的河北、河南、山东、甘肃、青海等地。据有关文献记载，明洪武至永乐年间，在大槐树下进行了十八次大规模的移民，移民遍布全国五百多个县市。

明肃王从张掖移至兰州时，带来了黄氏兄弟俩。兄弟俩是肃王的两个卫士长，身怀绝技，武艺高强。随肃王来到兰州后，家眷就被安置到苑川河下游北岸的平顶峰山下定居，繁衍生息，后该村庄村民以黄姓为主，村名黄家庄便由此产生，沿用至今。

由于该村历史悠久，伴随着农耕文明的发展和丝路古道的延续，保留下来了好多文化遗产，有被人们誉为兰州"十三陵"的国家级文物保护单位明肃王墓、平顶峰史前遗址、官渠、禹王庙、萃灵寺、古民居、质孤堡城门、城墙等古遗址，还有谈氏家祠、张氏家祠等宗族祠堂，这些家祠祠堂为砖木土木房厦结构，砖雕都较为完好地保存着，还留存有清家谱、祖先图、古牌匾、锦缎软匾、古旧家具等古家族文化。村头还有一棵"明大槐树"，1997 年被兰州市人民政府列为古树名木。这棵槐树相传栽于明朝前期，是移民栽种的，距今约六百年，树冠高 20 余米，阔 21 米，树围 4.1 米，直径 1.3 米。因该树年代久远，茂盛不衰，被当地村民视为"神树"。

该村有丰富的文化遗产且距离兰州较近，应该引起相关部门重视，加强对古文化遗产的保护，积极发展为旅游景点。

2019 年 2 月 21 日于兰州

榆中孙家营地名的传说

　　孙家营是榆中县三角城乡的一个普通村庄,南距高铁榆中站2000米,县城3000米,西距省城兰州50千米。东靠小康营乡的潘家庄,南与小康营乡王保营村、刘家营村相邻,西接蒲家庄,北与庙王营村相望。

　　明朝时,榆中还属于边关防守的重要地域。传说,明朝末期,曾有湖北籍孙姓的一位将军带兵在此扎营防守,后驻兵撤离,孙将军的后代遗留下来,垦田耕种,繁衍生存,和榆中的七十二营地名一样,村名取孙家营,传承了下来。现在,该村99%的人家都姓孙。

　　这里位于兰州市榆中县三角城川的东边,海拔1850米,

夏天的三角城川

属于典型的温带半干旱大陆性季风气候，年均降雨量 350 毫米，蒸发量 1450 毫米，年平均气温 6.7℃，无霜期 159 天，四季分明，气候较干燥，但地势平坦，土质肥沃，过去有小康营龛谷峡的溪水可浇灌。20 世纪 70 年代中期，有三电提灌工程提灌的黄河水及当地的地下水（井水）可保障浇灌土地，因而以小麦、玉米、蚕豆、油菜、胡麻、蔬菜等农作物种植为主的经济十分突出，物产较丰富。近年来种植的高原夏菜，享有很高的声誉。

村西，有双小（双店子至小康营）公路经过，南邻兴隆山（国家 AAAA 级）、马啣山等旅游风景名胜区，西北距巉柳高速出口 4000 米，北距榆中大学城 8000 米，交通方便。该村设有小学和初中。我的小学和初中，就是在这里上的。这里人杰地灵，崇尚耕读，习文习武成风，人才辈出。自 1977 年恢复高考以来，有一百余名学子考上大中专学校，遍布全国各地。

2019 年 2 月 22 日于兰州

榆中县兴隆山太白泉地名的传说

兴隆山是马啣山的一条支脉，有东山兴隆山和西山栖云山两山组成。在东山兴隆山上，有一处名胜景点，叫太白泉。明朝时，此处就建有庙宇，"文革"时被毁，20世纪90年代重建。庙宇前，有三眼泉，泉水清澈甘甜，四季不溢不竭，据传，不生育的妇女，在泉中摸一石子带回家，就会生育，非常灵验。因此，太白泉，是兴隆山最有名的景点之一。

很久很久以前，兴隆山一带遭受了百年不遇的大旱，溪水枯竭，树木枯死，土地干裂，寸草不生，乡民背井离乡，流离失所。山下的村中，有个叫三官的小伙子，父母已被饿死，三官不忍心抛下家中年近百岁的奶奶，故而选择留在家中，剥榆树皮煮食，听天由命。

眼看就要被渴死，奶奶将孙子叫到面前，拿出之前积攒下的一小皮囊水说："三官啊，这点水也喝不了几天，你还年轻，总不能等死啊！如果你真有孝心，就赶快外出去寻找水源吧。听前辈人讲，从前有一条金龙被王母娘娘封在了马啣山的金龙池中。太白金星心地善良，会在每年六月六日这天来给金龙送吃送喝，如果你有诚心和缘分，就能见到太白金星。如果见到他，就求他指你一条生路，解救这一方生灵。"言毕，就驾鹤西去。悲痛欲绝的三官安葬了奶奶后，带着奶奶积攒的一小皮囊水，踏上了外出寻找水源的路。

三官翻山越岭来到马啣山的半山腰，皮囊里的水早已喝完，山上昔日郁郁葱葱的草木已被骄阳烤得一片焦枯，毫无生机。正当饥渴难忍、精疲力尽时，遇见了下山的太白金星，三官哭诉了大旱之灾，太白金星被感动，给三官指点了寻水的路，三官经过大半天

兴隆山

的努力，终于在天黑前，在兴隆山的半山腰，发现了清澈的三眼泉水！饥渴的三官趴下喝了甘甜的泉水，就在泉边坐化成了一座石峰！从此以后，兴隆山一带风调雨顺，五谷丰登，后人为纪念为拯救苍生而牺牲了自己的三官，就将兴隆山上的这三眼泉称为"三官泉"，又因这三眼泉是太白金星指点而被找见的，所以又叫"太白泉"。

地名是传说，传说是故事，故事是传承。地名的传承，就是文化的传承。太白泉地名，就是地名文化的传承。

2019 年 3 月 7 日晚于兰州

榆中县许家窑地名的传说

许家窑是榆中县三角城乡的一个小村庄，位于三角城川的东部，东依敬家山，南临孙家营村，西隔大河和干河与庙王营村相望，北与接驾嘴接壤。距榆中县城 5 千米，距省城兰州 40 千米。

许家窑又分上庄和下庄，这里地势平坦，土壤肥沃，但地处黄土高原深处，属于干旱半干旱温带大陆性季风气候，干燥少雨，四季分明，夏季炎热，冬季寒冷，年降雨量 350 毫米，蒸发量却在 1600 毫米以上，自然环境较差。过去，虽然有宛谷河（此段称大河）在村西流过，但河谷较深，难以引流灌溉。20 世纪 70 年代，经过大面积平田整地和到上游修建引水渠以及三电工程提灌黄河水到此处，才使农田得以灌溉，粮产提高，村民生活有了保障。该村产的高原夏菜非常有名，特别是长线辣椒，肉厚香辣，黄瓜硕大甜脆，享有盛誉。这里自古民风淳朴，耕读成风，人杰地灵，人才辈出。1977 年恢复高考后，该村有近百名农家子弟考上各类大中专学校，工作遍布全国各地，有著名作家两名，分别是许曙明和许锋。

小小村庄，可不一般。其以姓氏命名地名，与北方农村的大多数地名一样，确实没有什么特别之处，但许家窑，却是一处古老地名。据传说，明朝中期，随着中原地区的大量移民西移到榆中地区，有一户许姓人家到了三角城川东部的敬家山下，看到此处背靠大山，前面一马平川，村西不远处有河水流淌，风水好，适宜居住，便在此依山崖挖窑洞居住，烧荒开田，耕耘播种，还用中原带来的挖井技术，在村中挖出了一眼井，泉水甘甜，解决了村民及牲畜饮用水的问题，该村就以许姓命名，被称为许家窑。后来，又有李姓、敬姓、杨姓、刘姓等人家陆续来到该村定居，和睦相处，繁衍生息。许家窑的地名被保留传承了下来。

2019 年 6 月 6 日下午于兰州

铁冶地名的传说

　　兰州的铁冶，是一处古老的地名，位于兰州市七里河区南郊，距市区 16 千米。铁冶，既是行政地名，也是自然地名。行政地名，是兰州市七里河区阿干镇的铁冶村，自然地名，是阿干镇南部的一条山沟，叫铁冶沟。铁冶沟是阿甘河（雷坛河上游）的一条支流，四十年前就已断流，铁冶村，就在铁冶沟口。

　　这里虽然地处黄土高原腹地，但却是祁连山东延支脉马啣山脉的一部分，属于高山地区，海拔 1950-3100 米，年降雨量达 500 毫米以上，属于二阴气候，森林、灌木、草原、高山草甸地貌都有，春秋短暂，冬季寒冷，夏季凉爽。

　　铁冶村地处兰阿公路的中段，过去，是兰州地区古丝绸之路的南路，是兰州通往临洮及榆中南部的必经之路，地理位置十分重要，而其地名的来历，与阿甘煤矿及传说有关。

　　传说明朝中期的一天傍晚，有几位临洮的脚户（商人）路过此地歇脚，天气寒冷，便捡几块黑石头垒成圈，拾些干柴放在黑石头圈里烧火取暖，过了一个时辰，发现黑石头竟然被烧红了，还冒出了青烟，再捡几块黑石头放在火中，火势更旺。嗨，黑石头居然能燃烧，且温度高，不用再拾柴了。

　　就这样，发现了此处的煤矿。自此，方圆几十里的人，包括一些临洮的人到此挖黑石头，开启了此地煤矿开采的先河。不久，明朝政府开始管理并实施开采。

有了煤，就产生了相关联的许多行业，包括机械、冶炼、陶瓷（烧陶）、

铁冶沟

运输及旅店、饮食等行业。这和其他煤矿一样，如靖远煤矿、窑街煤矿、榆中的水岔沟煤矿、平凉的华亭煤矿等地的陶瓷等业，历史上都很发达。

铁冶沟是阿甘煤矿的主要矿区，因此，随着采煤业的发展，在铁冶沟里，就有了冶炼铁的行业。当时，冶铁主要集中在这条沟，这条沟就被称为"铁冶沟"，沟口的村落，就被称为"铁冶村"，"铁冶"的地名就被沿用至今。20 世纪末，在铁冶及附近的花寨子一带，还有不少铁铸造厂进行铁铸造加工。

由于阿甘煤矿枯竭，阿甘也失去了往日的辉煌，铁冶，也早已不再冶铁，包括铁冶在内的整个阿甘地区，正在进行着经济转型和改造。

铁冶沟是石佛沟国家森林公园的一部分，该公园由石佛沟、铁冶沟、七道梁、大尖山四个园区组成。这里，山势高峻，植被茂盛，环境优美，风景独特，是旅游和夏季避暑的胜地。2018 年，兰州石佛沟国家森林公园晋升为国家 3A 级旅游景区。"铁冶"这个老地名，演绎着自己沉重的历史，也演绎着新时代新的篇章。

2019 年 6 月 14 日晚于兰州

王马巷地名的传说

王马巷是兰州市城关区的一处老地名，位于白银路和甘南路之间，这处地名与兰州历史上的驿站有关。

驿站是古代供传递官府文书和军事情报的人或来往官员途中食宿、换马的场所。驿站，不但设有供驿差住宿休息的旅店，还饲养有供驿差换骑的马匹。这些都属于国家或藩王（明朝设藩王进行行政管辖，如甘肃的肃王）的财产。

兰州城内的驿站，叫兰泉驿，位于现永昌路的北段，建于明朝前期。兰州处于丝绸之路要道，交通、邮驿十分重要，因此，兰泉驿，是兰州地区乃至甘肃境内最大的驿站之一。

传说，兰泉驿在驿站的南面饲养有一百多匹马，具体位置就在现在的双城门以东及王马巷一带，在明朝时，这里被老百姓称为官驿后，又分出了官驿巷、王马巷。随着兰州城不断扩建，这里成为城中心区域，街道被划分得更多更细，但王马巷被保存沿用了下来。

地名，是一个地方历史文化传承的标识，因此，历史上遗留下来的地名，要好好传承，不要轻易抛弃。

2019 年 6 月 16 日于兰州

榆中县双店子地名的传说

榆中县双店子，是榆中县三角城乡的一个行政村，是一处古丝绸之路上的老地名，位于三角城川的东部，海拔 1780 米，年降雨量 350 毫米。国道西兰公路和省道白榆公路穿村而过，东邻接驾嘴村，南接庙王营村，西南及西面与化家营村、詹家营村接壤，北与许家台相连。距榆中县城 6 千米，榆中高铁站 5 千米，陇海铁路 3 千米。距省城兰州 40 千米，高速公路 2 千米。地势平坦，交通发达，历史上就是一个交通要道。

古丝绸之路东来，下了车道岭，经过甘草店，清水驿，接驾嘴，就到了双店子，然后西行经麻家寺、定远镇绕道十里山到达兰州，或北行经夏官营、太平堡、金家崖、桑园子，绕道十里山到达兰州。

经过明朝初期大量的移民屯田（军屯和民屯），到明朝中期，榆中境内，特别是甘草店、清水驿、三角城川等地带，人口激增，大部分自然村庄已经形成，双店子处于交通枢纽位置，但过去道路不平，遇到雨雪天气，路面泥泞，在驿站之间，往往会有一些人开店设栈，给过往行人商贾提供食宿方便。

传说，到明朝后期，有两户早期到达双店子定居的人，一户开了旅店，供人食宿，一户开了车马店，供商贾的骡马厮厩，为过往商人旅客提供了方便。此处这两家店，很有名气，外地人就将此处叫"双店子"，地名由此形成，被沿用传承了下来。这也就是"双店子"地名与当地其

西兰公路和省道白榆公路相交双店子

他地名不同的原因。

据传说，榆中有一种著名的地方小吃，叫"猪油盒"，就是明朝时双店子开旅店的店家发明的。"猪油盒"食材简单，就地取材，随时加工，香酥可口，不但是招待贵客的上等佳肴，也是馈赠亲友的珍馐。其加工方法如下：将上等的白面炒熟备用，将猪油少许在铁锅加热，将炒熟的白面放入油锅，炒拌三分钟许，加入适量的食盐、花椒粉、葱花，炒拌两分钟，以能捏成团为宜，出锅备用。用刚烧开的开水烫拌上等的白面，搓揉，以能擀成饼即可，然后，取能包成包子大小的烫面，擀成小碗口大小的饼状，包上适量的猪油炒面做陷，擀成 0.5 厘米厚的薄饼，在铁锅内放入少许猪油加热，将薄饼放入铁锅内煎三至五分钟，翻过再煎三至五分钟，就可出锅享用了。按照锅的大小，一锅可煎五至八个"猪油盒"。当然，只要"猪油盒"凉了，就可打包送亲友了。这种"猪油盒"食品，保质期较长，在常温下，十天半月都不变质，食用时，只需加热即可。

2019 年 6 月 24 日下午于兰州

饮马湾地名的传说

　　饮马湾是兰州市黄河北岸青白石镇杨家湾村黄河边的一处小地名，也是一个古老的地名。

　　元朝末期，镇守兰州的蒙古族部将，手下有三员大将。据（《明史·扩廓帖木儿传》）记载，这三员大将是"库也不花，飞也不花，蜀也不花（音译）"，主要驻防在兰州北岸至桑园子峡及下游什川堡和水阜一带。

　　传说，兰州的王保保被李自成的农民军打败后，三兄弟便就地隐姓埋名，开荒种田，和当地人通婚，学习当地汉族人的文化，包括汉族的

饮马湾现貌

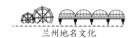

祭祀文化，融合到当地汉族人中。

有一年清明，杨柳吐绿，杏花盛开，当子孙们看见别人都在忙着祭祖上坟的时候就问其祖："人皆有姓，独我无乎？"其祖看到了河堤上清新的杨柳，指着杨柳道："今我以杨为姓，宛如郇有家室也！"三兄弟自此得姓。

在"库也不花，飞也不花，蜀也不花"三员大将驻防黄河北岸时，养有很多马匹，但黄河北岸悬崖峭壁，只有青白石镇杨家湾村的饮马湾处，河滩平缓开阔，大批的马可到此地饮水，人也到此处取水，人们便将此处称为"饮马湾"，一直被沿用传承了下来。

2019 年 6 月 25 日下午于兰州

榆中黄坪地名的传说

黄坪是榆中县南部山区的一个行政村，属于新营乡管辖。这里地处黄土高原上的二阴地区，山大沟深，但过去是榆中境内古丝绸之路南线的交通要道，也是一处古老的地名。

榆中南部山区地貌

传说，肃王朱楧在第一次选定的墓地即将竣工时，曾率领部下随从近百人，到新营查看墓地，一路旌旗猎猎，人马威武，鸣锣开道，直到新营瓦川的黄坪下榻，好不威风。当地百姓看这阵势，以为是当朝皇帝驾到，纷纷下跪叩首。后老百姓将此处称为皇坪，再后来又演变为黄坪。

2019 年 7 月 8 日下午于兰州

禄家巷地名的传说

禄家巷是一处古老的地名，位于城关区火车站西路南部靠近五泉山的地方，属于五泉山街道，是一条不足两百米的小巷，由于离兰州老城很近，所以，过去一直人气很旺，老兰州人都知道。由于城市改造，禄家巷建起了高楼大厦，已没有了过去狭窄的老街巷的影子。

禄家巷最早叫陆家巷。传说，清乾隆末年，陕西迁徙来的一陆姓人在此处购得一块土地，建了宅院，从事种植兼做买卖，日子一天天富裕起来，有了钱，便先后将三个儿子送到私塾学习文化。后小儿子学业优秀，经人推荐，在兰州城的皋兰县府谋得一职，干得不错，就在老宅子的地方建修了一座庭院，庭院内建有纯木结构的过楼，很是壮观，叫陆家楼，因此，此巷被称为"陆家巷"。后在长期的流传中，因谐音，为追求吉祥的"福禄寿"，逐渐演变，将"陆"改"禄"，陆家巷被叫成了禄家巷。随着时代的变迁，当年的陆家人已不知到了何处？但禄家巷的地名被沿用传承了下来。

2022 年 4 月 13 日晚于雁滩辰北花园

永登县黑龙、绽龙地名的传说

黑龙、绽龙是永登县西北部的两座山名，也是两个乡村地名，是两处古老的地名。

黑龙村、绽龙村属于民乐乡辖的山村，地处半干旱半湿润山区，平均海拔 2699 米。经济以农业种植为主，畜牧养殖为辅。地域偏僻，经济落后。对富裕生活的憧憬，一直是这里村民的美好向往。而这两个地名，怎么会冠以"龙"字呢？

在西北广大的地域，一般以龙命名的地名，大多都伴有传说，龙本身就是最大的传说。传说很久以前，永登西北部降水丰沛，气候湿润，森林草原广布，风调雨顺，畜牧兴旺，农业丰收。后来，由于气候变化，这里变得干旱少雨，森林消失，草原退化，十年九旱，加之人口增加，人们生活越来越困难。到明朝中期，更是家家户户"钱无一分,煤无一斤"，几乎是衣不遮体，食不果腹。这种艰难困苦的凄惨景象，引起了青海湖里的小黑龙和小黄龙兄弟俩的同情。为了解除当地的旱情，救人们于苦难，小黄龙和小黑龙不顾天宫禁令，腾云驾雾来到这里，连续多年按时令降雨，农业连年丰收，草木茂盛，六畜兴旺，人们过上了富裕的生活。百姓为感谢二位龙子，建起了龙庙，供奉小黑龙和小黄龙。可过了几年，此事传到了天宫，玉皇大帝派出天兵天将来捉拿二龙子，二龙子不愿回

天宫，并与天兵天将大战三天三夜，最后，小黑龙被杀，化作了一座黄土山，叫黑龙山，小黄龙十分坚强，拼力打杀，最后被打得皮开肉绽，流血而死，化作一座黄沙石山，叫绽龙山，两座山下的两个村，也就叫黑龙村和绽龙村。

据说，在黑龙山里可以挖出黑亮的煤块，在绽龙山下，能淘出金黄的金子。

传说归传说，故事归故事，但黑龙、绽龙两个地名的传承和保留，也演绎着人们对美好生活的向往和追求。

2022 年 8 月 1 日晚于兰州雁滩

榆中县窦家营地名的传说

　　窦家营是一处古老的地名，位于甘肃省兰州市榆中县金崖镇南面的苑川河南岸，是传说中的榆中七十二营之一，已有600年的历史。东与张家湾村相连，西与来紫堡乡骆驼巷村接壤，南与连搭乡麻启营村相依，北隔苑川河与邴家湾村、寺隆沟村相望。

　　传说，明朝初年，有一位姓窦的将军曾在此驻军防御，后军队撤离，但窦将军的一些家族后人留住下来，开垦荒地，耕种畜牧，繁衍生存，于是就有了"窦家营"的地名。该村的窦姓人目前有1000多人，与金崖镇北面的豆家岘村的窦姓人同属一族。

　　1956年中华人民共和国国务院公布了《汉字简化方案》，并最终制定出了一个《简化字总表》，1964年颁布，当时，全国兴起了使用简化字的热潮，同时，一些地方也有人用笔画少的字代替笔画多的同音字。20世纪70年代初期，窦家营村的一些人在通信、学习、工作中为了书写方便，就将"窦"也写成了姓"豆"，这样以讹传讹，不但地名由"窦家营"变成了"豆家营"，连姓"窦"也变成了"豆"，这样，"豆"在地名和姓氏中，在有些地方代替了"窦"。在全国第一次地名普查后，由兰州市人民政府于1983年12月编印，1984年12月出版的《甘肃省兰州市地名录》中，窦家营的地名被注为"窦家营"，但金崖镇北面的豆家岘村的地名被注为"豆家岘"。

　　进入 21 世纪后，当地的窦姓人发现，姓氏的改变给他们的生活和工作造成很多不便。目前，在当地地名和姓氏中，"窦""豆"混用。

　　恢复"窦"姓，成了窦姓家族人的共同心愿。窦家营村党支部书记窦永存说，榆中县公安局户政科已经接受了窦氏后人的申请，目前已经开始着手恢复窦姓人原来姓氏的工作，而地名的变更，必须经过法定的审批程序。

2022 年 10 月 19 日于兰州雁滩

第四辑 兰州地名花絮

兰州地名小曲

皋兰山上马莲花
盐场堡种白兰瓜
雁滩芦苇落大雁
水车园里说笑话

高墩营里没高家
黄家岔上无黄家
一座军营一村庄
长城都在桑园峡

东古城在苑川沿
西固城居黄河滩
白塔山下金城关
隔开上下李家湾

安宁堡外铺沙田
西津边上建雷坛
永登感恩鲁土司
红古窑街海石湾

南北两山夹一河
闵家桥下淌五泉
高山观雪马啣山
低处赏花青城川

2020 年 2 月 12 日凌晨于兰州

马啣山，兰州第一高山

马啣山（又名马衔山、马寒山、马黑山），是祁连山东延余脉，位于甘肃省榆中县与临洮县交界处，是榆中县与临洮县的分水岭，山之南为洮河，山之北为苑川河。主峰海拔 3670.03 米，是兰州市的最高峰，也是陇右黄土高原上最高的山峰，呈西北－东南走向。山顶如平川，宽 8-10 千米，长 40-50 千米。

马啣山原名空头山，后人以"山有野马数群，土人围之，马皆化为石"传说故事改名马寒山。

马啣山历史悠久，文化灿烂，留传有大石马、小石马、石棺材、金龙池等民间传说。

兰州地区曾被匈奴占领统治。匈奴人称天为祁连，而皋兰、马兰、贺兰、马衔、马啣、马寒诸山名，皆与祁连音近，当为高峻之意，马啣山也符合此音此意。因此，有史学专家称，马衔山、马啣山、马寒山有可能源于匈奴语。

《狄道州志》云："山顶俗名空头山，殆即古之空同也。"《汉书·武帝记》中："武帝元鼎五年（前 211 年），汉武帝'行幸雍，祠五畤，遂踰陇，登空同，西临祖厉河而还。'"可见，此山在汉代应叫空同山。北魏郦道元《水经注》曰"天水北界，苑川水出勇士县之子城南山，东北流，历此成川"。南北朝时期，榆中曾被先后命名为"金城县，子城

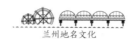

县"，根据方位，出苑川水的地方应该是今天的马啣山，故而，这里的"子城南山"即今天的马啣山。唐代时，此山又名"薄寒山"。据《榆中县志》记载：1972年，在马啣山北支——兴隆山北坡的朱家湾村，出土的一座唐代的贵族墓葬，其墓志铭《故交河郡夫人慕容氏墓志序》中称"夫人葬于薄寒山之北原"，"薄寒山之北原"就是今天的"朱家湾村"，这证实了"薄寒山"就是今天的马啣山。

《晋书·乞伏乾归载记》："炽盘以长安兵乱将始，乃招结诸部二万七千，筑城于康狼山以据之。"唐朝李吉甫所撰的地理志《元和郡县图志》卷三十九载："康狼山，亦名热薄汗山，在县南一百四十里。"可见，唐代的马啣山还应该是"康狼山，亦名热薄汗山"。东晋十六国时期，统治榆中的西秦乞伏氏原是鲜卑族，"热薄汗山"有可能是鲜卑语称呼，进而简称"薄汗山"。"薄寒山"和"薄汗山"只一字相差，音相同也。在西秦乞伏氏占据榆中之前，榆中的土著人应称此山为"康狼山"，西秦鲜卑统治榆中时期，"热薄寒山"和"康狼山"两称谓并行，到唐代沿用此称呼。安史之乱后，唐王朝又四分五裂。唐代宗宝应元年（762年），榆中全境沦陷吐蕃，吐蕃人又称之"崆峒山"，因为当时崆峒山有五处，其中之一在临洮，所以又称"空头山"。宋朝人李焘编纂的《续资治通鉴长编》中记载："广庆三年（1043年），李元昊'举兵攻兰州诸羌，南侵至马衔山，筑城瓦川会，留兵镇守，绝吐蕃与中国相通路'。"《宋史·夏国上》亦云："元昊举兵攻兰州诸羌，侵至马衔山，筑城瓦川。"可见，宋朝年间，马啣山已经由原来的"空头山"更名为"马衔山"。

明代时，人们就沿用此称谓，明代的唐懋德撰写的《临洮府志》中也证实了这一点："马啣山在郡北九十里，史谓马衔俗误为马寒，昔元昊举兵攻兰州诸羌至此，其绵亘数百里，势极高峻，虽炎夏冰雪不消。"说明马啣山在明代时仍然沿用，而"马寒山"的称谓也逐渐在民间形成。清朝初年顾祖禹《读史方舆纪要》中载："马衔山在县西南三十里。山雄秀甲于郡境，即马寒山也。盘亘深远，与狄道县及兰州接界。"马啣山以高、寒冷著称，年平均气温只有10℃，民间多称"马寒山"，而书

面上常延续"马啣
山"的称谓。

《宋史·吐蕃
传》载："大中祥
符 七 年 （1014），
曹玮言'宗哥唃厮
啰、羌族马波叱腊
鱼角蝉等率马衔山、
兰州、龛谷、毡毛
山、洮河、河州羌
兵至伏羌砦三都谷，
即率兵击败之'。"

马衔山地貌

清恩福编修的道光年间刻印本《重修金县志》中云："马衔山俗名马寒山，在县西南四十里。绵亘数百里，势极高峻，界金县、皋兰、狄道之间，盛暑积雪不消，旧志谓，昔有野马数群，土人围之，马皆化石马，即大石马、小石马，山下有大马甲、小马甲二村庄，即其地欤，山下有泉。"

清乾隆年间有名曰娄玠的官吏著《马衔山金龙大王祠记》，记载当时带领乡绅在马衔山求雨的事："或曰马啣山有金龙大王者，祷辄应。于是命父老昇至邑，焚香再拜，具巫觋以祝。郡伯许大夫城守薛将军及文武诸僚偕晨昏往叩焉。未几，雨得小润。再拜再祷，越二日而甘澍沛至。吁嗟乎！王之灵应如响斯答矣。"此处载有"马啣山"地名。

宋、明称"马衔山"。明太祖洪武二十五年，肃庄王朱楧将"马衔山"辟作避暑山庄，清代称"马寒山""马啣山"，民国年间改称"马啣山"，沿用至今。

据以上史料，马衔山最初应为空同山，而后子城南山，继而康狼山，再而热薄寒山，进而薄寒山、空头山、马衔山、马啣山，最终为马衔山或马寒山。至今，这座高大的山脉仍然被称为马衔山或马啣山、马寒山、马黑山。现在，媒体及网络上普遍通用马衔山或马啣山。

马啣山因高耸的地势和严寒的气候条件，使其地貌景物与周围环境截然不同，而与号称地球第三极的青藏高原类似。

奇：马衔山地貌景物奇特。由于寒冻作用，平坦山顶上相对低洼处，冻胀土丘，形态奇异，斜立巨石，形成石海，如柱如笋。海拔3500米以上，既有古代冰缘遗迹，又有现代冰缘形成。在阴坡和山顶上还有距今3000年左右，厚达十米以上的冻土层，是考察冰川冻土地貌的重要地点。

特：马衔山海拔高，水气稀少，空气稀薄，透明度大，紫外线强烈，花卉色泽鲜艳。每年五月，北坡一簇簇硕大的杜鹃花盛开，美丽壮观。入秋以后，南坡黄澄澄的沙棘挂满枝头，鸟声此起彼伏，时有林麝出没，展现出一种宁静幽深的原始风貌。

马啣山山势高峻，气候多变，植物垂直分布明显，从山下到山顶，有阔叶林、阔叶针叶混交林、针叶林、灌木、草原、草甸、苔藓等依次分布，动植物和水资源丰富。一山有四季，十里不同天，七十二条沟，奇景看不完。春天，马啣山上白雪皑皑，山下芳草萋萋，林木森森，暮春暑夏，蔚蓝的天空，银色的雪峰，翠绿的林海和烂漫的山花相映照，构成一幅色彩绚丽的画卷。每当夏秋之季，水草丰美，山顶牦牛遍野，骏马奔驰，羊群如云，景色十分美丽壮观。此地是兰州地区目前唯一有终年积雪和冻土层的地方，是唯一有牦牛的地方，也是唯一的天然马场，是历代甘肃施政官员所看重的养马基地。秋至冬来，山顶银装素裹，一片白雪世界，而山的背阴处，积雪终年不化。这里，是黄土瀚海中的"绿色岩岛"，也是甘肃省中部干旱地区的"湿润之乡"。

马啣山山阳突兀辽阔，山阴林木葱郁，山顶平阔如野，在这人迹罕至的山上，常年雨雪纷飞，即使在夏天，都会出现六月飞雪的壮观景象。丰沛的雨雪，积蓄了天地精华，充盈的水源，涵养了山崖秀色，涓涓细流，汇集成了两条河，山阳为洮河，山阴为苑川河，两条古老的河，孕育了两河流域临洮、榆中两县文明，渊远流长。

马啣山有大石马、小石马、石棺材、金龙池 、石景峡等著名旅游景点，旅游资源非常丰富。为保护自然资源，国家已于 2017 年 5 月封山，将马啣山定为自然保护区。

2022 年 6 月 8 日晚于兰州

兰州古城

　　城是人类文明发展的一种伟大的标志性建筑，是文明发展到一定阶段，产生阶级、部落、国家后的必然产物，是部落间、种族间、国家政权间为了地域占领、管理、统治而建筑的防御工事，其中一些城池发展成为国家政权集中的中心枢纽。

　　城池，是历史上军事设防的最好方式。早在夏朝，统治者就筑城设防。

　　中国成熟的城郭，当属殷墟。据考古研究的翔实资料显示，三千多年前的殷墟，是中国商代政治、经济、文化、军事的中心，是中国至今第一个有文献可考并为考古学和甲骨文所证实的都城。

　　从两千多年前的春秋战国时期开始，城池一直是军事设防的主要手段，因而历史上，统治者要统治、管理一方，必然要筑城防守。

西关十字润城佳园内的兰州城墙碑

324

在过去相当长的畜牧文明（也称草原文明）和农耕文明时代，对于生产力低下、地域广阔的西北地区，筑城防守和管理，是最有效的方式方法，因此，兰州地区，历史上建筑了很多城池，都是为了军事防守和管理。"榆中的营多，永登的城多"，就是这个道理。兰州以"营"命名的地名，达一百多处，尤以榆中为多。整个兰州地区以"城"命名的地名，也不少。这些，都是指兰州地区广义上的古城，包括三县六区的大小古城，如永登县的满城、红古区的红古城、榆中县的东古城、城关区的王保保城等。这里，说的是狭义上的兰州市区的古城，也就是兰州城的城。

对于历史上处于重要战略地位的兰州，筑城防守自然是必不可少的。

兰州，历史上作为边关地区，城的历史，比中原地区要迟得多。据史料记载，秦昭王时始入秦版图，属陇西郡。自汉武帝元狩二年（前121年），大将李息在此筑"金城"防守，该城是除了秦朝建的"榆中"外，兰州最早的城，位于西固。西汉昭帝（前81年）在此始置金城县，隶金城郡。

西汉武帝时，在今西固黄河南岸设置了金城津（渡口），取名金城津。

后来相当长的一段时间，兰州地区处于战乱，城池被毁，一直没有较完整的城池。

宋元丰五年（1082年）为防御西夏，在西固筑堡设防，称西关堡（城堡）。

现在，一般说的兰州古城，是指兰州市城关区的古城，该城源于明朝。

明惠宗建文元年（1399年），肃王朱模率甘州（现张掖）中护卫移皋兰县（兰州），在现在的甘肃省人民政府所在地建肃王府，并开始筑城，这才是真正意义上的兰州的古城。

有城，就有城门。城门的大小多少，一般取决于城的大小和军事防御的需要。据史料记载，明代初期，兰州建成了内城，周围六里二百步（每步为五尺），呈东西略长的矩形。城墙高三丈五尺，宽二丈六尺。有四门，东曰承恩门（后改为来熙门，约位于今静宁路与张掖路交叉口），西曰

永宁门（后改为镇远门，位于今天的张掖路与中山路交叉处），南曰崇武门（后改皋兰门，位于今天的酒泉路与庆阳路交叉口偏南的位置处，大概就是现在的南关十字略靠南处），北曰广源门（俗称水北门，位于今天的永昌路北口略偏北的附近处，是当时城内的百姓从黄河取水的重要通道，因此，当时的北门，也称水北门）。

明宣德年间（1426-1435年），兰州城增筑了外城，周长为十八里一百二十步，呈不规则形。从此，兰州城初具规模。明正统年间（公元1436-1449年），又增筑承恩门外郭，并建外郭九门：东为迎恩（俗称东稍门，现广场东口），东北为广武（俗称新关门，它是东面城门中距离内城中心最近的城门，大约位于今天兰州广武商厦的附近），再往北为天堑（俗称下水门，后改为庆安门，今静宁路北口附近），南为拱兰（俗称南稍门，今中山林略东附近），东南为通远（俗称小稍门，今庆阳路与静宁路十字西南，因当时的城门不太大而取名小稍门），西南为永康（后改为安定门，今白银路与双城门之间偏南，当时常有外敌从该地进侵城内，为了加强该地的防护工作，就在该地设置了一个城门，取名安定门），再西南为靖安（俗称下沟门，后改为静安门），西为袖川（在清朝时为纪念左宗棠的功劳，又曾改为宗棠门，因位于兰州的最西端，后改名为西稍门，今文化宫略东附近），北为天水（后改为通济门，俗称桥门），当时修建了镇远浮桥，从此，浮桥成为连接酒泉、张掖等河西诸镇及新疆、青海的重要通道。由于该地的重要性，在此辟开一城门，取名桥门，在今中山宾馆附近。在抗日战争时期，为了汽车通行方便，桥门终被彻底拆除。后在城北又建小水门（今静宁路北口附近），该门是对当时的北门（广源门，也称水北门）在取水通道上的一个补充，是当时内城取水的一个重要通道。至此，兰州城郭的建筑规模基本固定了下来。

兰州内外古城能开这么多的城门，可见兰州古城的规模不小。

到清朝时，对城墙进行了较大规模地维修，并将城门和部分城墙以砖包砌，以防雨水冲刷和风化。

双城门，位于兰州市城关区双城门十字东南，正宁路北段，是兰州古城最后开的城门。抗日战争时期，日本飞机经常轰炸兰州，为了有效地组织居民疏散，就在内外城的南部各打开了一个门洞，居民可以尽快地穿过新开的内城门和外城门，到南山脚下等处疏散防空，后将两个门洞砌砖修整了一下，就是两个简易的城门，人们就将它叫"双城门"并一直流传了下来。现在，双城门地名，就特指双城门十字，和盘旋路一样，特指盘旋路十字。

兰州还有一个门就是萃英门，是一处古地名，位于兰州市城关区的东起西关十字西口，西行至解放门广场北口，折而向北至滨河东路的街区。萃英门并不是一个城门，是内城和外城之间的一小块区域。

萃英门与甘肃贡院密不可分。光绪年间，左宗棠任陕甘总督，有感于甘肃士子前往陕西考试费时费力，就向朝廷奏请"陕甘分闱"。

朝廷准奏后，建成了甘肃贡院。贡院建成后，可同时容纳三千人考试。人们习惯上称之为举院，至公堂前面仍然立着一块上书"甘肃举院"的碑刻。这应该是贡院，实际上就没有"举院"这说法，可能因为是考举人的地方，谬传了。

吴可读曾协助左宗棠建造甘肃贡院，又应其之邀撰写了一幅长达192字的楹联。萃英门得名于此。萃英门，取得便是荟萃精英之意。被誉为"陇上铁汉"的安维峻，编纂《重修皋兰县志》的张国常，求古书院山长天水刘光祖，重修五泉山的刘尔炘，兴办实业的河州邓隆等都出自此地。贡院建成不久，逢清末新政，科举取消，该地也改办为学堂，成为甘肃近代高等教育的发祥地。萃英

兰州城墙，拍摄于城关区南关十字润城佳园

门的牌匾不幸在军阀混战中遗失,迄今未见其踪迹。后兰州市将此地命名为萃英门,萃英门名字留存了下来。

兰州城墙绝大部分消失于20世纪50年代,剩余的随着城市建设的飞速发展而被拆除。兰州的古城,已经在人们的视野中消失。在城关区张掖路街道金塔巷东口南侧南关十字润城佳园小区内,还残留了一段城墙,是兰州老城内南部城墙的一段,也是明清时期兰州城墙最后的见证。这段城墙遗址夯土构筑,外包砌青砖。南侧表面砖层厚0.7米,长9.1米,城墙东侧土层厚1.2米,现长不足4米,高约7米,城墙上面还有人建了一间小房子,这是兰州城区唯一留下的古城墙。1984年10月20日,被兰州市人民政府公布为兰州市文物保护单位。

兰州保留下来的以城门命名的地名有萃英门、广武门、双城门、安定门、南稍门、小稍门、解放门、静安门。

兰州古城,已消失在现代文明的发展之中了,但它是兰州历史最厚重的一页,也已被载入史册。

2020年3月19日下午于兰州

兰州的山

山高有魄，水长有魂。

地处中华大地中心黄土高原腹地的兰州，不但有黄河及富有感情的庄浪河、大通河、苑川河、阿甘河等河流，也有雄伟高大的祁连山的支脉马㗋山及巍峨的皋兰山，美丽的兴隆山，苍翠的关山，诗意的五泉山、白塔山等山脉。有了这些名山大川，广阔的兰州大地，能不雄浑，又居于古丝绸之路要道上，能不引人入胜？

兰州，虽然深居内陆，大部分地域属于半干旱温带大陆性季风气候，

兴隆山红叶

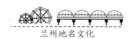
但又是南北部山地夹河川的地形，高原山地地貌占三分之二以上。复杂多样的地形地貌，也造成了包括高山气候、二阴气候、半干旱大陆性季风气候、干旱半干旱的半戈壁半荒漠气候等。复杂多样的气候地貌，孕育出了光辉灿烂的兰州文明。

兰州是多山的地区。据兰州市人民政府根据 1982 年全国地名普查的数据编印的 1983 年 12 月出版的《甘肃省兰州市地名录》，兰州地区有山脉 498 座。而据作者近十多年的调查研究和不完全统计估算，包括各条山脉支脉的自然小山在内，千百年来在民间形成的有真实有效地名的山（脉），在 1000 座以上，这应该还是保守的数字。南北部山区的绝大部分小山地名，没有被国家相关部门统计到，甚至市县级的地形图上都没有，只在一些电子地图上有标注。2018 年 10 月，作者曾采访到了一名 2018 年参加全国地名普查工作的定西籍男子，该男子称，2018 年的地名普查，对于自然地理地名的采集，新增的很少。无论国家相关部门采取什么方法普查，怎样统计，矗立于兰州大地上的大大小小的山脉，它们还是雄踞在兰州这块古老的土地上。这些山脉，有高有低，有大有小，坐标式地立于天地间，如马衔山、车道岭山、接驾嘴山、兴隆山、白虎山、鸡冠子山、皋兰山、白塔山、九州台、凤凰山、四条岭山、将军山、关山、沈家岭山、狗牙山、七道梁山、大堡子山、大尖山、长寿山、摩天岭山、卧牛山、仁寿山、猪驮山、魏家大山、笔架山、文笔山等等。

世界各地，都有以著名山脉命名地名的习惯，我国各大城市，也有这种情况。

不知是什么原因，过去，兰州市只有五泉路、红山根路两条路是以五泉山和红山（皋兰山下的土呈红色，故皋兰山又被称为红山，解放初期，在现金轮广场及南部地段，建有一个体育场，被称为红山根体育场，一直很有名气，2003 年被拆除）命名的地名，再没有以山命名的地名。21 世纪初，随着兰州经济的发展，城市建设步伐加快，城关区一条东西向的东起瑞德摩尔大道，西至金昌南路的新路被开拓，这条新路，被兰州市民政局于 2007 年 4 月以甘肃省内的名山麦积山命名，同时命名的另一条街是安宁区的仁寿山大街。随着城市的不断扩建及兰州新区的兴起，

徐家山

才有了更多的以省内外著名山脉命名的地名。2017 年，榆中县城至夏官营镇新扩建的路，被命名为兴隆山大道，兰州新区命名了祁连山大道等。

到目前为止，兰州以山脉命名的地名有城关区的五泉路、红山根路、麦积山路；七里河区的乐山街；安宁区的仁寿山大街；红古区的红山路；榆中县的兴隆路、栖云路、兴隆山村、兴隆山大道；永登县的祁连路；兰州新区的祁连山大道、昆仑山大道、天山大道、兴隆山路、崆峒山路、岷山路、鸣沙山路、凤凰山路、六盘山路、峨眉山路、太白山路、五台山路、华山路、泰山路、贵清山路等。

地名，就是一个地区、一座城市的名片。有了以名山大川命名的地名，特别是以本地的著名山脉河流命名的地名，就有了丰富的文化内涵，显得高雅而生动。

2019 年 12 月 7 日下午于兰州

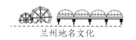
兰州的河

天降甘霖，地流河水。河，有大有小，有宽有窄，有内陆河，流入内陆湖泊荒漠，有外流河，流入大海。河，是上苍留给大地的经脉，留给生命的源泉，留给所有精灵的希望。大地因河流而勃勃生机，生命因河流而生生不息。

河流，也是有生命的，不但孕育了自己，也孕育了大地，孕育了自己怀抱里的所有生命。河流，就是大地上所有生命的根基和依托，因此，就有将河流称为母亲河的民族了。黄河就是中华民族的母亲河。

河流的命名，充满了文化气息，反映了河流所在流域的地貌、气候、历史、人文等诸多信息，传承了很多人类文明。

中华大地广阔，东西南北差异巨大，文化也颇为多彩，河流的命名，和其他事物的命名一样，也有

黄河兰州雁滩段

332

十分丰富的内容。

当然，所有的事物，不但有共性，也有个性，河流也一样，也有特殊性，比如，中国各地有只以一个字命名河流的，这一个字，大都是指这一条河，没有其他意义，这也反映出中华汉字文化的博大，如山东

黄河桑园子峡

省的沂河、泗河、沭河，河北省的滦河，山西省的汾河，陕西省的灞河、浐河、潏河，安徽省的滁河，江苏省的淮河，浙江省的甬江，青海省的湟水，甘肃省的渭河、洮河、泾河等。

兰州地区由于地域辽阔，地形复杂多样，气候多变，千百年来有十多个少数民族在这里融合，繁衍生息，多种文化碰撞交融，因而各种文明交叉发展，内容十分丰富，在传承中，体现在社会活动的方方面面，也包括地名的命名，其中，在河流的命名中，也表现得非常突出，异彩纷呈。有受历史行政管理影响命名的，有河水颜色命名的，有以地貌命名的，还由于受兰州地区干旱气候影响，多有河流是季节性河流，因而，还有特殊的干河、沙河等，这些无不体现出兰州特殊的地理位置、气象、气候、地貌、地质、流量、水文、植被、历史、人文等特征。

黄河，全长5464千米，兰州境内152千米，因流经黄土高原，含沙量大，一年大部分时间内，水是黄色的，因而被称为黄河。苑川河，全长75千米，榆中县最大的河流，在桑园子峡入黄河。早在汉代时，由于这一带水草丰美，为"龙驹沃土"，故汉朝廷设牧苑于此，筑"东西二苑，城相去七里"，苑川河因此而得名。苑川河在中游的甘草店至清水之间，因河水含沙量极高，被称为稠泥河。榆中三角城境内的干河，因只有上

游下暴雨发洪水时，河里才有水，故称为干河。榆中县小康营境内的龛谷河，因从龛谷峡流出，称为龛谷河。榆中县连搭乡境内的曳木岔河，发源于兴隆山北麓，因沟岔内森林茂盛，历史上一直有人伐木，曳木出沟岔，则从此沟岔流出的河，被命名为曳木岔河。发源于榆中，流经七里河入黄河的雷坛河，中游被称为阿甘河，因此地曾被鲜卑族占领统治过，阿甘是鲜卑族语"阿哥"的意思，阿甘河名源于此，而入黄河口处，有明朝肃王朱楧建的金天观和雷坛，因而，八里窑以下的下游，被称为雷坛河。流经七里河区的七里河，因东距兰州城七里而得名。永登县境内的庄浪河流域，元朝时，草木茂盛，有野牛出没，庄浪是蒙古语野牛的意思，因而被称为庄浪河。永登县境内的吐鲁沟河流域，在元朝，也是森林苍翠，草木萋萋，流水清澈，吐鲁是蒙古语"上好"的意思，因而该河流被称为吐鲁沟河。永登县境内的咸水河，因流经干旱少雨的黄土高原沟壑地带，流域内植被稀疏，环境恶劣，河水是由碱沟中含盐碱极高的咸水汇流而成，因而称咸水河，咸水可晒制食盐。这样的咸水河（沟），在永登、皋兰、榆中三县的北部山区有几十条。

兰州境内的河流有上千条，绝大多数是季节性河流，有相当多的河，甚至常年无水，只有在暴雨天，才有流水，这也是兰州地区干旱气候和植被稀疏以及水土流失严重的真实反映。过去真正常年有水的河流只有几十条。随着气候的变化，人类活动的影响，这些河流大部分已断流。

苑川河中游

目前，除了黄河、湟水、大通河水量丰富，庄浪河水量较大外，只有榆中县境内的龛谷河、徐家峡河、兴隆峡河、曳木岔河、官滩沟河，七里河境内的阿甘河，永登县境内的吐鲁沟河还有少量流水，其他的河流，包括过去有较大流水的如苑川河、沙河、大河、分豁岔河、水岔沟河、黑池沟河、柳沟河、大砂沟河、西果园河、

大砂沟河

七里河、笋箩沟河、龙滩河、咸水河、蔡家河、水皁河等均已断流。还没有彻底断流的河，已不到十条。

兰州地区特殊的地理气候环境，严峻的河流水文，已是需要面对的问题。保护环境，让我们从保护河流开始吧。

2019 年 11 月 27 日晚于兰州

石佛沟

　　兰州的夏天，虽说不像南方那样闷热，但七月底八月初的十天半月，如果天气晴好，还是炎热难耐，特别是市区，高温往往会达到35℃以上，甚至接近40℃。人们会选择外出旅游避暑，但大多数的人会就近到南部郊外的兴隆山、官滩沟、麻家寺、石佛沟、黄峪沟、关山等凉爽的二阴山区纳凉休闲。

　　周六的早晨，起床就感觉有些热，正在想，是否外出找个地方凉快凉快，度过这个燥热的周末。同学景教授来电话相约，欲到石佛沟去，好，一拍即成。景教授提议，不必驾车，乘公交车，选择环保自由行，也好。石佛沟距兰州市16千米，有44路公交车和微型公交车可直达沟口。

石佛沟

　　两家四口人分头前往西关十字西面的洪门子公交枢纽站集合，然后乘44路公交车，30分钟就到达石佛沟口。

　　下车进山，一条好多年未见过的老铁路横在面前，站在岔道上，可以看见两面的铁轨沿山谷延伸而去，消失在百米之外，给人一种沧桑之感。这是阿甘煤矿往兰州西货场运煤的专用铁路。35 年前，上学时，常常看到运煤的火车冒着浓浓的黑烟，长鸣汽笛，轰隆隆驶过。后由于阿甘煤矿的资源枯竭，到 2000 年后，逐渐停产，这条铁路几乎废弃。岔道口一位值班的中年男子介绍，近年，阿甘煤矿又有少量的煤被开采，所以，偶有运煤的火车通过。今天，没有见到火车。

过了铁路，就是进石佛沟的沟口了。一进沟口，就有凉爽的山风迎面而来。上山的路是油路，不算太陡，两面的山却非常陡峭，直插蓝天，不时有山鸟鸣叫，显得幽静而深邃。路两旁及山崖上，有各种山花，鲜艳无比，吸引人们时不时停下脚步，观赏拍照。还好，景教授是研究中药材的专家，对植物颇有研究，不停地给我们介绍开花植物的名称及性能。

上到五分之一处，出现了两个沟，左边是石佛沟，右边是水岔沟。公路进了水岔沟，可达榆中和平、兴隆山及临洮。我们选择了左道。15 元的门票不算贵，有私家车要拉我们进山，我们谢绝了，我们要步行进山，亲近大自然。

石佛沟国家森林公园位于兰州市七里河区南部的阿干林区内，面积 6373 公顷。全园由石佛沟、天都山、大沟三个主要景区组成。公园处温带阔叶林向草原过渡地带，属温带高山森林、草甸地貌。阔叶林分布在梁峁温湿的阴坡，草甸地貌在海拔 3000 米以上的山顶。据说在清初，山崖上发现了一个石洞，洞壁上有石佛像。嘉庆年间（1796–1820 年），有僧人化缘募捐，修建石佛寺，并长年住持，石佛沟也因此而得名。寺在清同治元年（1862 年）至十三年（1874 年）和"文革"中两度被毁，2008 年重建。另有一说，北魏太武帝拓跋焘神麚四年（431 年），鲜卑族首领、吐谷浑白兰王慕容贵以己隐修之石佛沟灵岩洞为基，拓展建成寺院，因洞内有石刻佛像，遂取名"石佛寺"。

有关资料显示，1992 年，国家林业局批准石佛沟为国家森林公园。2018 年 4 月，兰州市旅游景区质量评定委员会公布兰州石佛沟国家森林

公园晋升为国家 3A 级旅游景区。公园地处祁连山余脉，属马啣山系，海拔 1950-3124 米，最高峰双咀山，主峰海拔 3124 米，副主峰海拔 2996 米。两座山峰像两根粗壮的擎天石柱，直插云霄。园内峰峦叠嶂，沟壑纵横，从石关子梁到双咀山，从七道梁到大尖山，山形地貌特点各异。由于地质运动，大自然将山体岩石雕琢成各种形态。大尖山西沟阳洼的"睡观音"地貌。黑鹰沟山咀，似黑鹰展翅欲飞。凤凰台因山形似凤凰而得名。

石佛沟属高山森林草原地貌，地势高峻，是二阴气候，降水较丰沛，植被茂盛，动、植物资源十分丰富，动物有狼、狐、艾虎、黄鼠狼、野兔、跳兔、石貂、马麝、蛇、獾、鸣声鼠、红腹锦鸡、山鸡、嘎啦鸡、野鸽、环颈雉、戴胜、喜鹊、山雀、乌鸦、红嘴鸦、猫头鹰、苍鹰、啄木鸟、家燕、沙燕、雉、水鸭、斑鸠、麻雀、白鹭、杜鹃等，其中红腹锦鸡、白鹭、石貂、马麝属国家二级保护动物，环颈雉属三级保护动物。树种主要有栎树、山杨、白桦和榆树等，还盛产药材，有猪苓、秦儿、麦冬、大黄等 200 多种中药材。

沿沟底的柏油马路步行 40 分钟，有金碧辉煌的寺院横在山谷。寺院门前左右两侧，有农家乐和宾馆。寺院高大的山门敞开着，有三三两两的香客在烧香磕头，翘首观望。进到寺院才看清，这是一座藏传佛教寺院，叫灵岩禅寺。寺院高大雄浑，右侧有门，通往二道院，院内有如来八塔，净洁壮观，这是藏经塔，以白色为主。八塔后面是著名的七星泉，泉边立有清朝道光年间石碑一座，传说八月十五夜晚，北斗七星映于泉中，故而得名。公园内泉眼众多，零星分布于沟坡、半山及川区，较有名的有蛤蟆泉、石泉、南泥泉、青龙泉、暖泉等。这些泉自古以来都是良好的饮用泉，这些泉水汇流成溪，沿山沟日夜流淌，在山下汇入雷坛河，流向黄河。

如来八塔的后面，是三排闭关房舍，整洁幽静，外人不许入内。闭关房舍右侧，有狭窄的石阶路通往后山。我们绕道拾级而上，石阶上有水，两旁有人工种植的油松、侧柏，各种灌木，还有成熟落地的山杏，

散落在石阶上，
随手捡起一颗，
放在嘴里品尝，
虽没有山外的
杏子好吃，但还
是酸中带甜的
味道。

石佛沟灵岩禅寺

继续前行，
石阶越来越陡，
突然发现十米
外，有一只鸽子
大小的鸟在石阶上，缩着脖子，一动不动，像猫头鹰。我立即示意妻子
和景教授两口子停止前行，包括跟在我们后面的一对情侣。我拿出手机
轻轻靠近，拍照，再靠近，再拍照，距离不到两米了，才看清。鸽子看
着我们，是受伤了。在这里，如果不施救，鸽子就会落入其他动物之口。
我们抓住野鸽子，准备送到山下的护林站。

即将到达山顶，石阶没有了，只剩下羊肠小道，且狭窄泥泞。天色
将晚，我们商议即刻下山。回身沿山谷俯瞰，美景尽收眼底，一座座闪
着金光的寺庙伫立在山坡中。两边，奇峰对峙，气势壮观。黛色的山峦间，
金碧辉煌的寺院建筑是那样的耀眼醒目。

下到寺院，发现寺院的房顶上，有一群野鸽子一会儿盘旋，一会儿
落下，还时不时落到宽敞的院子觅食。我们将救助的鸽子放过去，它们
竟然融合在一起了，真是"物以类聚，人以群分"。我们告知寺院的住持，
这只救助的鸽子飞不起来，请予以关照，住持爽快地答应了，并对我们
的救助表示感谢，我们也为救助了鸽子而感到欣慰。

石佛沟国家森林公园包括石佛沟、铁冶沟、水岔沟、北滩沟四条沟。

公园东连榆中县的兴隆山自然保护区，西接关山森林公园，南与临洮县为邻。这里海拔较高，都属于凉爽的二阴山区，冬季寒冷，夏季凉爽，山清水秀，是避暑的好地方。

2019 年 9 月 5 日于兰州

三爱堂的故事

三爱堂是兰州一处较古老的地名，确切地说，是一处较古老的建筑，现特指三爱堂医院。

说起三爱堂，还与爱国将领张治中有一些故事。

张治中（1890–1969 年），男，原名本尧，字警魄，后改名治中，字文白，安徽巢县（今安徽巢湖）人，黄埔系骨干将领，中国国民革命军陆军二级上将，爱国主义人士。1932 年"一·二八"淞沪抗战时任第五军军长，在上海抵抗侵华日军。1945 年，调任国民党军事委员会政治部部长兼三民主义青年团书记。1949 年，促成新疆和平解放。中华人民共和国建立后，历任西北军政委员会副主席、全国人民代表大会常务委员会副委员长、中华人民共和国国防委员会副主席、政协全国委员会委员、中国国民党革命委员会中央副主席等职，对社会主义建设事业作出了重要贡献。

明清时期，在兰州小稍门外的鼓楼巷小学旧址，有一座供奉观音大士的禅林寺，道光二十七年（1847 年）曾经重修过。因为寺院周围是一片可以揇取靛青的蓼蓝的园圃，所以民间称此寺为靛园寺，进而将寺院周围的地名也称为靛园寺。

民国三十五年（1946 年）四月，张治中将军在兰州期间，在靛园寺东侧修建一座行营公署礼堂，并题写了礼堂门额"三爱堂"，下题"爱民、

爱兵、爱友军"七个小字，礼堂被称为"三爱堂"。

1949 年后，"三爱堂"被扩建为中国人民解放军第一医院（陆军医院），兰州人民仍亲切地称为三爱堂陆军医院。

礼堂"三爱堂"已于 1986 年拆除建房，但"三爱堂"地名被保留了下来。

2020 年 11 月 21 日下午于兰州雁滩

黑池沟，记录着一段沧桑的历史

黑池沟，是榆中县一处古老的地名。

黑池沟村，是榆中县清水驿乡北部的一个行政村，位于北山黑池沟河口处，距榆中县城东北 15 千米，地名是以黑池沟河命名的。

黑池沟河是苑川河右岸的一大支流，全长 26.5 千米，流域面积 326.5 平方千米，源于北山贡井乡的吕家岘，西南汇集了贡井、鲁家沟、中连川、韦营、清水驿等乡黄土丘陵区沟壑的盐碱泉水及暴雨径流，至黑池沟口汇合，在西南至东古城入苑川河。由于流域地处半干旱的温带大陆性季风气候区域的干旱山区，年降雨量不足 300 毫米，蒸发量却在 1650 毫米以上，所以，平时沟里流出来的少量泉水，盐碱含量非常高，既不适宜人畜饮用，也不适宜农田灌溉。只有夏秋季节下暴雨时汇集的洪水才可以灌溉，澄清后人畜饮用。

传说，在黑池沟沟口处的猪

黑池沟（2021 年 8 月 3 日拍摄）

头山下，有一神泉，常年流水很旺，因沟里流出来的都是咸水，只有这眼泉水甘甜，给人们带来了福祉，被当地人称为神泉。泉水流到黑池沟河边的一个池塘，因在神泉旁边有一特大的黑色石头，所以人们就把这个池塘叫黑池，把这条河叫黑池沟河，也称黑池沟。

而黑池沟村，还有一个地名，叫天池峡。为何会有这么漂亮的一个地名呢？这要讲一个天池峡水库的故事。

黑池沟河，虽然平时只有少量的盐碱流水，但下暴雨时，却有很大的洪水。据有关资料记载，最大洪峰流量为 564 立方米／秒。1929 年 8 月的一次暴雨，使许多坡地变成小沟槽，大量农作物被冲走。兴修水利是解决这一地区干旱问题的唯一途径，如果能拦截黑池沟的洪水浇灌田地，则是化害为利、功在当代的大举措。

1958 年，榆中县（时属定西专区）委遵照"以蓄为主，小型为主，群众自办为主"的水利方针，从尽快改变干旱面貌的愿望出发，决定在黑池沟建一座水库，黑池沟水库工程委员会随之成立，水库由定西专署水利局和榆中县水利局共同勘测，按五十年一遇洪水量设计，坝高 40 米、长 250 米，设计库容 1500 万立方米。

同年 5 月 1 日，黑池沟水库开工建设，有来自县直机关的 40 多名干部及清水驿、甘草店、三角城、夏官营等十多个乡的四千多名民工，还有十几名来自上海等地的技术人员进驻工地。当时，甘肃省委副书记、纪委书记强自修视察时提议将黑池沟改名为天池峡。工地上实行 24 小时的三班倒作业，最多时人数达一万人。经过一年五个月的苦战，1959 年 10

天池峡水库大坝决口处（2021 年 8 月 3 日拍摄）

月，水库终于竣工，开始蓄水。1966年续建溢洪道，其他设施也逐步完工。水库蓄满后，水深一般在3-4米，水面宽约500米，水上溯到大沟的旱家岭和兰家沟的黑石头湾子，水面呈巨大的Y型，纵深达5000多米，可浇灌天池峡、太子营、东古城等村的耕地6000多亩。

残存的天池峡水库涵洞遗址（2021年8月3日拍摄）

天池峡水库残留的堤坝

平时盐碱性较大，洪水注入后，才适宜浇地。天池峡水库的建成，使黑池沟出现了"高峡出平湖"的伟大景观。天热时，水库边水性好的大人与孩子们在水库里尽情畅游，也有人用羊皮筏子运输粮食等。

1972年，我跟随母亲到天池峡村探亲时，于夏天和冬天两次到天池峡水库看风景，对于没有见过大海的我来说，还是觉得非常壮观。

期间，由于坝体与山体连接处出现裂缝，管理部门曾组织人工灌注

泥浆修补，对水库进行了加固。

由于当初建水库时，对流域内水文情况缺乏了解，设计不合理，只经历了 15 年的时间，水库就因泥沙淤满而报废。祸不单行，1986 年 6 月 25 日晚，北山地区突降暴雨，巨大的山洪向天池峡大坝涌来，随着一声轰响，这座成千上万民众费尽心力建成的当时全兰州市最大的被称为"天池"的水库土崩瓦解。

今天只能看见干旱皲裂的河床、石块砌筑的溢洪道、残存的坝体和破裂的涵洞口。2019 年 9 月 22 日下午的秋阳下，当我伫立在天池峡水库决口处的沟底，看到此处的一切，想到的不仅仅是日月的沧桑，更是先辈们的艰辛。

天池峡村地名仍然存在，黑池沟和黑池沟河一样，仍然存留在榆中北山，存留在苑川河的上游。

2019 年 12 月 10 日于兰州

榆中县东古城

东古城，一个古老的地名，位于兰州市榆中县清水驿乡东古城村。该地名源于何时，已无从考证。据村上的老人讲，东古城的地名，在明朝时就已经有了。

东古城，是不是385–413年鲜卑族乞伏国仁在苑川河中游建立的"西秦"的都城——勇士城？有人说是，有人说"西秦"的都城在夏官营，到目前，还没有定论。有专家在夏官营古城找到了宋瓷碎片，称夏官营古城是宋城，而东古城还没有发现较好的证据。

据《晋书》《魏书》和《甘宁青史略》记载，苑川河自新营至来紫堡分为四个川。新营至高崖为瓦川（又

东古城残留城墙

村道穿过东古城

称沿川），高崖至甘草店为大营川，甘草店至东古城为勇士川，东古城至来紫堡为苑川。

东古城位于勇士川地段的苑川河北岸。在 20 世纪 70 至 80 年代，笔者到过此地。到 80 年代中期，城西半部已被苑川河水冲刷为河滩，城东半部为居民村落，北城墙长 100 余米，中间被挖开 20 米长的一段，通了村路，其余保存还较好，但明显受雨水冲刷和风蚀，比东墙低矮了两米多。残留的东墙长度不及北墙的 1/3。村路由东南－西北方向穿城而过。从城墙的结构分析，该城是呈长方形或正方形，城墙系夯土而成，从断面上看，有过三四次加筑。城墙的下半部黄土纯一些，上半部砂石成分明显增多，甚至有碗口大的石头。目前，城墙已被砖墙围了起来，做了简易的保护。

从地理环境及交通看，东古城位于苑川河中游的北岸，北靠连绵起伏的北山，可通会宁、靖远，东面南面有黑池沟河、清水河、夗谷河汇入苑川河，河水丰富。苑川河南岸，是古丝绸之路必经之地，交通便利，进可攻，退可守，非常适宜建都。

城北 3 千米处有村子名叫"太子营"，苑川河南岸有村子名叫"接驾嘴"，这是两个特殊的地名。在封建时代，只有帝王出行时才有资格被"接驾"，也只有王子才可称为"太子"，由此可分析出，东古城是西秦国都勇士城的可能性非常大。

据相关历史资料记载，西秦国定都苑川河中游的勇士城，曾三次迁都（也有说七次迁都），曾在临夏市的枹罕落过脚。388 年，西秦国都由苑川（榆中）迁都金城（西古），"西去七里"。399 年又迁回苑川。

按照中国东西对称的习惯,都城就应该是东古城。明弘治十二年(1499年)在西关堡(西古城)旧址重建城堡防守,始称西古城。这符合历史特点,东有东古城,西有西古城。到了清代,西古城才改名为西固城。西秦是一个"国家",虽然覆灭地有点迅速,但不留痕迹,包括墓葬,是不可能的。

条件许可时应对西秦国的一些古迹进行勘探挖掘,揭开此历史之谜。

2019年9月23日于兰州

兰州三眼井

　　兰州城地处黄河上游的河谷地带，尽管古老的黄河穿城而过，但由于黄河切割河道较深，城西又有雷坛河切断上游的引水入城之路，历史上，只有在雷坛河八里窑处引雷坛河少量的水经伏龙坪山脚下到达上沟、下沟、中山林、王马巷及闵家桥一带，灌溉部分农田果园，也提供市民饮用。

　　河谷及河滩地段的兰州，地下水水位很高，一般在 3-10 米之间，因此挖井取水很方便，特别是南岸区域，井水大都是甜水，可浇灌饮用，因此，历史上，兰州打井取水非常普遍，遗留下来不少以井命名的地名，如"井儿街""三眼井""沙井驿"等地名。不过，位于黄河北岸的沙井驿，因地处河滩沙砾地段，因而打井时，挖出来了沙子，农民则用沙压田保墒，而井水则在过去相当长的历史阶段，都为兰州百姓所利用。20 世纪 80 年代末，雁滩等部分地方的人还在

三眼井遗址

用井水。

三眼井，就是在兰州遗留下来的这样的井。

三眼井位于兰州西关，因紧挨着的三口井而得名。在新中国成立之前，西关一带的居民皆饮用三眼井的水。

传说三眼井开凿于明朝洪武年间，距今已有 600 余年的历史了。三眼井位于兰州城的西段，处于东西交通要道口，自明朝时，就是人口稠密的地方，三眼井井水丰富，因而利用率一直很高，有很大的名气，也是兰州城区唯一遗留下来的一处古井。

现三眼井处立有"兰州省城古迹三眼井"字样的石碑。

2020 年 3 月 2 日下午于兰州

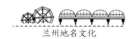

详述兰州名园林

园林，指特定培养的自然环境和游憩境域。

中国园林萌发于商周，成熟于唐宋，发达于明清。秦汉，帝王和贵戚模拟自然美景和神话仙境，以自然环境为基础，又大量增加人造景物，五代，文人参与，园景主题鲜明。

我国造园应始于商周，其时称之为囿。商纣王"好酒淫乐，益收狗马奇物，充牣宫室，益广沙丘苑台（注：河北邢台广宗一带），多取野兽（飞）鸟置其中……"周文王建灵囿"方七十里，其间草木茂盛，鸟兽繁衍。"最初的"囿"，就是把自然环境中景色优美的地方圈起来，放养禽兽，供帝王狩猎，所以也叫游囿。汉起称苑。汉朝在秦朝的基础上把早期的游囿，发展到以园林为主的帝王苑囿行宫，除布置园景供皇帝游憩之外，还举行朝贺，处理朝政。汉高祖的"未央宫"，汉文帝的"思贤园"，汉武帝的"上林苑"，梁孝王的"东苑"（又称梁园、菟园、睢园），宣帝的"乐游园"等，都是这一时期的著名苑囿。从敦煌莫高窟壁画中的苑囿亭阁，元人李容瑾的汉苑图轴中，可以看出汉时的造园已经有很高水平，而且规模很大。

兰州，由于地处西北内陆的黄土高原上，历史上处于边关地带，经济文化发展相对落后。园林也是如此，数量少，规模小。

兰州虽然地处西北内陆，受大陆性季风气候影响，干旱少雨，植被稀疏，但作为西北著名的历史名城，丝绸之路上的交通要道，也有中山林、山字石花园、邓家花园、罗家花园等园林遗留在老兰州人的记忆中。

兰州的园林主要是明朝以后至民国初期建造的。由于历史原因，绝大多数的园林被毁，特别是私家园林被毁殆尽。早期的园林有五泉山园林古建筑群、白塔山公园和中山林，五泉山园林古建筑群有皇家（官方）园林和私家园林两种性质。五泉山园林最早可以追溯到西汉，但真正规模型建园，到了元代，据《兰州市志·园林绿化志》记载："元初，西麓二郎岗有霍去病庙，元末毁。明洪武元年（1368 年）重建。"元代在五泉山建皇庆寺，明洪武初改为五泉寺。永乐七年（1409 年重建），改为崇庆寺。天顺六年（1462 年），在东龙口悬崖上建千佛阁，嘉靖十四年（1535 年）重建。在元代，五泉山就有了寺庙建筑。到明清时期，五泉山建筑规模不断扩大，融进了大量宗教和景观文化元素，采用了当地雕塑、镂空、木刻、砖雕等建筑艺术风格，形成了自己的特色。

兰州其他园林，大致均可归为私家园林，包括明肃王时代建的凝熙园、莲荡池、节园、鱼池子等。

兰州的私家园林，主要集中在兰州市区，部分建于元代，大多建于清朝和民国初期，其代表有中山林、凝熙园、邓家花园、水梓的煦园、嵩龄别墅、若园、魏园、望园、亦园、裴园、艺香圃、罗家花园、颐园等。据史料记载，清末至民国，兰州建有私家园林二十多处。现在除了邓家花园外，其余均已不复存在。

邓园大门

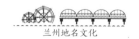

中山林

位于原萧家坪的东部，北起白银路，南至南山根一带。旧址即今甘肃日报社、西北民族大学等单位驻地，是民国十五年（1926 年）冯玉祥所部刘郁芬率国民军入甘，为纪念孙中山先生而扩建的园林。栽植榆、槐、桑、椿等树两万余株，并建立中山先生铜像（1956 年移五泉山公园内），故名中山林，又称中山公园，1949 年后拆除。1982 年兰州地名标准化普查时，为保留这一纪念意义的地名，仍定为中山林。

凝熙园

山字石原为明肃王府的花园，名为"凝熙园"，园中重点建筑为用巨石垒雕之大小假山，并以从榆中县万眼泉采来的"活山字"（钟乳石，俗名水锈石，兰州人叫水锈或山字）相辅之，假山上点种一些花草，还有水池，池中种有荷花，养有金鱼，通称大小山字石，是肃王及其嫔妃休憩之地。花园内种有花卉树木，环境幽雅，是当时兰州有名的一处园林花园，节假日向民众开放。

1941 年兰州设市后，市府曾将该处街巷予以整修。民国三十二年（1943 年），由于战乱，无人管护维修，水锈被人偷盗，大山字石已不复存在，小山字石"尚有假山一角，垒石为之，上有数小院落。又垒石作洞府，通达四出，岩间塑泥仙人数十，颇逸俊可观"。

民国三十五年（1946 年），因该巷年久失修，全巷中有三百多米路面十分狭窄，泥泞难行，山字石一带原有一大渗水坑，汇集该处雨水。市政府组织修整，由驻军将水坑填平。此后，每遇大雨，水无所归，深积数尺。民国三十七年（1948 年），再次整修，路况稍有改善，但花园已没有花园的模样了。

1949 年后，山字石一带多次拆迁整修，街道稍有拓宽，山字石花园彻底消失，但山字石老街名被保存了下来。

邓家花园

在甘肃省委的北面，城关区广武门后街，占地 27 亩。1922 年甘肃督军张广建的副官韩仰鲁购置清代先农坛，建仰园，俗称韩副官花园。

园内有假山、池塘、照厅、佛堂，花木繁茂，所植牡丹、芍药多为珍品，依靠水车引黄河水灌溉。1933 年，西安绥靖公署驻甘肃行署主任邓宝珊先生购置了仰园。1941 年，邓夫人崔锦琴及子女在日军飞机

邓家花园

的轰炸中罹难，葬于园内，于右任改题"慈爱园"。中华人民共和国成立后，为甘肃省省长邓宝珊办公兼居住的地方。20 世纪 60 年代初，邓宝珊表示要将花园献给国家，中央和省委婉劝他继续住在这里。"文革"中慈爱园被没收。1978 年，国家又将慈爱园退还给邓宝珊子女。1982 年，邓宝珊先生的子女又将慈爱园捐献给国家。1985 年由甘肃省人民政府投资修缮后，改为邓家花园，简称邓园。邓宝珊在园内接待过贺龙元帅、陈毅元帅和梅兰芳、叶圣陶等名人。

熙园

熙园，是兰州著名的文人水梓的私园，位于颜家沟。是水梓花了半生的心血修建的，其雅和精达到了极致，在兰州的私人花园中无与伦比，"花影不离身左右，鸟声只在耳东西"。池塘、照厅、佛堂，花木繁茂，所植牡丹、芍药多为珍品，民国时高层人士和一大批文化人都到过。其中张大千去敦煌，曾多次到过熙园。20 世纪 40 年代香港出版的《忆兰州》（许元方著）一书中说："兰州公私园林花木之盛要推熙园，熙园是水梓先生从平地造起，用了二十几年的心血，毕竟不白费，现在到兰州的中外人士，谁不想到熙园瞻仰？"张恨水两次到兰州，都曾到过熙园。

节园

节园在陕甘总督府（今兰州市委所在地），始建于明朝建文元年（1399年）。明肃王朱楧移藩兰州，大兴土木，兴建官府花园，节园为明肃王府后花园，是当时兰州规模最大、档次最高的花园之一。园内花木葱郁，亭台楼榭错落有致，景物极为秀美。清乾隆二十八年（1763年），陕甘总督驻节肃王府，故称节园。1959年，为了拓建滨河路，北城墙和拂云楼都被拆除。

若己有园（艺香圃）

若己有园曾名望园，又名鸣鹤园，是清朝甘肃布政使司的后园，故址在今通渭路西侧原甘肃省图书馆一带。传说为著名戏曲家、园林家李渔设计建造。园内有亭、台、楼、榭及假山、池苑等，是一座具有苏杭风格的园林，初名艺香圃，始建于康熙八年（1699年）。道光年间，经程德润重新修葺，更名为若己有园，意思是并非己有。据《兰州古今注》说，园中"正北有室曰蔬香馆，中有乾隆御书《圣主得贤臣颂》，嵌诸壁间。东有四照亭，又东为水榭。亭西结石为小山，峰峦环曲筑石阙，南出乐寿堂，署曰'昆仑之墟'。园西引阿干沟水经西城入园，汩汩东注凿池以潴之。池上时置小艇，可以放浆洄溯至园西"。

嵩龄别墅

1937年甘肃军阀鲁大昌在兰州城西郊的吴家园建的中西合璧的别墅，在当时非常有名，张大千曾在此借居作画。张大千在此作的一幅画中题跋，提到了嵩龄别墅。2008年，此幅画在甘肃省博物馆中展出过，引起了不小的轰动。

若园

若园，也被称为曹家花园。1924年，兰州人曹蓉江在广武门外水车园建了一座别墅，号称"若园"，仰可见兰山巍峨，侧可听黄河滔滔，以艺术家的手法，使河声山色浓缩于园中，更为奇特的是在园中辟小楼为画室，不设楼梯，借滑轮牵引上下。有不少文人墨客到此造访，留下了许多佳话。

罗家花园

早在明朝前期，罗家人就已居住兰州，在现在的五泉山下繁衍生息。明朝末期，已是兰州的大户人家。清朝中后期，已在现在的五泉山下（兰州索道一带及以北）建有庄园和花园。民国初年，建起了二层木质结构的别墅和园林，包含现在的五泉公园内兰州索道站，北到兰州市委党校一带，内有五泉山流下来的泉水，有小桥、花亭、假山、楼阁等，种植有冬果梨、软儿梨、吊胆子、苹果树、桃树、杏树、秋子树、柳树、榆树、槐树、竹子、牡丹、芍药、七月菊、九月菊、荷花等花卉树木，春夏鲜花盛开，秋季硕果累累，四季流水潺潺，风景优美。每年春节、正月十五、清明、端午、中秋、小年（腊月二十三）等重要节日，都要向民众开放，给兰州市民留下了很深的印象，是当时兰州的一处著名园林，和中山林、邓家花园、山字石花园一样，是兰州的一处重要游览场所。

黄家园

位于甘肃省政府东南边，这里因为明代探花黄谏曾经居住而闻名。在千年科举历史中，兰州科举名次最高的就是黄谏。后被称为黄家园。

王氏园林

王氏园林在兰州西南郊上沟一带，是王姓人的私人花园。清末时，维新志士谭嗣同曾经到这里游玩过，还写下了《兰州王氏园林》一诗。这个园林很有地方特色，种有松树、柏树、梨树、牡丹、芍药等，引入渠水，架设两座木桥，环境优雅。谭嗣同到此游览后写道："幽居远城市，秋色满南郊。野水双桥合，斜阳一塔高。天教松自额，人以隐为豪。为睹无怀象，若吟深悔劳。"

魏园

位于城关区兰林路，在清代，即为私园，民国以来为魏正卿所有，故称魏园。园内种植果树蔬菜，牡丹花卉，灌溉溥惠渠水。渠边植十来株箭杆杨，掩映东北部园墙，园内花木繁盛，环境幽静。

曹家花园

清道光年间，兰州翰林曹炯在城关区小稍门外修建了一座花园，民

间称为曹家花园。该花园规模颇大，占地万余平方米，种植着百余株梨树、苹果树，还栽植杨树、柳树，培育着牡丹、芍药、连翘、迎春花等花卉，自然也种植蔬菜，

邓园一角

引五泉山泉水灌溉，很有气派。民国初年，为会宁进士秦望澜购置，改为顾园，俗称秦园。1950年甘肃省人民政府将其购买，改建为甘肃省第一保育院。

北园

北园位于解放门外至雷坛河东岸以北地段。明朝时，兰州旧城有东、西、南、北四园，北园为果园、菜圃之地。兰州市闻名的冬果梨（俗称"北园梨"）即产该地。以地处旧城关之北故名。今果园已被高楼林立的居民区所占，名存实亡。

东园南村

是兰州最早的私家花园。明成化十九年（1483年），前南阳知府段竖在五泉山东麓（今兰州市城关区塔子坪）购地约1000平方米，建屋数间，植花木，取陶渊明"昔欲居南村，青松在东园"之意，取园名为东园南村，以养老、讲学。他赋诗40首，题为《东园南村吟稿》。其中有句"南村携杖过东园，景幽人说似桃源"，写出了此园的幽雅景观。

张子清花园

兰州东郊雁滩最著名的花园，位于大雁滩，具体位置在兰州骨伤科医院及其以南的地方。占地近 20 亩，集住宿庄院、花园为一体，建筑虽为平房，但规模宏大。花园内小桥流水，花卉品种繁多，一派鸟语花香的胜景，在兰州颇有名气。

清末民初，兰州城关区上沟、下沟有骆家花园、耿家花园、张家花园、王家花园等，还有东稍门一千米处的宁若庄园，红泥沟口的鸿泥园，上西园的半亩园，柏道路的任家花园，徐兆莛的鹤龄山庄等私家花园都很有名。

20 世纪 50 年代以后，兰州城市建设规模逐渐扩大，私家园林都被拆除了。中山林、山字石、黄家园、北园只是作为地名保留了下来。

兰州的园林虽然已基本离我们远去，但给兰州人民留下了美好的记忆。

2017 年 10 月 16 日晚于兰州辰北花园

兰州地名文化

榆中古城略考

榆中的营多，永登的城多。

据不完全统计，永登遗留下来的古城地名有城关镇、红城、古城、满城、黑城、连城、坪城、坪城堡、铁城、石城、城字头、罗城滩村、满城村、古城子、上山城、下山城、野狐城、洛洛城、铁成口、马家山城、山城沟、东城沟、三角城、石拉城、马家山城等。

榆中以营留下来的地名有67处，以古城遗留下来的地名有17处。古城地名为啥较少呢，是因为永登县的古城大多是元朝至明朝的，和榆中的"营"历史相当。其实，历史上，榆中境内建过的古城也不少，最早的城可以追溯到2000年前的秦朝，晚致明朝。由于兰州地处黄土高原，黄土层深厚，气候干燥，过去，城墙绝大多数都是黄土夯筑而成，最易被雨水侵蚀而毁。因此，宋朝至元朝时期的古城遗迹，能保存下来的，已经很少了。能保存下

榆中兴隆大道

360

来的古城遗迹，大多是元朝末期至明清时期的。现存有遗迹和地名的，绝大多数是元明时期的，清朝以后几乎没有筑城。

榆中的城池最早在何处

兰州有文字记载的最早的地名，是"榆中"，最早的城，也就是秦代的榆中，是秦始皇统一中国后，设置的四十四个县之一的榆中城。据传，为抵御匈奴，"垒石为城，树榆为塞"，但县治于何处？没有历史记载。有专家认为，县治城池，在东岗镇，有人认为在兰州之西，有人认为在桑园子，有人认为在金崖镇苑川河北岸的尚古城，有人认为在定远镇，还有人认为在兰州东岗镇古城坪往东至桑园子，往南至和平及定远镇这一带。按照地理环境及兰州的历史发展轨迹，最后的一种说法，最符合实际。因为在秦代，生产力还非常低下，抵御洪水等自然灾害的能力非常微弱，所以，不可能将县治建在河谷地带，

榆中金牛广场

况且，兰州市城关区西关十字以东，红山根以北到黄河南岸，包括东岗镇在内的大部分区域，在唐代以前，都还是河滩沼泽地，发大水都会被洪水淹没。将县治建在兰州以西，更不符合历史。

兰州以西的西固，汉武帝元狩二年（前121年），大将李息在此筑"金城"防守，才有了真正意义上的西古。西汉昭帝（前81年）在西固始置金城县，隶金城郡。

据《水经注·始皇本纪》记载："西北逐匈奴，自榆中并河以东，属之阴山。然榆中在金城东五十许里，阴山在朔方东，以此推之，不得

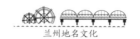

在上郡。"这里明确说明,西汉金城县在西固,直辖包括现在城关的区域。以西汉金城县为起点,当然,这个起点,可以是金城县治所在地,也可以是金城县直辖区域。向东五十里,就是榆中的位置,这就符合最后的一种说法了。而最有可能的地点,就是定远镇。定远镇南部山沟里下来的水,是足够数万人饮用的了。古时水量较大,20世纪60年代,这里的水还能带动几盘水磨呢。

桑园子曾有古城,且这里还有秦长城遗迹。桑园子南依高山,北紧邻黄河,地域狭窄,不适宜建较大型的城池。桑园子古城为何时、何人所建,毁于何时,也无史料记载。

城关古城

榆中城关古城,位于榆中县城。据史料记载,元世祖至元七年(1270年),废龛谷、定远二县入金州。明太祖洪武二年(1369年),降金州为金县,治所由龛谷移现在的城关镇,建有城池,后城市扩建而毁。

上堡子城

上堡子城位于夏官营镇上堡子村西100米处。北邻苑川河,至陇海铁路从北部穿过,城址呈正方形,边长300米,四面城墙保存较好,墙垣高4-8米,顶厚2-4米,夯层0.08-0.16米。西、南两侧正中各有马面一座。城址北面邻河,其余三面外有壕沟,宽10米,深6-10米。在城墙及附近曾采集到大量宋代瓷片,并根据残留城墙的夯筑特点,认为是宋城。

青城

青城原名一条城,位于榆中县北部的崇兰山下,距兰州110千米、白银30千米、榆中县城54.2千米。这里地势南高北低,海拔1450米,地形呈狭长地带,黄河流经北部,属典型的黄河谷地。气候温和,水源丰富。适宜种植瓜果蔬菜,尤其以盛产绿烟闻名。

根据《甘肃通志》《兰州府志》《皋兰县志》《榆中县志》《金县志》记载,青城为宋代大将狄青擢秦州刺史巡边时所筑。《宋史·狄青传》也记载:"宝元间,元昊反,青为延州指使,以功累迁西上总领事门副使,擢秦州刺史，泾原路都总管，经略招讨使。"

青城原名"一条城"，约二里许，东西长，南北狭，故名。民国时期老百姓简称为"条城"。东门名"巩安门"，上有朝阳阁，结构宏伟，悬匾额"条城堡"。南门名"威远门"，上即文庙。后代为纪念狄青，又将条城称为"青城"。

根据青城《罗氏族谱》记载，宋宝元时，狄武襄公擢秦州刺史。有豫章罗月泉先生者，为宋儒从彦之曾祖，武襄聘为幕客。狄武襄公巡边至定远，筑一条城。月泉襄办屯田事宜，因侨居一条城，后还豫章，至裔孙柄之复迁于条。

新中国成立后一条城被改名为青城。现也有人认为，将"一条城"改名为"青城"没有可靠的历史文献依据，令人不可思议。由青城迁徙到靖远、景泰、河西以及宁夏回族自治区中卫一带的人，现在都还称故地为"一条城"或"条城"。

青城，是兰州水烟的主要产地之一，种植水烟始于明代，盛产的水烟

榆中青城

享誉全国。青城兴盛于水烟，不但是水烟运输的码头，而且发展成为兰州周边最大的商贸集散地。20 世纪 90 年代，随着水烟市场的暗淡，水烟业也萎缩且逐渐淡出市场和人们的视野。青城遗留下了不少明清时的古迹，成为　处著名的旅游古镇。

清水驿城

清水驿是古丝绸之路上的一处著名驿站，位于榆中县中部，苑川河中游的南岸，陇海铁路、312 国道都穿小镇而过。清水驿有古城，但建

于何时，无据可考，民国初期，古城墙犹存。大约毁于民国中后期。

从仅有资料看，清水驿城与现在我市农村留存的旧式房屋十分相似，可以清晰看到是土坯墙，墙地基用石头砌成。而远

清水街道

一些的城门楼看上去比较壮观，城墙足有四五米高，城门呈半圆形。

东古城

东古城，一个古老的地名，位于兰州市榆中县清水驿乡东古城村。20 世纪 80 年代中期，城西半部已被苑川河水冲刷为河滩，东半部为居民村落，北城墙长 100 余米，中间被挖开 20 米长的一段通了村路，其余保存还较好，但明显受雨水冲刷和风蚀严重，比东墙低矮了 2 米多。残留的东墙长度不及北墙的三分之一。村路由东南 - 西北方向穿城而过，从城墙的结构分析，该城呈长方形或正方形，城墙系夯土而成，从断面上看，有过三四次加筑。城墙的下半部黄土纯一些，上半部砂石成分明显增多，甚至有碗口大的石头。目前，残存的东城墙只剩长约 12 米、宽约 3 米、高约 8 米的墙墩，已被砖墙围了起来，做了简易的保护。北城墙也只剩长不到 50 米的一段矮墙了，没有任何防护措施。

早在汉代时，由于榆中苑川河流域水草丰美，为"龙驮沃土"，故汉政府设牧苑于此，筑"东西二苑城，相去七里"，苑川因此而得名。东西二苑（城）在何处呢？据《水经注》记载："苑川水地，龙马之沃土""苑川水地，有东西二苑城，相去七里，西城即乞伏所都也"。这里，还是没有明确具体地址坐标，但肯定是在苑川河中下游，且西苑（城）

系乞伏国都。此
国都曾西迁七里，
后又迁回。

按照中国东
西对称习惯的文
化传统，都城就应
该是东古城。明
弘治十二年（1499
年）在西关堡（西
古城）旧址重建

东古城

城堡防守，始称西古城。这就符合历史实际，东有东古城，西有西古城。
到了清代，西古城才改名为西固城。东古城村民编辑出版的《东古城村史》
认为，东古城就是西秦国的都城勇士城。

新营古城

新营，是榆中一处古老而有名的地方，也是榆中境内较早建筑过城
的地方，位于榆中县南部，平均海拔 2200 米，距县城 52 千米。甘（草）
临（洮）公路穿越境内。

据史料记载，宋仁宗景祐三年（1036 年），西夏王李元昊占领新营，
为了防御宋兵从临洮进入榆中地，在今新营附近修筑了瓦川会城，驻城
防守。新营是古丝绸之路榆中境内南线的交通要道，也是定西、临洮通
往榆中到兰州的一条主要通道，历史上一直是兵家必争之地，战略地位
十分重要。古城毁于何时，无史料记载。

三角城

三角城地名因城而来。三角城地处榆中县以北 3000 米的"榆中盆地"，
东邻清水驿，西靠连搭乡，南连城关镇、小康营乡，北接夏官营镇。

这里自古就是交通要道，是丝绸之路榆中境内南线的必经之路，地
势平坦，视野开阔，国道 312 线、省道 101 线、榆白公路、巉柳高速公
路、陇海铁路及宝兰复线纵横交错，穿越全境。其中，国道 312 线、省

三角城十字

道101线及新建的2014年5月底竣工投入使用的50米宽的城市一级主干道兴隆山大道，穿"城"而过。西距省城兰州市37千米。

据《续资治通鉴长编》卷三一五，神宗元丰四年（1081年）八月丁丑条记载："李宪总领七军至西市新城，遇贼二万余骑，官军掩击败之，擒首领三人，杀获首领二十余人，斩二千余级，夺马五百余匹。"西市新城，即今榆中县三角城。三角城古城位于三角城村。20世纪80年代末，还存残城墙50余米，墙体风化非常严重，也无任何保护措施。有北城壕与东城壕，东有护城河宽30余米，深1.5米。有人认为是西夏城墙。该地曾被西夏政权统治过。

小康营古城

小康营是位于榆中县东南部的一个乡镇，距县城8千米。历史上，是定西、临洮通往榆中、兰州的一条主要通道，战略地位十分重要，历史上曾数次建有城池。

据史料记载，小康营，上古时为羌、戎住地，后被匈奴占据。秦始皇三十三年（前214），蒙恬逐匈奴。秦汉之际又被匈奴攻占。汉武帝时，小康营又属榆中县管辖。宋代宗宝应元年，小康营被吐蕃所占。宋仁宗景祐二年（1036年），西夏李元昊攻占吐蕃康古城（今石堡子）。

庆历三年（1043年）李元昊改康古城为龛谷城。宋神宗元丰四年（1081年）八月，宋熙河（今临洮）路纪略使李宪率部攻克西夏龛谷城，改城为寨。元祐七年（1092年），废龛谷寨。绍圣三年（1096年）复修龛谷寨为堡。

绍兴元年（1131年）金人占据龛谷堡。金世宗大宝二十二年（1182年），升龛谷堡为县，属会州。哀宗正大年间（1224–1227年），置金州，辖龛谷、定远二县，州治龛谷。正大四年（1227年），龛谷为蒙古人攻取。元世祖至元七年（1270年），废龛谷、定远二县入金州。明太祖洪武二年（1369年），降金州为金县，治所由龛谷移城关镇。

小康营保存的古城有两座，名为"前古城"和"后古城"。前古城在小康营羊胡咀，古城依南山而建。海拔2047米。遗址被公路切开，周家庄地面被引水渠切开。后古城又叫"上古城"，位于龛谷山顶。南距前古城5千米，海拔2579米。后古城位于小康营乡彭家大湾，位于南北走向的山脉豁口的南面山顶上，东西均为峭壁，唯见南部一墙，为关隘遗址，当是龛谷关。关墙东西走向长253米，今存城墙高6米，有村民依墙体修窑洞，农家院落挖出生土两米，其余依靠城墙作崖面，现高出平面8米，夯层12–19厘米。关东侧为龛谷峡，关西侧为唐家峡，两侧均为石灰岩峭壁，自西向东50米有关门，关门呈瓮城状，纵深13米，宽12米，高7米，关内外没有文化遗存。此关防御从尖山、小坪南部方向来敌，保卫龛谷寨，关口北望，龛谷寨一览无余。谷关往北，沿古城梁山顺势而下至龛谷寨，有古道相通，遗道清晰可见，部分路段低于两侧地表，当为多年侵蚀所致。

小康营古城可谓历史悠久，史料记载颇多，文化积淀深厚，是研究榆中乃至兰州及甘肃历史不可多得的史料。

桑园子古城

桑园子是榆中县来紫堡乡下辖的

桑园子村镇

一个村镇，位于黄河桑园子峡的南岸，有陇海铁路和东金公路（东岗镇至金崖）经过，陇海铁路东出兰州，在此设有第一个小站。

这里，地势险要，南面靠山，北邻黄河，过去，是丝绸之路必经之地。过去，曾建有城池，驻军防守。据《金县志》详细记载："长城在黄河南岸，秦时蒙恬所筑，在金县境内者，自西北皋兰之桑园城，长十里。沿河西至什川堡址，有二里余。约计百余里。又东至一条城，或断或续，有四里余。东至平滩堡与靖远交界处，有二里余。"虽然这里的数据及方位不十分准确，但可以肯定的是，桑园子有城，且桑园子峡谷里，还有蒙恬所筑的秦长城残迹。现在，在桑园子火车站东面的陇海铁路和黄河之间，还有残留的长城遗迹。桑园子古城毁于何时，已无从考究。现桑园子村有古戏楼和古寺庙等古迹存在。

定远古城

定远镇位于榆中县西部，地处兰州市以东 15 千米。东接连搭乡，西连和平镇，南由和平镇、连搭乡所围，北邻来紫堡乡。平均海拔 1700 米左右。气候属干旱半干旱温带大陆性季风气候。

定远镇自古以来就是丝绸之路重镇，商贾云集，生意兴隆。国道 312 线、309 线、巉柳高速公路和水骆公路穿过，形成"井'字型格局，千百年来，一直处于交通要冲，是一处著名的驿站。

据史料记载，元祐七年（1092 年），宋将修筑李内彭（李诺平）堡，赐名定远城。南宋孝宗淳熙九年（1182 年），金人置龛谷县和定远县。宋理宗宝庆

定远街道

二年、金哀宗正大三年（1226年），置金州（治所在石堡子），辖龛谷、定远两县。该城毁于何时，不得而知，但定远在明清时期，还是著名的驿站，被称为定远驿。

甘草店城

甘草店是兰州市最东面的第一古丝绸之路名镇，也是方圆百里的著名集市、贸易重镇，特别是农耕文明时代，曾非常辉煌。甘草店成为贸易重镇，已有700年的历史了。

据史料记载，宋元丰五年（1082年），宋将又修筑了甘草店堡（城），住城防守。据传，

甘草店街道

在元明时代，甘草店堡（城）还在，毁于何时，无史料记载。

传说，在元朝时，甘草店及其周围的广大地区，气候温湿，盛产甘草，特别是甘草店以北的山区，土壤更适合甘草的生长，盛产优质的甘草，一直到明末清初，都是进贡朝廷的名贵中药。甘草店因甘草而得名。

来紫堡古城

榆中县来紫堡，位于榆中县西北部，苑川河下游北岸的坪上，东南距榆中县城30千米，西距兰州东岗镇8千米，是一处老地名。

尚古城

位于榆中县苑川河北岸，是榆中县金崖镇下辖的一个自然村，西距金崖5千米，是金崖通往夏官营的要道，过去也是古丝绸之路上的一处要地。地名因古城而来，但古城建于何时，毁于何时，已无从考查。据史料记载，西晋武帝于泰始元年（265年）曾将都城由允吾（今永登县南）

兰州地名文化

迁至榆中苑川尚古城。

　　榆中，有一些小型的古城，还被称为"堡"，这种现象在整个兰州地域内都存在，如西古城，还被称为西关堡，盐场堡，也被称为盐城堡。榆中还有一些以城命名的地名，如新城、旧城、城河沿、万城等，这几处地名，都是依"一条城"及现在的青城而命名的。还有一些小的古城，没有史料记载，也没有地名传承，已消失了。

2020 年 3 月 8 日于兰州辰北花园

野性的九圪垯山，有多少秘密？

滔滔黄河西来，穿过古城兰州，进入桑园子峡，向东 5 千米，接纳东南流来的苑川河，继续向东狂奔，却被迎面陡峭而立的山麓阻挡，乖巧了很多，只好左转切割开路，进入黄河的几字湾，向北蜿蜒流去，去了什川，去了靖远，去了宁夏。

阻挡黄河，使黄河北去的山，并不高峻，无甚伟名，是榆中北部山区的最西段，海拔 1700 米，相对高度 200 米。这样的高度，确实算不上

九圪垯山下的桑园子峡

什么高山，市县级地图上都没有地名，就连现在的电子地图上，也找不到其地名标识，但它却硬是让桀骜不驯的黄河，改变了方向。这座山，当地人称"九圪垯山"，因有九个圪垯（山包）而得名。

九圪垯山，位于兰州市榆中县黄河桑园子峡东南岸，山顶部有黄土覆盖，黄土层较浅，目测估算在 2-80 米之间，黄土层以下是花岗岩层，这里的花岗岩夹杂有石英石等成分，石质较松软。九圪垯山，山势不高，却很陡峻，几乎没有上山的路，只有崎岖的羊肠小道，可爬上山。虽然黄河在山脚下日夜流淌，但山上却干旱少雨，年降雨量不足 350 毫米，蒸发量在 1600 毫米以上，是典型的半干旱大陆性季风气候，植被稀疏，山坡陡峭，不宜耕种，自然环境恶劣，动物资源匮乏，只有少量的黄羊、野兔、黄鼠、高原蜥蜴等分布，偶尔有蛇出现。光秃秃的山，显得荒凉、寂寞，缺乏生机。只有九个圪垯（山包）相互依恋，屹立在北山的荒原上。要不是有一些羊肠小道，和 1949 年解放兰州时，九个山圪垯之间挖得战壕还清晰可见，真让人觉得，这里是地老天荒的荒蛮之地。

九圪垯山，呈东南西半环状分布，远远望去，就像是九个大馒头，或是九个大奶头，随意散布开来。实地查看，九个圪垯似乎均为人为堆积而成，呈虚土状。由东南西顺序数过来，第一至第八个圪垯较大，山包底部直径在 10-20 米不等，第七第八个圪垯上，有战壕呈环状分布，壕沟较深，第九个圪垯，也就是最西面的一个，形状酷似坟茔，周边有褐色或黑色的瓷器片。2017 年 3 月下旬，该圪垯（山包）正上部出现了直径 1 米，深

疑似古墓的山包

达近 10 米的盗洞，半年后被人填埋。是不是古墓，不得而知。

在明朝前期，气候还较湿润，草木茂盛，是朝廷饲养贡马的地方。这里又地处苑川河和黄河交汇处，正南方距榆中县来紫堡

春天，九圪垯山上盛开的猫儿刺花

乡黄家庄村的明肃王墓只有两千米，距黄河边的汉长城遗址及古丝绸之路上的东坪村只有一千米。这里无人居住，无官方命名的地名，史书及地方志中，均无任何记载。九圪垯山，是一块神秘的地方。在中华民族的传统文化中，九为最大的数，也是吉祥的数。九圪垯山，是不是九座古墓，过去曾发生过怎样的故事，它有多少秘密？有待考察研究。

2019 年 1 月 8 日晚于兰州

官滩沟

兰州今日气温最高达到31℃，也是今年的最高气温。由于今年多雨，兰州的天气一直没有热起来。感觉今天兰州才进入盛夏。

中午，一家人驾车前往官滩沟消暑。

官滩沟位于甘肃榆中县和平镇南部菜籽山村，是兰州东郊的森林公园。传说，明代初年，这里是为肃王府牧养进贡御马、祭祀牛羊之所，明朝灭亡后，被当地驻军和农民占用，垦作农田。后在此地挖出石碑一块，据载，明万历八年十一月，由长史司署立此碑，杜绝侵耕。

官滩沟，是兴隆山西延支脉的两座山夹着一条幽深的峡谷。这里距兰州市区16千米，海拔2350-2900米，属于二阴气候，潮湿多雨，年降雨量500-600毫米，山上林木葱郁，主要有松、柏针叶林、松柏与杨桦青杠等混交林、灌木等，有大面积的草原草分布。这里，植被覆盖率达百分之八十以上，两山夹一沟的地形，不是很险峻，但山势巍峨，风景旖旎，有多处泉水溢出，还有小瀑布形成，飞流直下，蔚为壮观。沟内植被茂盛，野菜遍地，植被垂直分布明显，有狼、狐狸、麝、兔、松鼠、蛇、红腹锦鸡、嘎啦鸡、斑鸠、野鸽、山雀等动物出没，还有几十种中药材植物。泉水四季清流，在石隙中蜿蜒而下。

由于离市区近，风景优美，空气清新，夏季十分凉爽，是休闲避暑的好地方。

我们到来时,感觉天气一下子凉了许多。树木葱茏,百鸟欢唱,各种野花开得正艳,犹以白色的珍珠梅为多,在阳光下,十分耀眼。我们沿着山沟,走到了沟的深处,

官滩沟

一路崎岖,但较平缓,步行并不累,有清泉和鲜花相伴,让人能充分领略到大自然的美。

山下,有很多农家乐,可休息品茗,吃农家饭,聊天,忘掉城市生活的喧嚣。

十年前,本人曾到此一游,那时,几乎没有什么旅游设施。这次来,路比原来宽敞了许多,景区内,农家乐一家接一家,卫生整洁,吃住行都非常方便。看来,当地政府重视了旅游和环境保护,做了大量工作,当地百姓的素质也提高了很多,值得欣慰。与南方的旅游服务相比,软硬件设施还得努力提高。

在黄土高原的腹地,省城兰州的近郊,为有这么一处游览胜地而骄傲。

炎炎之夏,到此避暑一游吧,美丽的大自然会消解你所有的不快!

2018 年 7 月 13 日晚于兰州

徐家山

中秋节，正是兰州秋高气爽的时候。小雨过后的徐家山，显得格外清新，满山的翠绿间，偶有一些嫩黄闪现，上山的林荫小道旁，也有一些爬山虎，叶子透出暗红，笑吟吟地告诉我，秋天到了。上山的路上，行人稀少，碰到一些拎着包的老太太，脚步缓慢，这分明是到城隍庙去烧香的香客。半山腰的山坳里，总有一些古色古香的建筑，间或有些现代装饰。院子里的山楂树上，缀满了山楂果，红得诱人。林间，有斑鸠，山雀，还有一些不知名的鸟，欢快地叫着，这是要和我们一起享受这秋天的快乐。

秋天是最美丽的，特别是徐家山的秋天，秋高气爽，林木密布，层林尽染，在这样的山头，透过林梢，鸟瞰脚下蜿蜒的黄河和城中楼群，真是心旷神怡，妙不可言。

30年了，我每年都会多次上徐家山，一是徐家山不高，山路平缓，适宜人休闲锻炼；二是徐家山是纯纯的人工绿化公园，林木稀疏得当。我在兰州生活工作的30多年里，也几十次参与植树绿化，有一种特殊的感情存在。如果没有特殊的事，每年中秋节，我都会带家人来的。

一路走，一路看，一路的风景都属于我和妻，我和妻也属于一路的风景。

30分钟后，爬上了第一个山头，这也是城隍庙的所在地。有一些早来的香客，在虔诚地烧香许愿。在此，碰到了多年的朋友小陈，小陈是浙江台州人，已来兰州经商二十余年，小陈告诉我们，她有时间，就来美丽的徐家山公园转转，享受大自然的美丽与清静。

徐家山能建成这样的森林公园，可不是一件容易的事，是兰州几代人用汗水浇灌出来的。

徐家山是兰州市黄河北岸的一座小黄土山，是典型的黄土高原梁峁沟壑地貌，最高点海拔 1750 米。这里北依连绵起伏的北部山区，属于干旱半干旱温带大陆性季风气候，植被稀疏，年降雨量不足 300 毫米，蒸发量在 1500 毫米以上。

尽管徐家山相对高度只有 200 米，黄河在山脚下日夜流淌，但过去由于受相对高度和经济及技术的限制，汲水困难，加之气候干燥，降水稀少，使包括徐家山在内的兰州南北两山都难以绿化。

徐家山总面积 5.06 平方千米，山势低矮，土质疏松，坡度平缓，离市区只有 3 千米，紧邻黄河，适宜人工绿化。很早就有人在此种树绿化，只因干旱，浇不上水，种多少，旱死多少，始终种不活树。徐家山真正的绿化工作，始于 20 世纪 40 年代。

1942 年夏，蒋介石曾到访徐家山，山中峰有立碑题记，碑今尚存。1944 年秋，美国副总统华莱士参观徐家山，并赠送 90 多种牧草草种。1946 年 10 月，英国援华会会长克利浦斯和夫人一行参观考察徐家山。兰州经过十多年的努力，发动了无数次群众，秋天挖水平田整地，冬天背冰上山蓄水保墒，春天上山植树，挑水浇灌。由于气候太干旱，人工有限，徐家山的面貌一直没有大的改变。

1949 年后，成立了徐家山林场。

1965 年，兰州市政府经过多方努力，徐家山林场建成了黄河上水工程，开始提灌引水造林。在党、政、军、民的共同努力下，根据徐家山的自然环境，首先从适宜当地耐旱的红柳、杨树、柳树、榆树、沙枣树、软儿梨树、刺柏树及柠条等种起，逐渐种植国槐、松树、侧柏、银杏等观赏性树种和苹果树、梨树、山楂树、桃树、杏树等经济树木及牡丹、

芍药、菊花、爬山虎等花卉，并大面积种植引进的优质草，使徐家山的绿化逐渐有了起色。1978 年，改革开放后，全民植树造林开始了。随着经济的好转，承包责任的落实，各单位各部门也加大了南北两山的人力财力投入。

徐家山人工林

1983 年，在胡耀邦同志"种草种树发展畜牧，改造山河治穷致富"的号召下，全国各地支援甘肃绿化造林，同时也开始了徐家山绿化造林的新纪元。1999 年 10 月，朱镕基总理率各部委领导在徐家山视察兰州南北两山的生态建设。2000 年全国人大副委员长彭珮云同志前来参观徐家山公园纪念林。此外，还有许多国家部委领导和各省市相关领导及外国友人曾多次参观考察徐家山。

　　绿化难，保持绿化更难。兰州南北两山绿化的难，就在于在干旱少雨的环境下持续不断地种植，持续不断地浇水护理，持续不断地冬春季节的防火巡查。没有这些连续性的工作，绿化的成果就可能会丧失。经过兰州人民的努力，特别是改革开放以来的坚持不懈，徐家山的绿化，取得了举世瞩目的成绩，成为兰州有名的"塞罕坝"。到目前为止，徐家山森林和花草覆盖率已经达 80% 以上。1992 年 7 月，徐家山公园被批准为国家级森林公园。

　　2003 年 6 月，徐家山国家森林公园被评定为"国家 AA 级旅游景点"，是兰州市南北两山绿化创造的"桃花源"。据记载，这里是中国最早开展干旱荒山水土保持造林的地方，也是全国距市区最近的森林公园之一。现主要景点有杏花村、中正亭，胡耀邦纪念林、全国支援甘肃绿化树种纪念林、中日友好纪念林、三八纪念林等。徐家山森林公园交通便利，依山傍水，山势起伏，园内树木葱郁，空气清新，人文景观丰富，多处纪念林、纪念碑很具特色。公园分为度假观光区、经营区、风景旅游区、科研区，每个区都有独特的山野情趣。现已形成阔叶树与常青树混交，乔灌混与经济林搭配，多层次、立体化的独特人工森林景观和森林小气候。徐家山公园景色四季各异，有各类树木百余种，30多万株，全部为人工栽植；各类小型野生动物出没于林间，有野兔、松鼠、红腹锦鸡、嘎啦鸡、野鸽、斑鸠、喜鹊、大山雀、啄木鸟、麻雀等20余种，这些都成为森林公园的特有景观。几处纪念林已形成森林小环境，景观优美。

徐家山国家森林公园以立足林业、发展经济为宗旨，积极发展森林旅游业，以森林野趣为特色，边开放，边建设，边发展，已形成集旅游、度假、餐饮、娱乐为一体的综合服务设施，为游人开设森林木屋、听涛园、野营村、赛车场、杏花村、碧秀园、怡和老人公寓等娱乐场所。

徐家山国家森林公园以其地理优势和独特风格可满足不同层次游人的需要，已成为兰州又一处旅游休闲的胜地。

前人种树，后人乘凉。从徐家山的最高峰下来，已临近中午时分，大批游人正往山上而来，享受徐家山这人间美景。

站在半山腰，看山下的黄河，秋水更大了。滔滔不绝的黄河水，将会把徐家山孕育得更加美丽。

2018年10月9日晚于兰州

桑园峡，兰州最具野性的旅游景观

桑园峡是黄河上游最险要的峡谷之一，位于兰州城东 5 千米，峡谷全长 35 千米（另有资料显示，长 46 千米），起自桑园子，至皋兰县什川镇接官亭。黄河大几字湾的第一湾，就在此峡谷段。

黄河东出兰州，突然遭遇南北两山夹击，河道紧缩，就进入桑园峡。南岸，是峡口的第一个村子，叫桑园子，是榆中县来紫堡乡下辖的一个村镇，有陇海铁路和东金公路（东岗镇至金崖）经过，陇海铁路东出兰州，设有第一个小站。对岸，是城关区的沙金坪，盛产优质花岗岩，是铁路基地的好石料。兰州铁路局的采石场就在此处。

桑园子村位于柳沟河入黄河口，地势险要，南面靠山，北临

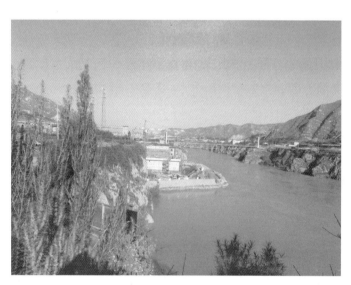

桑园子峡上游

黄河，过去，是东部进出兰州的丝绸之路必经之地。古代，气候湿润，草木茂盛，动物资源丰富，有野象出没。明朝以前，这里林木苍翠，绿地遍野。

这里海拔 1480米，地处峡谷，紧邻黄河，温湿的气

桑园子峡

候非常适宜桑树栽植。明朝时，肃王朱楧怀念南方的桑蚕故里，便下令在此种桑养蚕，不几年，这里便桑园连片，出产优质蚕丝，进贡朝廷。后来，人们将这里称为桑园子，桑园子地名由此而来。村中有桑园子戏楼（又称周氏祠堂或望河楼）、龙王庙等古建筑。

桑园峡十分狭窄，河流湍急，为了便于过河，1972 年，在村东建了一座钢索柔式吊桥，方便村民通行，2018 年废弃，现在勉强可供行人小心通过。向东 3 千米，就是榆中县最大的河流——苑川河入黄河口，有东坪、西坪两个村子扼守，过去，此地叫"响水子"，西坪村的小学现在还用"响水学校"名。村西侧，20 世纪 70 年代也建有一座吊桥，可通行汽车，后年久失修，接近废弃。2002 年 5 月，由原兰州军区和甘肃省交通厅共同筹资改建了该桥，命名为安平黄河吊桥。这里，自明朝开始生产水烟，与青城水烟齐名，是兰州的四大特产之一。初夏季节，河边观日出，峡谷间金光万道，不时有野鸭或大雁飞过，两岸河景虚无缥缈，若隐若现，宛若仙境。

再向东 300 米，有榆中境内唯一遗留的一处秦长城遗址，该遗址现只有一处墙墩，紧邻黄河，围长 40 余米，高约 5 米，无任何防护措施。墙壁上，有砖、石混杂其中，人工夯筑之痕清晰可辨。西侧墙面上，还

九坨垯山

有村民掏挖的小窑洞。高 1.3 米，深达 80 厘米，顶部南侧还有一个口径一米的大洞。

秦长城遗址再向东 200 米，东金公路向右拐入七锹沟，向来紫堡川而去。传说，当年鲁班为了在此段建桥，在南山挖了七铁锹土，开了一道岘口，故有了"七锹沟"的地名。过了七锹沟，沿东金公路前行 2 千米，就是著名的甘肃"明十三陵"——肃王墓了，明肃王墓墓葬群是中国西北地区规模最大、时间跨度最长、规格最高、埋葬最为集中的藩王墓葬群。东西长 1500 米，南北宽 300 米，面积 45 万平方米，2006 年 5 月被国务院公布为第六批国家级重点文物保护单位。这里埋葬有肃庄王朱楧、肃康王朱瞻焰、肃简王朱禄埤、肃恭王朱贡、肃靖王朱真淤、肃定王朱弼桃、肃昭王朱缙炯、肃怀王朱绅堵、肃懿王朱缙炯、肃王朱识；二位妃子，肃庄王妃孙氏、肃怀王妃王氏；一位夫人，肃王朱识夫人薛氏，共十一座墓葬（其他二墓葬在七里河区）。

黄河继续向东流去，却被迎面陡峭而立的山麓阻挡，只好左转切割开路，进入黄河的几字湾，向北蜿蜒流去，去了什川，去了青城，去了靖远，去了宁夏。阻挡黄河，使黄河北去的山，并不高峻，无甚伟名。这里是榆中北部山区的最西段，海拔 1700 米，相对高度 200 米。这样的高度，确实算不上什么高山，市县级地图上都没有标注，但它却硬是让桀骜不驯的黄河改变了方向。这座山，当地人称为"九坨垯山"，因有九个坨垯（山包）而得名。山上，1949 年 8 月解放兰州时，解放军挖的战壕还历历在目。当时，军事上此地被称为响水子营地，是为阻挡马步芳的军队向东逃窜而设的。

在著名的黄河大"几"字湾的第一湾南岸，有十来户人家，地名叫罗泉湾，原名骆圈湾。由于地处古丝绸之路，曾建有骆驼圈和小型客栈供骆驼客队歇脚而

九圪垯山上的战壕遗迹

又在黄河拐弯处而得名，后来，因谐音，叫罗泉湾。罗泉湾的后半山上，还有明长城遗迹，也是全国重点文物保护单位，罗泉湾东不远处，还有甘肃省人民政府 2015 年 6 月 26 日立的"明罗泉湾烽火台遗址"石碑。

罗泉湾峡谷，是桑园峡的最窄处，有资料显示，枯水期只有 7.5 米宽。传说，鲁班曾在此修建石桥，为了不惊动河神，都是在夜里化为一只巨大的怪兽，开山取石，施工架桥，鲁班的妻子每天早晨都要来送饭。妻子为了实地查看鲁班到底怎么修桥的，一天早晨，天刚麻麻亮，就领着家养的小黄狗"喜喜"来，还未到河边，小黄狗"喜喜"戴的铃铛清脆的响声惊动了河神，河神发现了鲁班的行为，惩罚了鲁班，鲁班现了原形。鲁班建的桥柱、桥墩，则永久留了下来，河边的桥柱（一根矗立的巨大石头，酷似石柱）尚在，河中心有一处石墩，水位低时，就裸露了出来。这里也是水流最急的地方，被称为"滑石板"，如果有人在此落水，就很难营救。20 年前，下游建了小峡水库，使水位抬高，石墩就被淹没在水下了。春季，两岸杏花盛开，河花互映，别有一番情趣。

再往下游，就没有路了，两岸陡壁高耸，险峰相迎，岩石裸露，峥嵘嶙峋，除了偶尔有鸦雀飞过外，几乎见不到生命的迹象。东岸有西石崖，

九坨垯山上的羊肠小道

西岸有黄石崖等景点，险象环生的奇特山崖和滚滚北流的黄色河水，勾勒出了绝美的野性原始风光，一直蜿蜒致接官亭。

桑园峡，极具有旅游开发的价值，文化元素多，风光独特，水流平缓，乘游船观光，景色绝佳，或者坐羊皮筏子缓缓而下，漂流赏景，更是美不可言。如果你有探险的兴趣，沿两岸徒步跋涉，也许会有不小的惊喜和收获呢。

2020 年 2 月 5 日夜于兰州

明肃王墓

　　明肃王墓是中国明朝肃王墓葬。据相关资料介绍，明肃王墓位于兰州市榆中县来紫堡乡黄家庄村北侧平顶峰的南麓（注：平顶峰横亘于来紫堡乡与金崖镇之间，部分墓群位于金崖镇境内），海拔1560-1600米，东距兰州市区约15千米。墓群依山就势，坐北向南，枕山面野，排列井然，南北约300米，东西约3000米。2006年5月被国务院公布为国家重点文物保护单位。

　　5月3日，趁着还在休五一的小长假，一家人相约，由儿子开车，专门前往明肃王墓参观。中午先到定远镇的玉泉山庄吃午饭，幸好，山庄的牡丹开得正艳，拍了几张好照片。13时许，天转晴，驱车向明肃王墓而去。穿过定远镇老街道向北，

肃王墓门

经过张老营、蒋家营、骆驼巷，绕过酒钢公司榆中钢厂，再沿东金公路（东岗镇至金崖）东行，一路上，多处修路，路面坑洼不平，但还算畅通。到达黄家庄时，天完全放晴，天空碧蓝碧蓝的，没有一丝云，榆中钢厂似乎在停产，没有什么污染。村头高大的古槐树，已完全展开了树叶，亭如华盖。经询问村民，找到了前往明肃王墓的路。

在萃英小学的西侧，一条宽阔的大道伸向北面的山坡，两边的农户围墙和大门修得整整齐齐，沿山坡行 100 多米，就到了明肃王墓的大门口。大门是新建的一个牌坊，坐西向东，上刻有"明肃王墓"四个大字。没有门，牌坊下，有一人高的栅栏，上着锁，没有看护人员，无法进入。

肃王墓内的小路

栅栏内有四五名儿童玩耍，询问儿童，有没有可进入的门，一儿童指着南面的栅栏说，有一道缺口可进入。原来他们是从这儿进去的。左看右看，没有其他人，我们也只好由此缺口进入。

牌坊内右侧，有一间破旧的砖木房，似乎几十年没有住过人了。院内有硬化的路面通向小山冈。路南，是悬崖，崖下是农户的庄院，路北有较平坦宽敞的土地，种有槐树、果树、杨树、榆树等，有些树已枯死，看来已有好长时间没有浇水了。沿硬化的路行进 100 米，看到了一块甘肃省人民政府立的"全国重点文物保护单位

"明肃王墓"石碑

'明肃王墓'"黑色石碑，上刻有明肃王墓的简介。

平顶峰

碑后是山冈，碑的南侧有一条路，通向一台地，不到 50 米，台地上的南、西、北面新建有三间房，门窗紧闭，室内空空如也。西房后是山冈，有栅栏相隔，栅栏外的山冈台地上，有庙宇，明显是明肃王墓陵园外的。

碑的北面，是一大片种有果树、枣树、榆树、杨树的台阶地，榆树和果树大多已枯死，杨树已发芽，树叶不是很密，受病虫害严重，枣树还没有发芽，荒草遍地。中间地带，有新修的铺有小石子的小道，向北面的山冈台阶状地延伸，沿小道走了 100 余米，右侧 30 米处，似有坟冢土包，前往观看，果然是一处坟冢，土包的南面，有陡峭的墓道，隐约能看到墓穴的门，双扇门框内，只有一扇门。没有灯光，也没有看护人员，因此没有下墓道观看。坟冢土包的西侧，有一间矮小的房子，只有 6 平方米左右，门窗破损严重。爬上坟冢土包，土包顶上的西北侧，有盗洞及墓道。坟冢土包的东北侧，有大约 20 世纪 70 年代建的两排猪舍。再沿石子小道北上 60 米，就是明肃王墓陵地的栅栏。栅栏外，有小路通向山顶。

环顾四周，栅栏向西延伸有 150 余米，向东延伸 100 余米，再没有其他建筑，也看不到别的坟冢。有两处水渠接水槽，是用墓道里长方形的青砖砌的。

2011 年 10 月 20 日，在兰州市七里河区晏家坪发现了两处墓葬和

肃王墓道

一块墓碑，经考证，此处两座古墓均为明代肃王家族墓，墓主为安王朱弼柿、宪王朱绅尧及妻薛夫人（合葬），葬于圃子湾和周家山外。榆中县来紫堡平顶峰的十一座墓葬和七里河区晏家坪的二座墓葬，被人们称为兰州的"十三陵"。

据有关资料介绍，根据墓区封土周围散布的砖、瓦、柱顶石等遗物分析，原墓葬地面应有建筑物，但其规模和特点均无据可考。部分墓葬封土被夷为平地，但地下墓室除 1、2、7号墓被打开外，其余均保存完好。

肃王墓群是中国西北地区品级最高的明代墓群之一，具有极高的历史、艺术和科研价值，是珍贵的历史文化遗产，对研究明代社会的政治、经济、文化均具有十分重要的意义。

2019 年 5 月 3 日夜于兰州

兰州的水磨

　　一条条河流从郁郁葱葱的南部山区流出，蜿蜒而下，两岸禾苗萋萋，村落就掩映在杨树林中。村庄的下游，有水磨坊孤独地立在河边，水车被清澈的河水冲击着，昼夜不停地转动，吱呀吱呀地唱着古老的歌谣。

　　这是过去兰州郊区春夏季节的景象，很有江南特色。可惜，现在大多数河已干涸断流，村落里的树木稀疏了很多，古老的水磨也消失得无影无踪。

　　兰州地区，早期以畜牧业为主，到元朝和明朝时，大部分地方农耕文明已占主导地位。水磨是何时在兰州地区出现的，没有详实的史料，但到明朝时，已普遍存在。

　　1934 年，张恨水来到大西北，一路上感受颇多，他将沿途的名胜古迹通过文字记录了下来。原载于《旅行杂志》1935 年第 9 卷第 7 期的《西游小记》"兰州东郊"一篇中写道："我们由西安向兰州去，因为阻雨和刘总工程视察工程的缘故，共走了九整日，听说快到兰州，精神就为之一爽。离甘草店约三十里，到猪嘴子，经过三角城一带，公路平整，村落相望，小河一道，清水滚滚冲动那磨坊外的水车，很有点江南意思。"这虽然是 20 世纪 30 年代榆中一带的景象，说明当时榆中一带河水丰富，水磨遍布。

　　其实，过去在兰州，这样的水磨很多，只要有水流的地方，就有水磨，

这主要分布在榆中苑川河—黄河—庄浪河—大通河一线以南的地域。这里河流多，水量大，又有丰富且石质坚硬的石料，这些都为建造水磨提供了优越的条件。这些河流上，几乎都有水磨，有些河段，水磨还很多。如榆中的苑川河上，过去有十多盘水磨，宛谷河、大河、兴隆峡河、麻家寺河（曳木岔河）、水岔沟河、官滩沟河上都有水磨，雷坛河上，过去有20多盘水磨，八盘峡有八盘水磨。八盘峡就是因过去有八盘水磨而得名。这些水磨，到20世纪70年代末期，才逐渐退出了历史舞台。

水磨，作为农耕文明的一大发明，留存沿用了几千年，目前，在个别地方还有留存，只不过，它已是一种文物，是给经历过那个时代的人留下了一种念想。它不但留在了人们的记忆中，留在了文学作品中，也留在了文化传承的地名中。

兰州以水磨命名的地名不少，有八盘峡（西固区）、水磨沟（七里河区）、打磨沟（榆中县）、李家磨（榆中县）、打磨沟（皋兰县什川镇）等。这些都是在明朝时因水磨命名的地名，被保留传承了下来。

2020年5月11日夜于兰州

兰州的卧桥

卧桥，又名握桥，是典型的伸臂木梁桥，在中国桥梁史上占有非常重要的地位。兰州最早的卧桥始建于唐代，这种拱形桥在中国大地上建得很多，例如，著名的有甘肃省渭源县的卧桥，广西壮族自治区富川县朝东镇秀水河上的卧桥（又名登瀛桥）等。甘肃省渭源县的卧桥，又名灞陵桥，位于甘肃省渭源县城南门外的清源河上，始建于明洪武年间（1368-1398年），"既济行人，复通车马"，后被洪水冲毁，1919年仿兰州卧桥改建，被称为"渭水长虹"。桥身南北向全长40米，高15.4米，宽4.8米，曲跨29.5米。整个桥分为13间，46柱，桥面和桥底均以每排10根粗壮圆木，并列为11组，从两岸桥墩底部逐次递级，凌空而上，形成半圆状桥体。桥面有台阶通道三条，并配有栏杆扶手。桥顶为飞檐挑阁式的廊房屋面造型，全为木结构，精巧壮观，已成渭水一大景观。于右仁先生曾题写了"大道之行"的匾额。广西壮族自治区富川县朝东镇秀水河上的卧桥，始建于明万历二十一年（1593年），横跨秀水河上，为石礅木板结构。旧《富川县志》说它"壮丽为县首称"，它是富川古代的第一座风雨桥。传说为秀水村进士倡议筹资而建。"登瀛"二字取意登上瀛洲，传说大海中有蓬莱、方丈、瀛洲三座神山，皆仙人居住之地。登是到达神仙居住的地方之意。可惜此桥于1983年被毁，空留几个石礅立在河中。

中国桥梁专家茅以升在他的《中国古桥技术史》中对兰州卧桥给以很高的评价，说兰州卧桥是中国"伸臂木梁桥的一个代表"。兰州的卧桥，传承演绎了兰州桥梁辉煌的文化，记载着兰州历史上古人的聪明才智，也反映了兰州历史上多民族文化的交融发展。

一、雷坛河卧桥

据史料记载，兰州雷坛河卧桥，位于兰州城西阿干河下游的雷坛河上，即今兰州市工人文化宫东侧雷坛河桥处，始建于唐代，相传是仿"河厉"之制而建的。"河厉"是吐谷浑所建造的一种桥型，后毁于水患。明永乐间（1403–1424 年），清代两次重建，曾是沟通城关地区与七里河地区的主要桥梁。因为是木结构桥，所以只能行人，不能行车。该桥净跨度 22.5 米，全长 27 米，桥高 4.85 米，宽 4.6 米。桥廊坡度 20 度。卧桥采用巨木由两岸向河心错落前伸，层层递出，节节相衔，呈穹隆之弓形。桥面上有拱廊，可避风雨，两侧楹栏整齐。桥两端各有翼亭，恰似两拳紧握，故又名握桥。卧桥在兰州曾享有盛名，为昔日"兰州八景"之一。1952 年，为了修通七里河、西固的西郊林荫大道，决定将解放门以西的路段加宽而将卧桥拆除。

二、兴隆山卧桥

位于榆中县兴隆山峡谷。清乾隆二十八年（1763 年）知县唐鸣钟创建，故称"唐公桥"。后屡毁屡修。嘉庆八年（1803 年）知县李醇和建为木结构拱桥，名"迎善桥"。光绪二十六年（1900 年）重建，称"云龙桥"。桥全长 23.6 米，跨度 9 米，桥面宽 3 米，为十三踏步斜坡式。桥上建廊 9 间，桥头各建南、北桥亭一座，

兴隆山卧桥

为歇山顶四角飞檐结构，东、西两侧带耳房，顶部均布琉璃瓦。美观大方，是目前兰州境内保存最好的古卧桥，对研究建桥史和建桥技术有重要的价值。

三、水车博览园卧桥

位于城关区水车博览园与兰州音乐厅之间的南河道上，是仿照原雷坛河卧桥建造的，2005年8月随着博览园的建成对外开放。该桥雕梁画栋，大气恢宏，基本上反映了兰州雷坛河卧桥的风貌雄姿。

水车博览园卧桥

四、金城关卧桥

位于黄河北面、白塔山公园西面的金城关兰州非物质文化博览馆西侧的马家石沟上，2010年10月建成。金城关卧桥不仅具备通行功能，而且犹如一道彩虹，将金城关山谷两边的建筑连为一体，成为金城关一道亮丽的风景。人们可以登山而上，从卧桥上游览、观看黄河及黄河南岸风景。

金城关卧桥

五、五泉山公园卧桥

建成于2014年底，坐落在五泉山公园西龙口，横跨深谷，高度接近40米，成为五泉山公

园古建筑群的又一新景观。

六、 永登红城镇凤凰山卧桥

该桥建于 20 世纪初，是永登县红城镇著名木匠杨登巍仿兰州雷坛河卧桥设计、施工的精品之作。此桥净跨度 27 米，呈拱形，上覆雨廊，加上两头门楼，共 11 间，总长 33 米。整个建筑造型别致，轮廓优美流畅。在蓝天、白云、绿树的映衬下，显得雄伟壮观，气势恢宏，给人一种"横空出世"的感觉。后遭到毁坏，2011 年初重建，2012 年 10 月建成。基本承袭了原桥风格，卧桥为一跨桥梁，共 11 间，长约 35 米，宽 3 米，总投资达 130 万元。

2017 年 5 月 29 日下午于兰州辰北花园

兰州的吊桥

桥，是指架在水上或空中便于通行的建筑物。

桥的种类很多，有栈桥、引桥、天桥、立交桥、浮桥、铁索桥、土桥、木桥、吊桥、石桥、砖桥、铁桥、混凝土桥、钢筋混凝土桥等。按用途还可分为铁路桥、公路桥、管道桥、多用桥、立交桥、高架桥等。

桥的历史非常悠久。以梁为主要承重构件的桥，是中国最早出现的桥型，远在殷代即已创建。中国历史上最早记载的梁桥为钜桥，桥建于商代（前 16- 前 11 世纪）。周武王伐纣，克商都朝歌（今河南省鹤壁淇县朝歌镇），发钜桥（今浚县钜桥镇）头积粟，以赈济贫民。自周代至秦汉，中国多造石柱、木梁桥。

坐落在咸阳故城附近的渭水三桥，在古代是很有名的。三桥包括中渭、东渭和西渭桥，都是多跨木梁木柱桥。其中，中渭桥始建于战国秦昭王的时候，后来秦始皇又作了改建和加固。

汉朝时的梁桥，已经比较普及了。宋代建造为数众多的石礅、石梁桥，如泉州一地，见于古籍的桥梁就有 110 座，其中名桥 10 座。

清明上河图上就有一座规模宏大、结构精巧、形式优美的木质拱桥，名虹桥。

吊桥，又名悬索桥，指的是通过索塔悬挂并锚固于两岸（或桥两端）的缆索（或钢链）作为上部结构主要承重构件的桥梁。

　　中国吊桥的历史也非常悠久。远在公元前 3 世纪，在四川境内就修建了"笮"（竹索桥）。秦取西蜀，四川《盐源县志》记："周赧王三十年（公元前 285 年）秦置蜀守，固取笮，笮始见于书。至李冰为守（前256- 前 251 年），造七桥。"七桥之中有一笮桥，即竹索桥，也就是吊桥。可见至少在公元前 3 世纪，中国已经记录了竹索桥。早在汉宣帝甘露四年（前 50 年）已经在四川建成长达百米的铁索桥。

　　中国现代吊桥的建造始于 19 世纪 60 年代。相对于其他桥梁结构，吊桥可以使用比较少的物质来跨越比较长的距离。吊桥可以造得比较高，容许船在下面通过，在造桥时没有必要在桥中心建立暂时的桥墩，因此，悬索桥可以在比较深的或比较急的水流上建造。

　　吊桥比较灵活，因此它适合大风和地震区的需要。比较稳定的桥在这些地区必须更加坚固和沉重，吊桥有坚固性不强，在大风情况下交通必须暂时被中断；不宜作为重型铁路桥梁；吊桥的塔架对地面施加非常大的力，因此假如地面本身比较软的话，塔架的地基必须非常大而坚固；吊桥的悬索锈蚀后不容易更换等。一个国家或地区在经济和技术相对落后的情况下，建造吊桥应该是一个优先的选择。

　　1970 年 5 月 1 日，由兰州雁滩人苏钰设计的黄河流域的第一座吊桥在甘肃省靖远县平堡通车了，平堡人第一次走上了自己建造的大桥。这也是甘肃省第一座吊桥。

中山桥

　　兰州，是唯一一座黄河穿城而过的省会城市。黄河，孕育了兰州，但滔滔不息的黄河水，也阻隔了黄河两岸。桥，是兰州人千百年来梦寐以求的事。

兰州黄河古来无桥。古代兰州过河的方式，冬季踏冰，以冰为桥，无冰的季节则靠渡船和羊皮筏子。兰州在中山桥建设以前，河面多以浮桥、冰桥、羊皮筏子的筏渡为主。

兰州黄河铁桥，是兰州真正意义上的第一座桥。它建于清光绪三十三年（1907年）。工程由德国商人承建，共花了白银三十万六千余两。桥两端分别筑有两座大石坊，上刻"三边利济"和"九曲安澜"。桥有四墩，下用水泥铁柱，上用石块。弧形钢架拱梁是后来进行加固时增建的。"中山铁桥"旧名镇远桥，也称黄河铁桥，1942年，为纪念孙中山先生而改名为"中山桥"，桥名沿用至今，被称为"天下黄河第一桥"。

改革开放前，兰州只有四座桥梁。由于兰州地域和历史的原因，过去，经济落后的兰州，建桥真不是一件容易的事，因此，造价低，技术难度不是太大的吊桥，可谓经济实惠，是兰州历史的选择。

尽管经过几十年地努力和发展，兰州已在黄河上建造了40多座桥梁，其中有不少现代化的高架桥、高铁桥、高速桥等，但还是有许多黄河吊桥，支持着兰州城乡的交通和发展。下面就看看兰州的吊桥：

一、柴家台黄河悬索吊桥

柴家台黄河悬索吊桥位于兰州市西固区西柳沟街道柴家台村，柴家峡水电站下游约3千米处，是当时柴家台村民出行跨黄河的唯一通道。这座桥建成于1977年，桥长180米，桥面全宽2.85米，北连县乡公路，南接109国道，是当时兰化公司为方便黄河北岸农场的职工出行而修建的。机动车一直无法通行。2000年，当时的兰化公司将该桥移交到西固区政府。西固区政府接管该桥后对其进行了全面检测。2008年底，西固区对该桥又进行了一次加固、提载，使得该桥最大承载力为机动车单车通行，单车总重达3吨，基本满足了居民生活需求。吊桥上"工业学大庆，农业学大寨"的标语仍然醒目，成了这座桥上的历史印记。

二、八盘峡黄河公路吊桥

位于兰州市西固区八盘峡水库下游，新城黄河桥上游约6千米处，

以所处位置及桥梁用途命名。八盘峡由八盘村得名。古时村里有磨盘八个，故名八盘村。南北连接县乡公路，是八盘峡水电站专用的黄河吊桥，由八盘峡水电厂建设，水电四局设计施工，于 1983 年 6 月竣工通车。桥长 179 米，宽 5 米，设计荷载等级汽车 –15 级。

三、蛤蟆滩人行吊桥

蛤蟆滩人行吊桥位于兰州市西固区柳泉乡，右岸接兰州市西固城区，左岸为无堤防农地。

该桥建于 1954 年，桥长 180 米，桥宽 2.5 米。桥梁结构为钢索斜拉吊桥，钢板桥面。主跨 1 孔，跨径 110 米，副跨 2 孔，跨径 35 米。梁所处河段属川区河道，水流自西南向东北而去，河道宽约 250 米，河槽较深，两岸地势较高，主流摆动幅度不大，右岸有沿河公路兼堤防，防洪压力不大。

四、兰铝输气管道吊桥

兰铝输气管道桥位于兰州市兰州铝厂附近黄河干流上，右岸与兰州市西固城区相连，左岸与农村村庄相通，主要用于兰化公司煤气及天然气输送和少量行人通行。

大桥系拱杆钢索桁架吊桥，由兰化公司建设，兰州有色冶金设计院设计，于 1995 年 7 月开工建设，1996 年 8 月竣工。桥长 200 米，桥面宽 3 米，上铺粗、细输气管道数根，桥面约三分之一处设有人行道。

五、青白石黄河吊桥

位于兰州市东岗镇桑园峡口青白石杨家湾村。吊桥为钢索斜拉桥，桥长 294.5 米，总投资 240 万元，建成于 1989 年。由甘肃公路交通公司设计，甘肃省水利厅工程地质队施工。

六、桑园子人行吊桥

位于榆中县桑园峡上游的来紫堡乡桑园子村（桑园子火车站）东，又称来紫堡吊桥。这座吊桥由铁路部门协助设计，来紫堡乡人民政府组织民工施工，共投资 36.80 万元，其中乡政府自筹 13.50 万元，榆中县投资 3 万元，兰州市投资 20 万元。1979 年开始筹建，1980 年建成。该桥为钢索斜拉系拱杆木板桥，桥长 140 米，桥面宽 4 米。主桥长 127.40 米，宽 3.10 米，轨道板宽 1.10 米，主索 7 根，吊杆 31 对，索塔高 10 米，底宽 1.43 米，长 8 米，净距 3.10 米，主索最低点距桥面 1.10 米。台宽 5.40 米。它是为乡镇企业生产、运销和两岸交通而修建的专用吊桥，只限拖拉机、畜力车、行人通过。该吊桥年久失修，桥上铺设的木板已

桑园子吊桥

安平吊桥

经破损不堪，2018 年废弃，现在吊桥只能勉强供行人通过。

七、安平黄河吊桥

安平黄河吊桥位于桑园峡上游河段的榆中县西坪村。

20 世纪 70 年代在此就建了一座吊桥，可通行汽车，后年久失修，接近废弃。2001 年 8 月由原兰州军区和甘肃省交通厅共同筹资开工改建了该桥，2002 年 5 月竣工通车，被命名为安平黄河吊桥。桥长 136 米，投资 316.8 万元，吊桥系钢板桥面钢索桥，北京双环工程咨询公司设计。设计荷载等级汽车 –15 级，桥面宽 4.5 米。桥址位于峡谷河段，河道狭窄，两岸地势较高，岩石裸露，岩壁陡峻，水流湍急，河谷宽约 120 米。

八、上河坪吊桥

位于兰州市皋兰县什川镇小峡水电站上游约 1240 千米处的上河坪，因上河坪地处什川镇黄河上游，地势较高且平坦，故名。该桥由兰州雁滩人苏钰设计。该桥南北连接县乡公路，北端接官亭村，南端距小峡码头约 510 米，方便周边居民出行。

九、什川吊桥

什川吊桥位于皋兰县什川镇上车村，是单链柔式吊桥。兰州雁滩人苏钰设计。在省交通厅、兰州铁路局、甘肃冶金公司、兰州通用机器厂、阿干煤矿等二十多个单位的支持下，什川南庄、长坡、上车三个村农民自筹资金 24 万元，自力更生，艰苦奋斗，用自己的双手建起了这座钢索吊桥。建桥工程于 1969 年 11 月 13 日动工，1971 年 5 月 20 日竣工。

什川吊桥

桥长 435 米，其中主桥 165 米，引桥 270 米，桥面净宽 7 米。桥两端耸立着 15 米高的钢筋混凝土龙门，每根重 2 吨的 14 根粗壮钢索凌空悬挂于桥龙门与桥栏之上。桥面由木板铺成（现已更换为钢板），载重 8.5 吨。桥两侧有人行道。最大洪期，水距桥面 3 米。主要用于普通农用机动车和行人通行，被誉为"中国农民第一桥"。后因年久失修于 2009 年禁止通行。皋兰县 2013 年对现有悬索人行桥加固维修，更换主缆、吊桥、索夹、桥面、栏杆等桥梁上部结构，并对桥塔、抗风索锚桩等进行加固，恢复行人和小型车辆的通行功能。

十、青城黄河吊桥

位于榆中县青城镇中部，是一座双塔双链式钢索吊桥。

桥梁长度 337.5 米，主跨长 180 米，包括引道长 322.9 米，桥面宽 4.5 米。由甘肃省交通规划设计院设计，荷载汽车－20 级。兰州铁路局工程处承建。于 1985 年 10 月开工，1988 年 7 月竣工。共投入资金 150 万元，其中省交通厅投入 50 万元，兰州市政府划拨 20 万元，农民集资 20 万元，其余由县、乡人民政府筹集。

建桥之前，青城镇村民靠仅有的一条钢丝绳拉着的木船和羊皮筏子渡河，极为不便，也不安全。它的建成，沟通了榆中青城和白银水川两地，南岸接青城，北岸接水川。也是采用"民办公助"方式修建，大桥建成通车之后，极大地方便了榆中青城果菜的外运，方便了两岸的往来。

除了以上可通车行人的吊桥外，兰州还有八盘峡天然气管道桥（吊桥）、南坡坪兰化管道桥（吊桥）、石化输油管黄河吊桥（位于兰州市西固区西柳沟街道柴家台村桃园社区北，柴家台黄河悬索吊桥下游约 2.7 千米处。南端起点距甘肃鑫港物流园约 375 米，北端靠近北滨河西路，为兰州石化公司输油管道桥）、兰炼管道桥（吊桥）等管道吊桥。它们一同为兰州市的经济建设和居民生活带来了便利，都是兰州黄河桥梁上的明珠。

2020 年 4 月 7 日晚于兰州

兰州的关隘

　　关隘，是古代在重要交通要道的险要地段或津渡口岸处设置的关卡，一般称为关，也可称为关口、关寨、关门、关塞、关山、关津等。如山海关、剑门关、阳关、嘉峪关、玉门关、娘子关等。

　　兰州地处中国大陆的腹地，黄河的上游，古丝绸之路上的主要枢纽，有着十分重要的军事战略地位，因此，兰州的大地上留下了好多关隘，最早的可追溯到两千年前的秦朝。到西汉王朝时，拓展疆土，打通西域，开辟了丝绸之路。为了对河西走廊及以西的广大地区实施有效管辖，西汉政权设置了河西四郡，建筑了阳关和玉门关，并设候关、燧长等官吏带兵驻守管理。此时，兰州地区就已有了关隘。到后来的隋、唐、宋、元、明、清等各朝各代，兰州地区作为重要的防御地段，在建筑城郭，修筑长城峰燧的同时，也建造了大大小小不少关隘，用以防守和管理。随着社会文明的发展，关隘，早已退出了历史舞台，有些还残存，有些甚至消失得无影无踪。

　　兰州，虽然绝大多数的关隘已消失，但留下来的一些，还在悄无声息地诉说着日月的沧桑。

　　由于历史上政权设置、地理位置及军事防御等因素，兰州地区的关隘，以城关区和榆中县为最多，别的区域相对要少一些。主要的关隘如下（主要是筑有关城并驻军或设官吏防守管理的）：

1. 金城关（城关区）

金城关，位于兰州市城关区黄河北岸中山桥西 1 千米的白塔山西麓临河边，以古代金城县得名，是兰州最为有名的关隘。有史书《读史方舆纪要》记载，始置于汉代。到隋朝时由金城津改建，唐朝沿用，宋、明时都曾多次修筑，到清末时坍塌，只存留关墙遗址。1942 年因修建甘新公路被拆除。

金城关

盐场堡一角

2. 玉垒关（城关区）

位于兰州市城关区黄河北岸大砂沟西侧，原庙滩子古城楼，就是关楼，因用石块垒砌而成，古得名玉垒关。据传，置于汉代。有史料记载，清代曾修葺。20 世纪 50 年代初因城市扩建被拆除。

3. 盐场堡关（城关区）

位于徐家山下的台地上，即现在的盐场堡，建于明弘治十八年（1505 年），并驻兵防守。地名因过去盐市交易并筑有城堡而得名。城堡早已无存，但地名保留了下来。

4.凤林关（城关区）

位于城关区黄河北岸白塔山东侧的烧盐沟口，建于明代，清朝修葺。是为了护卫兰州城，住兵防御。20世纪50年代被拆除。为何被命名为"凤林关"，没有史料记载。

5.恭噶关（城关区）

恭噶关，又称巩哥关，此名源于兰州被吐蕃政权统治，关名为吐蕃语，后直译而来。位于城关区东岗镇古城坪，据史料记载，建于宋朝元丰四年（1081年），元丰六年改称东关堡。毁于何时，无史料记载。元末明初，元将领扩廓帖木儿在此地修筑城堡，屯兵围攻兰州城，即王保保城（同时在白塔山东也建筑另一城堡，叫王保保城，此地名保留了下来）。有专家认为，此处也是秦朝榆中县的城池所在。如果按此来说，应该就是兰州及其以西广大西北地区最早的具有驻军防御性质的重要关隘。这里南面背靠大山，北邻湍急的黄河，是扼守兰州东出口桑园子峡的要塞，战略地位十分重要。明代景泰年间（1450-1456年）在此地重建东关堡，驻兵防守。

6.安宁堡（安宁区）

位于兰州市安宁区仁寿山南麓下的台地上，是兰州西部黄河北岸经沙井驿去往永登及河西走廊的交通要道。据史书记载，明弘治十八年（1505年），由延绥、宁夏、甘肃三边的总制杨一清下令修筑，与城关

古城坪

区的盐场堡是同一时期修筑的关堡，具有同样的驻兵防御功能。关堡早已不存，但地名被传承了下来。

7. 哨马营关（安宁区）

位于兰州市安宁区十里店桥北的深沟。据史料记载，建于明英宗正统十二年，是都指挥佥事李进所筑，为一座堡寨，有驻兵把守。现已无遗迹。

8. 摩云关（七里河区）

位于兰州市七里河区与临洮交界处的马啣山西延之脉魔云岭，是南往临洮、临夏、甘南的要道。因海拔高，终年云雾缭绕，有伸手可摸着云朵的说法，故名，还有"摸云关""摸云岭""摩天岭"之称。明朝在此设"巡检司"管理检查商旅，并改名为"摩云关"。清代废除"巡检司"设置"摩云驿"并改名为"摩云驿运所"住驿夫，配置驿马、牛，传递军政令。因上到山顶需盘旋七道弯，故后又名"七道岭"或"七道子梁"。抗日战争时期，经西果园修建了干川公路，摩云关则被废弃。现还有残存的遗迹，地名也被保留传承了下来。

9. 阿甘关（七里河区）

在兰州市七里河区阿干镇。位居雷坛河谷，是榆中南部、临洮、临夏进入兰州的交通通道，是兰州的南大门，军事地位十分重要。据《元丰九域志》记载："元丰六年（1083 年）置阿甘堡。"用以防守。南宋时兰州被金占据统治，于金世宗大定二十二年（1182 年）在阿甘堡设县，归临洮路兰州管辖。元世祖至元七年（1270 年），忽必烈废阿甘县归兰州管辖。《明史·地理志》记载："南有阿干关。"明朝时在阿甘设关驻兵防守，一直到清朝。在兰州、榆中及临洮等地，有些老人还称阿甘为"阿甘县"或"阿岗县"。这里，"干"与"岗"近音，源于鲜卑语。

10. 西关堡

位于兰州市西固区。据史料载，宋元丰五年（1082 年）在兰州城西二十里，即现在的土门墩以西，筑西关堡。是宋朝军队为守卫兰州城而修筑的防御城堡。元灭金后，西关堡被废，明弘治十二年（1499 年），为防御鞑靼族部落侵扰，在此重建城堡，清朝同治年间，改名为"西固城"，有"固若金汤"之意。20 世纪 50 年代，城址被拆除，地名得以保存沿用。

西固区

青石关

11. 京玉关（西固与永靖县交界处）

位于兰州市西固区与永靖县交界处的永靖县盐锅峡黄河南岸的小茨沟村。是古代横渡黄河去青海的古渡口，有秦长城遗迹保留，石壁上刻有"京玉关"三个字。此处在宋朝前曾建有桥梁，叫"把拶桥"，到宋朝时，改名为"京玉关"，一直沿用，是十分重要的渡口和关口。20世纪50年代，因修兰州至青海的铁路被拆除。

12. 青石关（西固区）

位于兰州市西固区的河口镇，在庄浪河入黄河口的南岸，因此地的石头呈青色而得名。这里是古丝绸之路的必经之路，又是去往河西走廊和西域渡河的古渡口，历史上一直是兵家必争之地，也是兰州较为有名的一处关隘。20世纪50年代修建兰新铁路时被拆除。

13. 新城堡（西固区）

位于兰州市西固区新城乡城子村内。明宪宗成化二十年（1484年）修建城堡防守。到清朝时成了驿站，后废弃。

14. 夏官营古城（榆中县）

夏官营古城址位于兰州市榆中县夏官营镇上堡子村西北500米，苑川河的南岸，呈正方形，边长 350 米，面积 9 万平方米。有考古人员从出土的瓷片和城墙夯筑的特点，认为是宋朝的城池。该古城地处苑川河的要冲，古丝绸之路经苑川河谷的必经之地，兰州东大门的战略要地，历代在此设关隘防守是必不可少的，因此，此地不但有古城池，还应该是一处关隘无疑。陇海铁路穿古城而过，原兰州军区空军司令部就设在该古城南 2 千米处。

15. 凡川会关隘（榆中县）

凡川会关隘的古城遗址，位于兰州市榆中县新营乡罗景村。这里是苑川河的上游，是由临洮翻越马啣山到榆中及兰州的重要关隘。西夏占据兰州及榆中时设置。《续资治通鉴长编》记载，大庆元年（1036 年），元昊"南侵至马啣山，筑城'凡川会'留兵镇守，绝吐蕃与中国相通路"。西夏王李元昊占领新营，为了防御宋兵从临洮进入榆中地，在今新营附近修筑了瓦川会城，住城防守。由此可看出当时是一处重要的关隘，也是一处军事要地，战略地位十分重要。在后来的年代里，这里曾发生过多次重大战争。

16. 龛谷关隘（榆中县）

龛谷关隘，也称小康营关隘，位于兰州市榆中县小康营乡南部的龛谷峡。小康营乡，原名龛谷乡，1958 年改为小康营乡。这里是临洮翻越马啣山进入榆中盆地及苑川河谷前往兰州、河西以及靖远、会宁、宁夏的重要通道和关隘，战略地位十分重要。历史上曾

龛谷峡风光

发生过多次战争。金统治时期，于金大定二十二年（1182年），升龛谷堡为县，进行有效管辖。元朝时废除。

龛谷关隘，分"前古城"和"后古城"两部分。"前古城"在羊胡咀，在龛谷峡谷底的堤岸上，依南山而建，西秦乞伏国仁时，就在此设关驻兵防守，宋朝时筑建堡寨，后各朝代有修复重建。现该城已被毁。"后古城"又叫"上古城"，位于马啣山北侧的一条南北走向小山脉豁口南面的山顶上。现还存有残城墙，高6米。东面是龛谷峡，西面是唐家峡，沿古城山梁又小路可至龛谷寨。这里居高临下，扼守龛谷，有"一夫当关万夫莫开"之势，与谷底的龛谷寨形成犄角，对南北来的军事威胁，具有很好的策应防御作用。

17. 桑园子关隘（榆中县）

桑园子关隘即桑园子古城，位于兰州市榆中县来紫堡乡桑园子村，居黄河桑园子峡口的南岸。这里，地势险要，南面靠山，北临黄河，是东进出兰州的丝绸之路必经之地。过去，曾建有城池，驻军防守。

据《金县志》详细记载："长城在黄河南岸，秦时蒙恬所筑，在金县境内者，自西北皋兰之桑园城，长十里。沿河西至什川堡址，有二里余。约计百余里。又东至一条城，或断或续，有四里余。东至平滩堡至靖远交界处，有二里余。"虽然这里的数据及方位不十分准确，但可以肯定的是，桑园子有城，且桑园子峡谷里，还有蒙恬所筑的秦长城残迹。现在，在桑

桑园子村镇

园子火车站东面的陇海铁路和黄河之间，还有残留的长城遗迹。桑园子古城毁于何时，已无从考究。这里，是兰州的东大门关隘，易守难攻，过去在此筑城设关，驻兵把守是必不可少的。自宋朝至清代，这里发生过多次战争。

18. 甘草关隘（榆中县）

甘草店，是兰州市最东面的第一古丝绸之路名镇，也是方圆百里的著名集市贸易重镇，特别在农耕文明时代，曾非常辉煌。甘草店成为贸易重镇，已有700年的历史了。传说，在元朝时，甘草店及其周围的广大地区，气候温湿，盛产甘草，特别是甘草店以北的山区，土壤更适合甘草的生

甘草店街道

长，盛产优质的甘草，一直到明末清初，都是进贡朝廷的名贵中药。甘草店因甘草而得名。

据史料记载，宋元丰五年（1082年），宋将修筑了甘草店堡（城），驻兵防守。据传，在元明朝时代，甘草店堡（城）还在，毁于何时，无史料记载。

甘草店，地处车道岭西麓卜的苑川河中游南岸，是定西、会宁东来，前往兰州乃至以西的交通要道，军事战略地位十分重要，历来都是驻兵防守的重要关隘，是兰州东进出口的第一要道。西兰公路、青兰高速、陇海铁路都穿镇而过。

19. 浩亹关（永登县）

浩亹，古县名，西汉置，治所在今永登县西南大通河的东岸，因浩

鄣水（今大通河）得名，北周时废除。这里地处永登县连城镇、河桥镇、红古区窑街镇的中心，南连青海省民和县、兰州市红古区，北接甘肃省天祝县，是一处交通要道。东汉建武十一年（35年），先零等羌族政权屯据浩亹隘，从此有关隘驻兵把守，历史上被称为浩亹关。

20. 令居关（永登县）

令居是汉长城上的一处著名关塞。据《汉书·地理志》载："令居，涧水出西北塞外，至县西南，入郑伯津。"这里是渡河北上进入庄浪河谷的一处古渡口，也是交通要道。令居县"汉武帝元鼎二年（前115年）置"，是元狩二年（前121年）在河西归汉后所筑河西长城关塞令居城的旧址上建立设置的。后历经两千多年，屯田驻兵防守，几置几废，反复多次。古城早已荡然无存。

21. 连城关隘（永登县）

连城关隘，就是连城古镇，位于兰州市永登县西部，地处甘肃、青海交界处的大通河东岸。这里，是连接着红古城、罗罗城、古城、钱家山城、工巴城、那孩城、邓邓城、王家山城、马家山城、吴家山城等山城的总称，是一处具有防御功能的军事关隘，也是多个民族聚集的交汇点。历来为兵家必争之地，各个朝代设置关隘，驻兵防守。到明清时期，这里主要由鲁土司统治管辖，实行部落酋长制与封建官员兼任制的管理模式。鲁土司统治始于明洪武四年（1371年），1932年民国政府实行"改土归流"被废除。至今在连城镇留下了一座在整个西北地区都绝无仅有的宫殿式古建筑群鲁土司衙门。是一处珍贵的历史文化遗产，为研究土司政权及土司文化提供了丰富的史料。现已是一处著名的旅游景点。

22. 什川堡关（皋兰县）

什川堡在皋兰县什川镇，是明弘治八年（1495年）甘肃巡抚为防范鞑靼族部落侵扰建的堡寨，因城堡位居上峡至河口，东山至泥湾的十字处而得名。这里紧邻黄河，是古丝绸之路北线由靖远逆黄河而上到兰州的必经之地，也是明清到民国时期的重要水陆码头，是驻军防御的要塞。由于地处黄河谷地，气候温湿，土地肥沃，自明朝时盛产水果。这里是有名的"世界第一梨园",已成为兰州著名的旅游景点。

什川镇

除上述关隘外,兰州地区还有不少具有关隘性质和作用甚至历史上还建筑过关堡的地方,不乏传说故事。

2021年1月24日下午于兰州辰北花园

兰州的墩

　　墩，土堆，指厚而粗的石块、木头等垒积以及黄土夯筑而成的建筑物基础等。有史书记载：墩，平地有堆。东汉·许慎《说文》：冶城访古迹，犹有谢安墩。李白《登金陵冶城西北谢安墩诗》。又如：挖塘取土，垒土为墩；墩台（高一些的土堆台，报警台）。

　　墩，在甘肃乃至整个西北，一般是指较高的土堆和用于军事防御的哨卡和烽燧台。哨卡和烽燧台，又有大小之分。大一些的墩，类似小城堡，有二至三层，内设防御工事、武器装备库和住所，有多到十至二十人驻防。这样的墩，一般在城池外围或城郊的交通要道，如兰州市城关区的拱星墩。较小一些的墩，也可有三至五人驻防或放哨。这样的墩，设在离城较近的要冲或关隘。还有常见的小墩，一般设在较远的城墙上，或更远的交通要道、山头上，主要用以放狼烟报警，如兰州东郊桑园子峡南岸及东岸山上的长城墙墩和烽燧台（也称烽火台）等。

　　历史上，甘肃西部一直处于战略防御重地和军事防守要冲，因而建的墩和烽燧等军事防御工事，在河西走廊有很多，其中现存的烽燧、墩堠有1000余座，留下来的地名有100多处。据史料记载，这里"五里一墩，十里一堡"。同样的因素，兰州地区的墩和烽燧也不少。

　　根据地方志文献记载，北宋时在兰州城东筑"巩心堡"，堡下部为空心，可藏兵甲武器，为兰泉县防卫设施。明代筑长城时连接为瞭望墩台，因墩下空心，驻兵防守，名为空心墩。民国五年（1916年）甘肃督军张广建其部驻防兰州时将土墩进行了修整，认为空心墩这个地名不好听，就改为了拱星墩，并在墩上写了"拱星来朝"四字。从此，就有

桑园子峡东岸九圪垯山上的烽燧台

了拱星墩这个地名。其墩于1937年11月5日被日机炸毁，但拱星墩地名被流传沿用至今。明朝时与拱星墩一起修筑的，还有七里河区的土门墩、榆中县的三墩营、二沟墩等。这些军事设施，为保护兰州城及西北边防，起到了积极的作用。

榆中县连搭乡境内的二沟墩村，位于连搭乡东面的大凸山下，从连搭集镇到二沟墩村，要经过两条沟，而大凸山上有烽火墩一座，至今犹存。传说，是明朝时建的烽火台墩。这里地势较高，是连搭、和平、定远、麻家寺等方圆几十千米内燃放狼烟传递信息的一处著名的烽火台墩。村名由此而来。

据初步统计，兰州地区以墩命名的地名有40余处，绝大多数为军事防御遗留下来的，少数的为自然地貌地名。如下：

城关区

拱星墩。

七里河区

土门墩。

红古区

茅墩岭山、墩圪垯山等。

永登县

郭家墩、三里墩、兔墩、上兔墩子、下兔墩子、陶家墩、六墩、沙梁墩、五里墩、方墩子、墩湾、墩圹怀、墩岭、墩岭沟、

榆中东古城遗址

墩岭头山、墩深沟、墩子岭山、黑土墩山、墩岭湾沟、五分墩坪等。

皋兰县

张家墩、彭家墩、五墩子、上四墩子、四墩子、山字墩、薛家墩、烟墩沟、糜不老墩山、墩山圹山、墩深岔沟、土墩沟等。

榆中县

二沟墩、三墩营、高墩营、墩圪垯山、鹿谷子墩山、墩墩沟等。

2021 年 2 月 7 日晚于兰州

兰州车道岭地名略考

全国叫车道岭的地名不少，兰州也有一处。

兰州的车道岭，位于兰州最东面的榆中县东南七十里处，是兰州地区的三大山系即马啣山系、车道岭山系、北部山系之一，与定西市安定区交界。过去，自陇中到兰州，仅通此一路。

车道岭是一条海拔超过2100米的黄土山岭，东西走向，是祁连山余脉马啣山连接六盘山的一条纽带。古丝绸之路自东而来，经此道，向南走丝绸之路南线，经榆中南部新营、马坡、银山，沿雷坛河谷绕道阿干镇、铁冶、八里窑到兰州，过黄河去河西走廊或青海到西域；下车道岭走丝绸之路中线，经甘草店、清水驿、夏官营、金崖、来紫堡桑园子、方家泉，或经甘草店、清水驿、双店子、三角城、麻家寺、定远驿、方家泉，绕道十里山到兰州，过黄河去河西走廊到西域；向北走丝绸之路北线，沿榆中北部山区鸡冠子梁，经条城（今榆中县青城）、靖远、景泰到河西走廊、西域。因此，车道岭自秦朝大将军蒙恬西征开辟了车道岘古道，汉代张骞出使西域途经车道岘一路向西，开辟了古丝绸之路后，是中国历代东西交通的一处重要关隘。

车道岭在兰州历史上有着重要的地理位置，汉武帝建元三年（前138年），张骞应任由长安出使西域，13年后返回，二次经过了车道岭。

汉元狩二年（前121年），骠骑将军霍去病，率领一万骑兵，带着张骞绘制的西域地图征西，西去的大军踏过车道岭。

贞观元年（627年），玄奘法师为明了教理，去印度礼佛，路过车道岭，给榆中及兰州地区留下了佛理教义。

唐贞观十五年（641年），唐朝与吐蕃联姻，文成公主下嫁吐蕃首领松赞干布，文成公主途经车道岭，经甘草店、清水、三角城、麻家寺、兰州，前往青藏高原到拉萨。

车道岭在明代及以前叫车道岘。据史书中记载，源于在安定的一次彻底打败元朝残余势力的大决战，《明史》中称"沈儿峪之战"，也称"定西之战"，就发生在车道岭及山下的沈儿峪、关川河谷一带。明军主帅，大名鼎鼎的明朝开国元勋徐达，与元军主帅，也是赫赫有名的被朱元璋称为"天下奇男"的扩廓帖木儿（又名王保保）在此决战。《明史·邓愈传》中记载："（洪武）三年（1370年），以征虏左副将军从大将军出定西。扩廓屯车道岘，愈直抵其垒，立栅逼之，扩廓败走。"徐达大胜，王保保败北。此战之后，车道岘才逐渐被更名为车道岭。

传说，当年，王保保的大部队就驻扎在车道岘上，居高临下，徐达的部队东来，在定西西北的沈儿峪筑垒，与王保保的元军对峙，激战多日，后王保保的部队抵抗不住徐达部队的猛烈进攻，开始败退！手下将领问王保保怎么办？王保保下令说"撤到岭上！"于是元军大喊"撤到岭上"，随后撤到车道岘山岭，后又败北而去。于是，车道岘就逐渐被"撤到岭"的名字取代，后又因谐音，"撤到岭"演变成了"车道岭"。

岘，本意是小而高的岭。但在甘肃陇中地区，是指山岭上的豁口，也叫豁岘。在陇中山区，有非常多的以"岘"命名的地名。在兰州市的榆中县，定西市的安定区、通渭县、陇西县，白银市的会宁县等县区，各有以"岘"命名的地名超百处。虽然，车道岘地名源于何时，无从考证，但车道岭从车道岘来，毫无异议。传说归传说，历史的发展还是有规可循。有车就有辙，有辙就有印。车道岭，自西汉张骞拓展西域始，就一直是贯通东西的官道，在历史的长河中，官道上自然有官车、战车、商车等源源不断地通过，岭上大道畅通，留下屡屡车辙，大道就是车道。先有车道岘，后演变为车道岭，也就成自然之事了。

2022年4月28日中午于兰州

榆中北山，曾是野生动物的乐园

　　榆中北山是指甘肃省兰州市榆中县北部干旱山区，是一片广阔的高原山地，包括中连川乡、园子岔乡、上花岔乡、哈岘乡、韦营乡、贡井乡六个乡镇，所占的面积是整个榆中县的51%，属于温带半干旱大陆性季风气候，年平均气温6.7℃，降水量200-400毫米，无霜期120天。这里位于黄土高原的西部边缘，是典型的黄土高原沟梁峁台壑岘山地综合地形，平均海拔2400米。这里也是一块特殊而神秘的地方，在古代，气候湿润，被茂密的森林和草原所覆盖，野生动物资源丰富，曾是野生动物的乐园，也非常适宜放牧和狩猎。在秦汉至明朝，还有广泛的森林和草原分布。

　　近二十多年来，北山地区的人口急剧减少，特别是近十年来，人口由29 167人减少到14 653人（第七次人口普查数

榆中北山地貌

斑鸠

据），实际常住人口已不足万人。人口的减少，环境的改善，使野生动物有了较好的恢复和增加。现在，随处可见红腹锦鸡、嘎啦鸡、野兔、野鸽、鹰、喜鹊、麻雀、戴胜、红嘴鸦、麻雀等，偶尔还可看到岩羊（黄羊）在山谷中狂奔的身影。

从这里以动物命名的地名就可以看出，过去，这里的动物多达几十种。

这里以动物命名的地名有四龙王池沟、凤凰山、黑虎子村、豹子坪、野狐（狐狸）沟、麋鹿沟、黄羊塘村、獾猪岔沟、骚狐岔村、鸡冠子梁、野鸡咀村、燕子山村、喜鹊湾村、麻雀咀村、小黄蟒沟村、蛇圪垯村、马圈沟、羊路坡、黄牛岔、马家羊路、骡子岔、羊柴沟、骆驼巷、马儿岔、万羊台等 50 余处。

这里已灭绝的动物有蟒蛇、麋鹿、野猪、猞猁、秃鹫、雕鸮（哼吼）等。

2022 年 1 月 7 日于兰州

418

兰州三江口之地名

　　兰州一处古老的地方，却有一个美丽的新地名，叫三江口。

　　听这地名，就让人联想到，是一处江河汇流的地方。没错，兰州的三江口，就是黄河、湟水河、大通河三条河交汇的地方，因而也叫"三河口"。说它古老，因为不但有三河在此万古交汇，还有古丝绸之路由此穿越。

　　过去，古丝绸之路由榆中东来，到达兰州的兰泉驿，就分两路，一路由金城关或西津（雷坛河口西侧）或西固古渡口过黄河，经安宁区沙

三江口

井驿到永登，再西去西域，另一路到西固区河口或三江口或稍南部西固区与永靖县交界处的黄河南岸的盐锅峡镇小茨沟村的京玉关古渡口过黄河，经红古区的平安驿西去青海西域，或到永登西去西域。说它新，只因它得此地名，还不到七年。

兰州黄河三江口，位于兰州市黄河上游的西固区西部的达川镇湟水河、大通河汇入黄河的三角地带区域，两山对峙，河面宽阔，湿地连片，芦苇苍苍，雁鸥嬉戏，田园萋萋，农舍隐现，红砖碧瓦，一派迷人的水乡风光。近年来，已被打造成一处旅游盛景。"三江口"诗情画意般的地名，更使此地名声大噪，令人神往。

此处原名羊荒滩。过去荒草丛生，是当地人世世代代放羊的地方，故名。而"三江口"的地名，源于2015年建成通车的"三江口黄河特大桥"。此桥是兰州至永靖沿黄一级公路（兰永公路）横跨黄河的一座特大桥，东连G109公路，西到黄河南岸的小茨沟，全长2496.5米。2012年11月开工建设，2015年10月建成通车，被命名为"三江口黄河特大桥"，由此，该地名由"羊荒滩"跟随"三江口黄河特大桥"之名改为"三江口"了，这也是名副其实了。

2022年4月29日夜于兰州城北花园

永登七山的山

　　七山乡位于永登县西南部，是一片相对独立的山地区域，东与红城、龙泉寺接壤，北与通远乡毗邻，南靠红古区，西接河桥镇及红古区窑街镇，平均海拔 2200 米。面积 683 平方千米，占全县总面积的 11.4%，乡政府驻庞沟村海西社，距县城 30 千米。

　　这里的地貌、自然环境与榆中县的北部山区非常相似，山峦连绵起伏，沟壑纵横，山、岭、梁、台、坪、岘、峁、原、屲、沟、峡、谷等地貌一应俱全，是甘肃省著名的重点干旱山区之一，气候干燥，降水稀少，蒸发量大，年均气温 5.3℃，年降雨量 240 毫米左右，无霜期 119 天。由于特殊的自然环境，经济以农业种植和家畜养殖为主。

　　1951 年建七山乡，1958 年改为公社，1983 年改乡。1996 年，面积689.2 平方千米，人口 1.6 万，辖庞沟、长沟、官川、石桂家、赵罗家、黄台、苏家峡、地沟、前山、鱼盆、雄湾、峃岱 12 个行政村。后行政合并，现辖庞沟、长沟、官川、苏家峡、地沟、前山、鱼盆、雄湾、峃岱 9 个行政村。

　　这里，也是一块神奇的土地。千百年来，生于斯长于斯的居民，世世代代以种植为主，也开展养殖业。耕读文化浓厚，民风淳朴，人才辈出。由于社会经济的发展，城镇化加快，近年来，大部分人口外迁，人口逐年下降。到 2008 年末，8078 人，2011 年末，7883 人。2018 年，6734 人。

永登七山的羊群

现在，实际已不足5000人。

七山种植以小麦、玉米、荞麦、洋芋等为主，养殖的牲畜"七山羊"在方圆几百千米都非常有名。

历史上的永登七山羊源于公元1415年，据《连城史话》记载，早在明清时期，鲁土司将最大的牧场设置在如今七山乡的官川、地沟、苏家峡、前山等村，并且鲁土司曾将"永登七山羊"进贡给明成祖，明成祖尝后龙颜大悦，赞不绝口，称其"天下羊肉第一味"，予以重赏，令其岁贡。从此永登七山羊肉名闻朝野，成为中国美食文化中不可或缺的传世佳肴。七山羊是兰州大尾羊经长期自然选择和人工选育而形成的适应本地生长的品种。体格中等，体质结实。公羊有角，母羊无角或短角。成年羯羊体重30-45千克，成年母羊体重30-40千克，被毛纯白。"喝的是盐碱水，吃的是山药尖草"。羊肉质细嫩，肥瘦相间，颜色呈鲜红或深红，有光泽。煮熟后汤清亮透明，香味浓郁，肉鲜嫩爽口，肥而不腻，瘦而不柴，膻味轻。

山还是那座山，梁还是那道梁。据说，七山的地名，是源于该地有七座山，但没有人能说清楚是哪七座山。就连祖祖辈辈住在七山的人，也说不清楚七山到底有多少座山，只知道这里群山环绕。有人说，七山以境内有池沟口、王家庄、上吴家、小钱家、赵家拐子、马家坟沟、荒涝池七座山岭而得名，这根本不切合实际。初步调查估算，七山有实际名称的大小山，超过80座。据兰州市1984年出版的《甘肃省兰州市地名录》统计数据，七山有自然地名的山35座，以山命名的行政地名4处。如下：

自然地名山

盘道岭山，星星岭山，杨家湾大岭山，麦条岭山，大沟岭山，高庙岭山，庙岭山，苟贷大岭山，大把四台尖岭山，后手大岭山，铁帽岭山，作水岭山，喇嘛岭山，台齐岭山，主六沟大岭山，黑沟大岭山，山城湾岭山，包家尖岭山，石涝池岭山，坪沟岭山，毛庄岭山，直岭山，高岭山，五门岭山，白家墩岭山，三台大岭山，营盘岭山，鞍鞒岭山，草排岭山，大岭山，上白家岭山，桌子山，南大山，护山。

行政地名

阴山村，长岭山村，大岭山村，前山村。

2022 年 5 月 11 日晚于兰州

兰州最优美的十个地名

地名，是地理坐标，是区域方位，是文化，是故事，是传承，是文脉，是精神饱满的文化符号。兰州有优美传说地名，历史行政地名，地域地貌地名，姓氏人物地名，动物植物地名等，不胜枚举，寓意深刻，意境优美，既有浪漫特点，也有婉约之美。这里，筛选出十个最为优美漂亮的地名，以飨读者。

一、兰州

兰州，位于黄河上游，甘肃省会城市。古老的黄河穿城而过。传说，因城南的皋兰山上有马兰花（马莲）而得名。而据《元和郡县志》记载，是由皋兰山得名。皋兰一词去"皋"留"兰"，得名兰州。皋兰，匈奴语，高俊之意。隋开皇三年（583年）废郡改州，金城郡改为兰州，"兰州"之称即始于此，迄今已有1400多年的历史。其名因兰而美。

二、榆中

县名。早在春秋战国时，秦"辟数千里，以河为境，累石为城，树榆为塞"。因县地处榆塞之中，故而得名。榆中县始建于秦始皇三十二年（公元前214年），是兰州地区最早的地名。地名意境优美，富有诗意。

三、永登

"永登"之名首次出现，是在十六国时，前凉置永登县，取"五谷永远丰登"之义，但随即，这个名字就被弃置不用。元称庄浪县，明为庄浪卫，清朝时改成平番县。到 1928 年，全国行政区划大改革，才又改平番县为永登县。该地名寓意极佳。

四、定远

榆中县西部的一处古老地名，地处兰州市以东 15 千米。自古以来就是丝绸之路重镇，商贸云集，生意兴隆，是一处著名的驿站，文化底蕴深厚。金政权曾在此设置定远县。

五、清水

位于榆中县中部，是著名的丝绸之路古道驿站，陇海铁路和 312 国道穿镇而过。传说，唐朝时，文成公主进藏，一路风沙弥漫，难得清水饮用，直到进入植被丰茂的榆中清水站方能得饮一碗清澈甘甜的泉水。后明清时代，在清水建立了驿站，这个小驿站，因为文成公主的这段盛赞美传，被叫"清水驿"而流传了下来。

六、银山

榆中县的一个乡镇，位于榆中西南角，东邻马坡乡，南靠马啣山，西连临洮县中甫乡，北接兰州市七里河区阿干镇。境内均为山地地貌，平均海拔 2338 米，年均气温 4.6℃，年均降水量 550 毫米，全年无霜期 106 天。马啣山主峰海拔高达 3670 米，大部分山峰春、秋、冬三季被白雪覆盖，阳光下银白耀眼，故有了地名银山。地名富丽堂皇，寓意富有。这里距县城 30 千米。101 省道兰（州）三（角城）公路穿越乡境。

七、瑞芝

瑞芝是永登县龙泉寺镇紧挨 312 国道的一个行政村，因村子有瑞芝

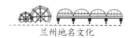

山，故名。乡亲们希望村子的未来像灵芝草一样神奇名贵，表现了对美好生活的向往，很富有诗情画意。

八、五泉山

五泉山位于兰州市区南侧的皋兰山北麓，"林木葱郁花草香，雕梁飞阁泉瀑鸣"，是具有两千多年历史的闻名遐迩的陇上胜地。建有公园，景点以五眼名泉和佛教古建筑为主，海拔1600多米，占地267 000平方米，有明清以来的建筑群10余处，建筑面积1万多平方米，规模宏大。现存最早的一处建筑"崇庆寺"内的"金刚殿"，系明代洪武五年（公元1372年）所建，距今已有600余年。

九、兴隆山

兴隆山位于兰州市榆中县城西南5千米处，距兰州市60千米，海拔2400米。古因"常有白云浩渺无际"而取名"栖云山"，向有"陇上名胜"之称，被誉为"陇右第一名山"，早在西周时已成为道人凿洞修行之地。是距兰州市最近的国家自然保护区。主峰由东西二峰组成，东峰"兴隆"海拔2400米，西峰"栖云"海拔2500米，二峰间为兴隆峡，有云龙桥横空飞架峡谷。是一处优美的避暑胜地。地名"兴隆"吉祥闻名。

十、苑川河

苑川河，是榆中县境内最大的一条河流。源于临洮县站滩乡马啣山胡麻岭北麓之泉头村，顺着东南高西北低的地势，流经榆中境内的新营、龙泉、高崖、甘草、清水、三角城、夏官营、金崖、来紫堡九个乡镇，至响水子村（西坪村）注入黄河，干流长75千米。苑川之名，历史悠久，优雅致美。

2021年11月22日下午于兰州雁滩

兰州市的全国重点文物保护单位

兰州，简称"兰"，是甘肃省省会，西部地区重要的中心城市之一，丝绸之路经济带的重要节点城市，历史悠久，古迹众多。有全国重点文物保护单位十处。

1. 榆中青城古民居

榆中县青城历史悠久，地理条件优越，历代文人墨客荟萃，商贾云集，创造了灿烂的青城文化，留下了许多珍贵的历史文化遗迹，主要是明朝至民国时期的。是国家公布的第七批重点文物保护单位。

2. 兰州黄河铁桥

这座铁桥修建于清朝末年，是当时黄河上架起的第一座常年通行桥，也被誉为"天下第一桥"。铁桥当年由德国人建设施工，所有的材料也都由德国运来。是国家公布的第六批重点文物保护单位。

3. 兰州城隍庙

兰州城隍庙位于张掖路步行街，创建于北宋，系祭祀汉大将军纪信为城隍而建。现存的古建筑为明清建筑，是一座四进、宫殿式木结构园林古建筑群。是国家公布的第七批重点文物保护单位。

4. 八路军驻兰州办事处纪念馆

兰州八路军办事处纪念馆是第二次国共合作时期，中国共产党在国统区设立的公开办事机构，老一辈无产阶级革命家谢觉哉、彭嘉伦、伍

修权等曾领导"八办"工作。是国家公布的第七批重点文物保护单位。

5. 鲁土司衙门旧址

位于永登县连城古镇，是明清时期连城鲁土司治第的政治文化宗教中心，也是全国保存比较好的土司衙门。鲁土司衙门是鲁土司办理公务及其眷属居住的处所，始建于明洪武十一年（1378年）。衙门依山傍水，坐北朝南，一进数院，有房屋226间，具有浓厚的民族风格。是国家公布的第四批重点文物保护单位。

6. 金天观

位于七里河区雷坛河入河口西侧的金天观，建于明建文二年（公元1400年）。因观内供有雷祖神像，又名"雷坛"。据记载，金天观里原有36株唐槐，称为"三十六部雷将"。现存唐槐三株、树龄120年以上的明清柏三株。最高的一株唐槐高达20余米，胸径近3米。是国家公布的第七批重点文物保护单位。

7. 五泉山建筑群

位于城关区五泉山，主要是明朝至民国时期的建筑，建筑气势恢宏，具有鲜明的民族风格和宗教气息。是国家公布的第七批重点文物保护单位。

8. 榆中明肃王墓

位于榆中县来紫堡乡苑川河北岸的平顶山上，是西北地区保存较为完好的明朝王墓，具有重要的历史研究价值，文化内涵丰富。是国家公布的第六批重点文物保护单位。

9. 永登县红城镇感恩寺

位于永登县红城镇，俗称大佛寺。是一座汉式的藏传建筑寺院，为鲁土司五世所建，开建于明弘治五年（1492年），竣工于明弘治七年（1494年），历时三年。是国家公布的第六批重点文物保护单位。

10. 榆中县罗泉湾烽火台遗址

位于榆中县桑园峡的罗泉湾后半山上，是明长城遗迹，也是全国重点文物保护单位。罗泉湾东不远处，还有甘肃省人民政府 2015 年 6 月 26 日立的"明罗泉湾烽火台遗址"石碑。

2020 年 1 月 22 日

参考文献

1.《甘肃省兰州市地名录》，兰州市人民政府 1984 年 12 月编.

2. 边强. 甘肃关隘史［G］. 甘肃：甘肃科学技术出版社.2011.